Ros'Ellis Moraes

Alimentação viva e ecológica

Um guia para organizar a sua dieta
com sabedoria e receitas vivas deliciosas!

2ª edição atualizada e revisada,
enfocando a proporção de ômega-3 e ômega-6

Copyright © 2011 Ros'Ellis Moraes
Copyright desta edição © 2013 Alaúde Editorial Ltda.

Todos os direitos reservados. Nenhuma parte desta edição pode ser utilizada ou reproduzida – em qualquer meio ou forma, seja mecânico ou eletrônico –, nem apropriada ou estocada em sistema de banco de dados sem a expressa autorização da editora.

O texto deste livro foi fixado conforme o acordo ortográfico vigente no Brasil desde 1º de janeiro de 2009.

Este livro é uma obra de consulta e esclarecimento. As informações aqui contidas têm o objetivo de complementar, e não substituir, os tratamentos ou cuidados médicos. Os benefícios para a saúde de uma dieta baseada em frutas, legumes, verduras e sementes são reconhecidos pela medicina, mas o uso das informações contidas neste livro é de inteira responsabilidade do leitor. Elas não devem ser usadas para tratar doenças graves e solucionar problemas de saúde sem a prévia consulta a um médico ou a um nutricionista.

PREPARAÇÃO DE TEXTO: Ros'Anne Morais

REVISÃO: Helena Jansen (1ª edição); Valéria Braga Sanalios, Olga Sérvulo e Beatriz Chaves (2ª edição)

ÍNDICE REMISSIVO: Sérgio Guarischi Bath

CAPA E PROJETO GRÁFICO: Jailson Belfort e Regina Pessoa

FOTOGRAFIA: Raphael Mendes

TRATAMENTO DE IMAGEM: Sérgio Moraes

IMPRESSÃO E ACABAMENTO: Intergraf Ind. Gráfica Eireli

1ª edição, 2011 / 2ª edição, 2013 (1 reimpressão)

Impresso no Brasil

Dados Internacionais de Catalogação na Publicação (CIP)
(Câmara Brasileira do Livro, SP, Brasil)

Moraes, Ros'Ellis

    Alimentação viva e ecológica : um guia para organizar a sua dieta com sabedoria e receitas vivas deliciosas! / Ros'Ellis Moraes. -- 2. ed. atual. e rev. -- São Paulo : Alaúde Editorial, 2013.
    "enfocando a proporção de ômega-3 e ômega-6"

    ISBN 978-85-7881-185-3

    1. Alimentação 2. Alimentos naturais 3. Nutrição 4. Receitas 5. Saúde – Promoção 6. Vegetarianismo I. Título.

13-03426   CDD-613.2

Índices para catálogo sistemático:

1. Alimentação viva e ecológica : Nutrição
aplicada : Promoção de saúde 613.2

2015
Alaúde Editorial Ltda.
Rua Hildebrando Thomaz de Carvalho, 60
04012-120, São Paulo, SP
Tel.: (11) 5572-9474
www.alaude.com.br

*"Germinam as plantas
na noite da Terra,
brotam as ervas
pela força do ar,
amadurecem os frutos
pelo poder do sol.
Assim germina a alma
no relicário do coração,
assim brota o poder
do espírito
na luz do mundo,
assim amadurece
a força do homem
no esplendor de Deus."*

Rudolf Steiner

Sumário

PREFÁCIO À SEGUNDA EDIÇÃO *7*
PREFÁCIO À PRIMEIRA EDIÇÃO *11*
APRESENTAÇÃO *13*
AMOR E GRATIDÃO *15*
INTRODUÇÃO *19*
  Mudando Conceitos Alimentares *21*
  Impactos no Planeta Causados pela Carne *22*
  Alimentação Vegetariana *24*
  Alimentação numa Concepção Ecológica *26*
  O que é Alimentação Viva *28*
  Um Caminho para a Espiritualidade *30*
AS BASES DA ALIMENTAÇÃO VIVA *33*
  Alimentação Viva ou Nutrição Enzimática? *34*
  Alimentação Ancestral x Alimentação Moderna *38*
  Energia Vital dos Alimentos x Ciência da Nutrição *41*
  Classificação Energética dos Alimentos *42*
INIMIGOS DA VIDA *45*
  Produção de Alimentos no Sistema Moderno *45*
  Consequências da Ingestão de Alimentos Inimigos da Vida
    e do Planeta *52*
  Radiação, Inimiga Silenciosa *54*
  Forno de Micro-ondas *57*
  Alimentos Irradiados *58*
  Cloro e Flúor *58*
  Fluorose *59*
COMO CULTIVAR ALIMENTOS COM ALTO POTENCIAL ENERGÉTICO .. *63*
  Vamos Preservar as Matas *64*
  As Bases da Alimentação Viva e Ecológica Integradas ao
    Sistema Agroflorestal Sucessional *65*
  A Importância da Agricultura Orgânica *68*
  Como Preparar o seu Composto em Casa – "Minhocasa" *71*
  Permacultura, uma Solução Inteligente *72*
  Hidratação, Germinação e Fermentação *73*
CULTIVANDO BROTOS E PRODUZINDO FERMENTADOS NA COZINHA .. *75*
  Por que Cultivar e Consumir Brotos? *75*
  Como Cultivar Brotos? *76*
  Como Cultivar Gramíneas? *76*
  Por que Hidratar as Castanhas? *77*
  Sementes para Germinar *81*
  Tabela de Hidratação e Germinação *95*
  Produção de Alimentos Fermentados *97*

ESCOLHA CONSCIENTE DOS ALIMENTOS *101*
Mitos sobre Proteínas, Lipídios e Carboidratos –
  Classificação dos Alimentos Vivos no Sistema Convencional   *103*
Alimentos Desintoxicantes e Ativadores da Vida   *110*

AS MELHORES FONTES DE ENERGIA VITAL *115*
Exercícios em Contato com a Natureza   *115*
Brotos *116*
Sucos de Verduras Frescas com Brotos e Gramíneas Orgânicos *118*
Suco de Grama de Trigo e Cevadinha   *119*
Frutas Nativas   *120*
Açaí   *122*
Cacau *in natura 123*
Camu-camu 123
Plantas Nativas   *124*
Verduras Frescas e Orgânicas   *124*
Ervas Medicinais Aromáticas Frescas e Condimentos   *125*
Clorela   *126*
Espirulina   *127*
Alimentos Fermentados   *127*
Sementes e Frutos Oleaginosos Hidratados   *129*
Linhaça   *130*
Girassol   *132*
Coco   *133*
Água Estruturada   *134*

EQUILÍBRIO ALIMENTAR *137*
Equilíbrio Alcalino-Ácido   *138*
Aparelho Digestório, a Raiz da Vida   *145*
Equilíbrio da Flora Intestinal   *146*
A Vitamina B_{12} na Alimentação Vegetariana   *149*
Yin-Yang 150
Combinação dos Alimentos   *151*
Entenda o que é Índice Glicêmico   *154*

DIETAS E DICAS DE MANIPULAÇÃO E PREPARO DE ALIMENTOS *161*
Mudando Hábitos para Regenerar a Vida   *161*
Desintoxicação, a Renovação Diária   *164*
21 Dias de Dieta para Desintoxicar   *169*
Organização da Dieta no Dia a Dia (Dicas para Manter e Regenerar a Saúde)   *177*
Princípios Básicos para a Organização do Cardápio Diário   *180*
Como Escolher Gorduras e Óleos para a Dieta   *182*
Dicas Importantes para a Manipulação dos Alimentos   *190*

RECEITAS VIVAS *197*
Sucos Especiais   *201* – Leites e Queijos   *205* – Vitaminas, Mandalas,
Coberturas e Smoothies   *209* – Iogurtes, Shakes e Muslis   *213*
Sobremesas   *215* – Bolos e doces   *225* – Granolas   *231* – Pães e Biscoitos   *233*
Petiscos   *237* – Pastas e Patês   *241* – Molhos   *247* – Tabules   *253*
Saladas   *257* – Diversos   *261* – Sopas   *267*

CONSIDERAÇÕES FINAIS *271*

POSFÁCIO *275*

BIBLIOGRAFIA *279*

ÍNDICE REMISSIVO *285*

Prefácio à Segunda Edição

a necessidade da versão atualizada desta obra surgiu após a leitura do livro, recentemente lançado, *Raw & beyond* [Além do cru], de Victoria Boutenko e outros autores. Nele, há mais informações a acrescentar sobre o paradigma do ômega-3 e 6 na dieta crua, já mencionado na 1ª edição deste livro.

É muito importante não deixar dúvidas sobre essa questão. Os autores comprovam o risco para a saúde da ingestão de grandes quantidades de ômega-6, muitas vezes superiores à proporção de 6:1, em relação ao ômega-3. A ingestão de ômega-6 superior a essa proporção representa um risco para a saúde. Essa constatação ficou em destaque após a divulgação recente de tabelas e estudos aprofundados sobre o assunto, colocando em evidência falhas que podem ocorrer em qualquer dieta que não atenda a esse equilíbrio.

Observamos que essa situação pode ocorrer na alimentação crua com frequência. Existe nessa dieta uma tendência para a ingestão maior de castanhas e sementes oleaginosas como fonte de calorias e para suprir as necessidades de proteínas. Facilmente também cometemos esse erro em qualquer dieta, pois as castanhas são saborosas e, na hora da fome, elas saciam mais rápido.

Diante desses novos paradigmas que pairam sobre a alimentação viva, muitas reflexões me levaram a perceber algumas falhas na minha dieta e senti a necessidade de compartilhar com todos que estão acompanhando nosso trabalho. Percebo, ainda, quão difícil é estarmos abertos para mudanças quando acreditamos que estamos seguindo o caminho certo. Por isso, admiro profundamente Victoria Boutenko por estar na vanguarda, alertando sobre os erros que podemos cometer por falta de informações claras. Ela, como eu, sofreu "na pele" alguns desequilíbrios no organismo.

Buscar uma alimentação saudável significa estarmos sempre prontos para ajustar a nossa dieta de uma forma inteligente, oferecendo todos os nutrientes ao organismo. E se optamos por uma alimentação totalmente crua, e vivemos na cidade, é mais um motivo para sermos cuidadosos na organização do nosso cardápio diário.

Aqui é importante ressaltarmos que a dieta viva bem planejada é curativa. O erro que não podemos cometer é buscar nossa fonte básica de proteínas nas castanhas, como as amêndoas e a castanha-do-pará, e nas sementes, como o gergelim, o girassol, além do abacate etc. Dessa forma, corremos o risco de ingerir uma quantidade muito grande de ômega-6 sem balancearmos com o ômega-3.

O que diferencia a dieta crua da cozida é a presença das enzimas na primeira. Através das enzimas, os organismos vivos interagem com a inteligência mantenedora da vida. Com certeza, o alimento vivo deveria ser o melhor para todos. Acontece que perdemos, por causa do nosso estilo de vida, a comunhão com a fonte. E, mesmo nos alimentando apenas do alimento vivo, criamos uma dependência com o nosso emocional e acabamos por exagerar em determinados alimentos. Perdemos a conexão com a floresta, com o alimento original e, por mais naturais que sejamos, na cidade a nossa alimentação ainda é muito artificial. Por isso, para se fazer uma dieta 100% crua na cidade é necessário um bom planejamento.

A vitamina B_{12}, por exemplo, precisa ser monitorada e, se necessário, suplementada. Além disso, precisamos estar atentos com a nossa glicemia de jejum. Embora os médicos, de um modo geral, aceitem que a glicemia possa variar até 100, alguns médicos cientistas no assunto alertam que uma glicemia a partir de 85 em jejum indica um processo inflamatório no organismo. Para mantermos níveis ótimos de glicemia, necessitamos organizar nossas refeições de tal forma que a carga glicêmica de cada refeição fique baixa.

A ingestão maior de frutas com o objetivo de aumentar a ingestão de carboidratos (frutose) e proteínas (aminoácidos) para o orga-

Alimentação viva e ecológica

nismo exige uma combinação com as verduras, pois as fibras diminuem a carga glicêmica total da dieta. Além disso, as verduras contribuem com os sais alcalinos. Devemos, sim, cuidar para não agredir nosso organismo com o impacto que os alimentos com alto índice glicêmico podem causar.

A dieta indicada pelo doutor da medicina higienista Douglas Graham em seu livro *The 80/10/10 diet* [A dieta 80/10/10] vale a pena ser lida e compreendida. Foi desenvolvida para atletas que praticam exercícios intensos, mas, mesmo assim, é prudente ingerir as frutas junto com uma boa quantidade de hortaliças. Nessa dieta, sementes e castanhas são utilizadas em pequena quantidade, observando a combinação com outros alimentos, de preferência verduras.

Todas as informações apresentadas são preciosas para ajustarmos a nossa dieta, seja ela só crua ou 20% cozida. O importante é encontrarmos a melhor dieta para o organismo no nosso momento atual. Através da dieta que escolhermos, deveremos receber os nutrientes que vão manter o nosso organismo funcionando com o seu maior potencial e eficiência, sem sobrecargas, com menor gasto de energia para a digestão e a assimilação dos nutrientes e, naturalmente, podendo nos desintoxicar. Uma boa digestão, sem gerar gases, azia e constipação intestinal, é um sinal de que a dieta está fazendo bem.

Na minha experiência pessoal mais recente, com a leitura do livro *Raw & beyond* e orientações da dieta 80/10/10, percebo que diminuindo as castanhas me sinto melhor. Estou ingerindo-as durante as refeições, com as saladas, sem as frutas doces. Tenho ingerido em maior quantidade as sementes ricas em ômega-3, como a chia e a linhaça. Para garantir a quantidade de ômega-3, uso o óleo de linhaça para temperar a salada.

Não podemos descuidar das proteínas. Para chegar a um aporte proteico favorável, uso a espirulina, a clorela, o pólen, um pouco de castanhas e sementes, abacate, cogumelos, chia. A quinoa, o amaranto e o trigo-sarraceno deixados de molho e pré-cozidos são importantes fontes de proteína. Outra boa fonte são as leguminosas. Vejo importância na ingestão das plantas jovens, ou seja, os brotos. Se observarmos a Natureza, vamos ver que os animais herbívoros apreciam essas plantas jovens porque elas são muito ricas em nutrientes. O sumo da grama de trigo é muito rico em aminoácidos essenciais e incluí-lo no nosso suco verde é especial.

Nesta edição revista e ampliada de *Alimentação viva e ecológica*, atualizei, portanto, minhas pesquisas com os dados científicos mais recentes, acrescentei tabelas com as quantidades de ômega-3 e ômega-6, e revisei as deliciosas receitas, revendo tais quantidades.

Ros'Ellis

Prefácio à Primeira Edição

Um dos nossos propósitos, neste livro, é esclarecer dúvidas e mitos sobre a **alimentação natural, vegetariana e viva**. Mostrar que é viável e mais saudável uma alimentação sem sacrifícios para o reino animal, que utiliza com sabedoria os recursos do reino vegetal e mineral.

Esses princípios, de se ter uma alimentação saudável e ecologicamente correta, são a base do nosso trabalho no Restaurante Girassol Alimentação Natural, que existe desde 2000 em Brasília (DF). No nosso cardápio, as preparações vivas, apesar de não serem as únicas oferecidas, são prioridade.

É nossa intenção demonstrar os efeitos da **alimentação viva** e o seu poder curativo. No nosso entendimento, manter o corpo alcalino é a meta: se queremos ter saúde, devemos aumentar a ingestão de alimentos crus no dia a dia.

Vamos, assim, compartilhar com o leitor informações que consideramos necessárias para essa mudança de hábitos alimentares. Como nutricionista, acredito ser importante difundir essa ideia.

Nossa proposta é que cada vez mais pessoas tenham elementos para organizar a sua dieta com autonomia, garantindo a ingestão de todos os nutrientes necessários ao funcionamento eficiente do organismo.

As milhares de reações bioquímicas que ocorrem no corpo humano demandam uma diversidade de nutrientes que atuam numa dinâmica sinérgica. Isso significa que esses elementos precisam estar ao mesmo tempo biodisponíveis para o organismo desempenhar bem as suas funções vitais.

Dessa forma, na escolha de uma dieta saudável deve-se ter claro que a ingestão de substâncias tóxicas, provenientes de resíduos de agrotóxicos e de outras substâncias que podem estar agregadas aos alimentos, como determinados conservantes e certos tipos de aditivos artificiais, interfere na dinâmica metabólica. E muitas doenças degenerativas são consequência do acúmulo de substâncias tóxicas no organismo.

Neste livro você vai encontrar, de forma simples, orientações de como organizar a dieta tendo como base os fundamentos que norteiam o equilíbrio bioquímico, quais são esses fundamentos e como usá-los para melhorar a qualidade de vida.

É importante frisar nesse ponto que, mesmo tendo respaldo científico, nosso objetivo principal é esclarecer a importância de se alimentar seguindo princípios mantenedores da vida. E refletir sobre a sabedoria natural de se alimentar, que perdemos ao longo dos anos, principalmente porque fomos absorvidos pela sociedade moderna.

Com essa consciência, a escolha de uma alimentação saudável vegetariana é fundamental para minimizar os impactos ambientais e gerar mais vida nos sistemas vivos. Mas, é bom deixar claro, respeitamos as escolhas e crenças individuais e entendemos que cada um é responsável pela sua existência no Planeta.

Para concluir, lembramos que as sugestões sobre dietas contidas neste livro são a base para a alimentação no dia a dia. Em caso de problemas específicos de saúde, devem-se seguir as recomendações do médico e/ou nutricionista.

Ros'Ellis

Apresentação

a apresentação deste livro é resultado de um encontro que tive com Ros'Ellis tempos atrás. Conheci a nutricionista inquieta e a bela pessoa curiosa em busca de uma alimentação reconfortante. Parece que sempre foi assim: refletia sobre o assunto e agia imediatamente. Rapidamente compreendeu a proposta da **alimentação viva** e associou a seus conhecimentos e prática no Restaurante Girassol. Com criatividade, desenvolveu o restaurante educativo mais interessante que conheci! O conhecimento, a reflexão e a vivência se completam nas ações cotidianas e no compartilhamento com os demais. Ros'Ellis fez isso.

Agora expande com a elaboração deste livro. Assume sua busca de uma alimentação "saudável, curativa e ecologicamente correta", como diz. Propõe demonstrar seu efeito curativo apoiando-se em alguns estudos da teoria ácido-básica e da teoria enzimática. A referência bioquímica de sua formação como nutricionista mostra-se presente e, sem abandonar a ideia de nutrientes, busca associá-la ao cuidado com o Planeta.

O livro reúne suas leituras e diversos temas correlatos, fazendo uma "construção" que permite ao leitor acessar a proposta da **alimentação viva** por várias portas. Como experiente vegetariana, apresenta suas vantagens nutricionais. Como produtora de alimentos biológicos, apresenta suas reflexões sobre permacultura. Como terapeuta holística, busca a autocura e a do Planeta.

Utiliza uma linguagem compreendida pela maioria das pessoas, marcada pela informação bioquímica, e acredita que "a vida existe nos organismos vivos graças à atividade enzimática". Com isso, afirma claramente que "a melhor opção alimentar é a vegetariana bem planejada, com alimentos orgânicos e crus". Um livro que ensina a germinar e apresenta receitas da **alimentação viva**. Isso por si só justifica esta apresentação!

Vivemos um momento de expansão da cultura alimentar mais próxima da Natureza e do resgate da nossa própria natureza. Como hoje sabemos que todos os seres vivos se mantêm em constante comunicação através de informações transmitidas, especialmente, pela água presente em seu interior, os alimentos vivos ganham importância nessa comunicação com a vida como um todo. Tal Schaller, médico suíço, afirma que o conhecimento milenar da **alimentação viva** ressurge quando a vida da espécie humana está ameaçada. Talvez seja um bom momento de ativá-la. A aceitação das pessoas que passam pelo Terrapia confirma isso. Ávidas por um caminho coerente, sem abandonar a mesa de convivência e os relacionamentos afetivos, a culinária viva vem surpreendendo as pessoas por seu paladar, aroma, estética das cores e a ética que a acompanha.

Ros'Ellis apoiou e se apropriou da didática desenvolvida pelo projeto Terrapia, incluindo-a em um dos capítulos deste livro. Com isso, fortaleceu a rede de informações que hoje se encontra disponível gratuitamente no Livro Vivo, editado em 2008, que é o resultado dos anos de ensino prático da **alimentação viva** para a população em geral. Disponível no site da Escola Nacional de Saúde Pública e na biblioteca do SUS, atende pessoas que navegam na internet.

Livros como este abrem caminho! Que no país do Alimento Vivo, onde o sol brilha o ano todo, e com a riqueza de nossos vegetais, façamos uma linda caminhada pela culinária viva tropical e subtropical, usando toda a criatividade brasileira! E que, de mãos dadas, aceitemos a biodiversidade de nossos olhares e construções de conhecimentos!

Maria Luiza Branco Nogueira da Silva
Médica, ambientalista e idealizadora do projeto Terrapia, na
Fiocruz (RJ), que promove saúde por meio da **alimentação viva**.

Amor e Gratidão

Sou grata a Deus por me guiar no caminho da **alimentação viva**, o que significa uma ferramenta importante, porque tenho ampliado a minha consciência e vivenciado com profundidade a Sua presença nesta existência.

A opção pela **alimentação viva** representou um marco na minha vida, em 2002, quando tive o primeiro contato, através das queridas amigas Daniela Braga e Maria Luiza Branco, pelas quais tenho imensa Gratidão. Entendi naquele momento que aquilo que vinha buscando, de preparar meu corpo para um canal de luz, era real; estava se abrindo mais uma porta para eu caminhar nessa direção. A **alimentação viva** se tornou uma grande aliada com todas as outras práticas que já venho realizando na busca da minha cura interior.

A prática da **alimentação viva** me ensina a ser respeitosa com a Natureza, a honrar esse veículo que é o corpo, e me preenche com um sentimento intenso de Amor e Gratidão por todas as coisas. Dessa forma, vivencio Deus no meu cotidiano e recebo a energia criativa para prosseguir o meu caminho aqui no Planeta Terra.

Também, através dessa prática, pude compreender um pouco mais das relações e interações existentes entre o Corpo, a Natureza, o Cosmo e o Divino. A maneira perfeita com que se estabelecem essas conexões para gerar e manter a vida aqui no Planeta só ocorre porque existe uma Inteligência Superior que a tudo guia através de leis naturais e cósmicas.

Percebo que o caminho de volta à casa do Pai exige de nós uma interação profunda com a vida, para podermos manifestar a nossa Essência Divina. E a nossa saúde é a consequência da interação com essa Sabedoria.

Como podemos, então, construir um corpo em que a vida pode circular sem bloqueios? Em minha opinião, vários fatores determinam essa construção. O mais básico é oferecermos ao nosso corpo o alimento proveniente dessa fonte viva: água pura, ar puro, contato com a terra, frutas nativas, sementes germinadas, enfim, tudo o que a Natureza nos oferece, organizado e estruturado nessa origem geradora da Vida. Gratidão pela Natureza!

Um corpo saudável propicia novas percepções para podermos ampliar a nossa consciência e, assim, nos sutiliza cada vez mais. Então, a minha Gratidão por todos os que estão trilhando esse caminho e vêm disponibilizando Amor através de ações para trazer mais consciência para todos.

Gratidão pelos meus pais, José e Efigênia, já falecidos: ambos sempre me impulsionaram para o despertar da consciência.

Gratidão por meu companheiro e amigo François, por acreditar no Vivo e na Vida. Por meus filhos, Rayanne, Rani, Darana e Hay, por meus netos Rayssa, Davi e Letícia, e por meus irmãos, Ros'Angela e Júnior, por estarmos aprendendo e compartilhando, juntos, nossas vidas.

Gratidão por todos os amigos da Escola da Natureza, aqui em Brasília, onde concluí a primeira etapa da minha carreira, em especial a Vanusa, a Janice e a Bhadra, por estarmos juntas neste propósito de trazer mais vida para o Planeta.

Gratidão por todos os amigos do Restaurante Girassol, que tornam possível compartilharmos essa nossa missão de servir o alimento no qual acreditamos e da melhor maneira que podemos. Gratidão por toda a equipe do Girassol, em especial a Fátima, que esteve alguns anos conosco; pelo Claudinei, Rayanne e Rani, que estão juntos desde a criação do restaurante, construindo com Amor e ética uma ação para promover a Vida.

Por fim, Gratidão por minha irmã, Ros'Anne e pela amiga Regina Pessoa, que ajudaram a tornar possível a edição deste livro; pela Daniela, que nos trouxe muitas receitas da Culinária Viva praticadas nos Estados Unidos, as quais adaptamos aqui para o restaurante. Pelo amigo Raphael, praticante da **alimentação viva** e que produziu as fotos aqui mostradas. Pelo Enivaldo, também da equipe do Girassol, que participou do preparo dos pratos para as fotos. E pelo Gerson, grande amigo de caminhada, que sempre me incentivou a deixar este legado que não é apenas meu, mas de todos os que contribuíram e contribuem para minha evolução como ser humano. Amor e Gratidão por todos!

Introdução

a alimentação do ser humano passou por diversos momentos, em culturas diferentes, e hábitos alimentares foram sendo incorporados. Em cada época, a humanidade experimenta desafios para sua sobrevivência e transcendência.

Na nossa cultura atual, a busca pela alimentação saudável exige uma prática sustentável que possibilite a produção de alimentos suficientes para sustentar a humanidade.

Esse é o grande desafio de hoje, pois nos deparamos com um sistema moderno, capitalista, com base na industrialização, que não planejou o seu futuro. Então, como trocar um estilo de vida baseado no consumismo por outro que valoriza a vida?

Vamos ter que responder a essa pergunta nos próximos anos, pois estamos ficando encurralados na própria armadilha que criamos. O Planeta não suporta mais tanto lixo gerado pelo consumismo. A destruição das florestas avança assustadoramente, e até as reservas de água mais protegidas pelas vegetações estão sendo poluídas.

A maior conquista para a humanidade será uma mudança do estado de consciência, que a desperte desse sono profundo para vivenciar o amor incondicional pela vida. E muitos de nós já sabemos e queremos viver em uma nova sociedade, com valores altruístas e integrados com a Natureza.

Portanto, essa construção deve acontecer dentro de cada um de nós. São as nossas escolhas, coerentes com o que acreditamos, e a nossa ética em assumi-las que aumentam o nosso poder pessoal e nos tornam agentes provocadores de mudanças sociais.

Neste momento, a humanidade precisa fazer as escolhas certas para garantir sua sobrevivência. Não podemos perder tempo. Cada um de nós, ao fazer a sua parte, promove a revolução interna, que é a verdadeira transformação.

Como orientação, já existem inúmeras soluções disponíveis para a humanidade, como tecnologias limpas no campo de captação de energia e maneiras inteligentes para cuidar do lixo doméstico, por exemplo, orientadas pelo sistema Minhocasa[1]. E muitas formas saudáveis para produzir alimentos, orientadas pela agroecologia, com suas diversas práticas integradas à Natureza, entre elas a agrofloresta[2].

Ainda podemos contar com a "energia do ponto zero"[3], que, segundo o cientista americano Mark Comings, está disponível no Planeta. Para acessá-la devemos trocar as estruturas dos nossos pensamentos e conectar com a abundância. Nós consumimos exageradamente porque estamos focados na escassez e no medo. A partir do momento que abrimos nosso coração e nos conectamos com a sabedoria da Natureza, podemos vivenciar a abundância que ela nos oferece.

Tudo na Natureza está organizado para a manifestação da vida. O ar que respiramos, a energia do sol disponível incondicionalmente e a diversidade de alimentos que o reino vegetal nos oferta. Tudo está sincronizado com a abundância da Criação.

Como podemos perceber, a Natureza gera abundância, mas nós, seres humanos, com uma estrutura de pensamentos cartesianos, entendemos que ela existe para nos servir e a exploramos. Interferimos nessa sabedoria natural, gerando desequilíbrio e escassez.

Nesse contexto, entendemos que a prática da **alimentação viva** e ecológica nos ensina a viver de forma mais responsável. É uma

---

1. A minhocultura é um sistema vivo, balanceado, autorregulável e sem mau cheiro projetado para ajudar na redução, reutilização e reciclagem de lixo orgânico (restos de comida, podas de jardim, papéis etc.), preservando o meio ambiente (ver p. 71).
2. Trata-se da recuperação de antigas técnicas de povos tradicionais de várias partes do mundo, unindo a elas o conhecimento científico acumulado sobre a ecofisiologia das espécies vegetais e sua interação com a fauna nativa.
3. Teoria pela qual toda a matéria nada mais é que o vazio. Na verdade, o vazio é um infinito campo de possibilidades, de abundância e potencial. Veja mais no site: www.umanovaera.com/uma_nova_era/energia_ponto_zero.htm texto do cientista Mark Comings "Energia do Ponto Zero". Outros sites: www.inovacaotecnologica.com.br e www.luzdegaia.org.

opção por um estilo de vida simples, que alguns autores chamam de "simplicidade voluntária", que valoriza a vida em toda a sua dimensão.

Ao optarmos pela **alimentação viva**, estamos retirando da Natureza para nosso sustento o que ela nos oferece sabiamente. O que é próprio para o nosso corpo físico. E assim nos integramos aos ciclos naturais, de maneira eficiente e harmônica, sem gastos extras de energia.

Além disso, todas essas práticas são ferramentas fundamentais para a construção do novo paradigma. Vamos, juntos, colaborar no despertar dessa nova consciência, que é emergente. Colocar em prática o que já sabemos e o que já está disponível para a humanidade, pois a vida é sagrada!

Mudando Conceitos Alimentares

De acordo com os conceitos da Nutrição convencional, o corpo necessita dos macronutrientes (proteínas, carboidratos, gorduras e fibras) e micronutrientes (vitaminas e sais minerais) presentes nos alimentos. A Ciência da Nutrição estuda esses nutrientes e avalia suas funções no organismo.

No entanto, essas pesquisas estão voltadas a atender as exigências do mundo moderno e a garantir a permanência do sistema vigente. No que diz respeito à nutrição do corpo, as investigações da Ciência da Nutrição nem sempre valorizam os aspectos relacionados à energia vital dos alimentos.

Ao refletirmos sobre o funcionamento do corpo e sobre a manutenção da vida nos organismos vivos, podemos concluir que o ser humano pouco conhece sobre os processos vitais do corpo, já que muitos dos procedimentos utilizados na produção dos alimentos são contrários à manifestação da vida.

Esses alimentos, em sua maioria, são produzidos a partir de agrotóxicos e as sementes podem ser transgênicas. São refinados e ainda, durante os processos de industrialização, são acrescidos de substâncias tóxicas, artificiais, provenientes dos corantes, acidulantes, flavorizantes, conservantes etc. Nesses diversos tipos de processamento e mesmo no cozimento, os alimentos ficam cada vez mais desvitalizados.

O ser humano, ao ingerir esses alimentos, esgota suas próprias reservas vitais de energia. Diante disso, não é para se admirar com o surgimento de tantas doenças alergênicas e degenerativas. A alergia é um sintoma de defesa do corpo, que cria uma sensibilidade a determinados alimentos ingeridos, que são incompatíveis com sua natureza estrutural e energética.

A degeneração do organismo se desenvolve no decorrer da cronicidade desses processos alergênicos. E eles são provenientes da batalha que o corpo estabelece em busca do equilíbrio para a continuidade da vida.

A melhor alimentação para o corpo deve ser composta em grande parte por alimentos geradores de vida, que são as sementes germinadas (brotos), e pelos mantenedores de vida, que são as verduras cruas, frutas frescas, castanhas hidratadas e microalgas azuis-esverdeadas, como a espirulina e a clorela, entre outras.

O reino vegetal, para produzir alimentos, absorve a energia vital da Natureza, que vem dos quatro elementos que a compõem: fogo (sol), ar (gás carbônico e oxigênio), água (H_2O) e terra (sais minerais). É da interação dos quatro elementos que o processo da fotossíntese acontece e mantém tudo o que é vivo aqui no nosso Planeta.

Ao nos alimentarmos de alimentos vivos, estamos nos alimentando da energia presente no meio natural. Essa energia, ao interagir nos organismos vivos, promove, gera e mantém a vida.

Impactos no Planeta Causados pela Carne

A produção agropecuária se expandiu no Planeta devido à implantação do sistema capitalista. A partir dessa visão, desenvolveu-se o estilo de vida focado no consumismo. A relação com o TER ficou muito mais forte do que com o SER. E, em consequência, o ser humano passou a valorizar mais os bens materiais, perdendo a conexão com a vida em sua essência.

Desse modo, o homem se colocou no patamar do "todo-poderoso" em relação ao meio em que vive, entendendo que podia provocar as mudanças que satisfizessem ao seu ego, sem se importar com a manifestação da vida no seu curso e em seus ciclos naturais. Assim, ele passou a intervir na Natureza de forma equivocada e irresponsável. Principalmente nas últimas décadas, com a mecanização e o aperfeiçoamento desse sistema, os impactos que a Natureza vem sofrendo estão se tornando irreversíveis. E grande parte desses impactos está relacionada com a produção agropecuária, o que vem sendo alertado pelos estudiosos ecologistas.

A agropecuária se expandiu assustadoramente e grandes extensões de terra no Planeta foram devastadas para dar lugar à criação de animais com a finalidade de produzir alimentos. Da mesma forma, as monoculturas de soja e milho também se expandiram com o objetivo de atender à alimentação desses animais. Dados estatísticos mostram que grande parte do milho e mais de 85% da soja produzidos são destinados para a ração desses animais. E sendo para a alimentação de animais, na concepção desse pensamento, o uso de agrotóxicos e sementes transgênicas é facilmente aceito.

Preconiza-se, na comunidade científica, entre cientistas, médicos e nutrólogos, que a carne e seus derivados são elementos indispensáveis na alimentação dos seres humanos. Assim se tem uma justificativa com respaldo científico, e a Natureza pode ser legalmente desmatada em prol do atendimento dessas pseudonecessidades vitais para o ser humano sobreviver no Planeta Terra.

Na atualidade, estamos convivendo com esse grande conflito. De um lado, uma visão cartesiana de que a Natureza existe para servir ao ser humano e de que ele é capaz de resolver qualquer situação que porventura possa surgir algum dia, devido às suas ações. De outro lado, o surgimento de uma nova mentalidade que, diante dos fatos, se posiciona e nos mostra que todo esse percurso que a humanidade está fazendo é um grande equívoco.

Chegamos então a um ponto crucial, onde algo urgente precisa ser feito para reverter os processos de destruição da Natureza e consequente inviabilidade da existência da vida no Planeta. E, dessa forma, devemos ter em mente que a exclusão de produtos de origem animal da alimentação humana é uma maneira inteligente de diminuirmos os impactos causados pela devastação ocasionada pela agropecuária.

Alimentação Vegetariana

Já está comprovado cientificamente que a alimentação que exclui as carnes (vermelhas e também as brancas) auxilia na prevenção de vários tipos de doenças, principalmente as degenerativas. As pessoas que adotam o regime vegetariano planejado têm incidência menor, ou nenhuma, de vários tipos de doenças, pois essa dieta mantém o organismo mais alcalino, o que faz aumentar a imunidade.

A ingestão de carne é sempre uma sobrecarga a mais para o corpo digerir e eliminar resíduos tóxicos. Esses resíduos são provenientes da própria constituição da carne ou podem estar agregados a ela por algum tipo de manejo na sua produção, como é o caso de antibióticos e certos hormônios que podem ser utilizados na criação dos animais. Ou mesmo por contaminações que a carne pode sofrer depois do abate do animal.

O processo de digestão da carne é mais demorado e exige do organismo humano um gasto maior de energia. Durante esse processo, podem ocorrer fermentações intestinais putrefativas que elevam a temperatura interna do organismo, fazendo surgir bactérias anaeróbicas patogênicas. Essas produzem toxinas que podem invadir o sistema, causando sérios danos ao organismo.

Para o corpo utilizar os nutrientes da carne, também como resultado de suas reações metabólicas, são produzidas várias substâncias tóxicas, como o ácido úrico, ácido oxálico, entre outros, que sobrecarregam o processo de eliminação. Essas substâncias ácidas podem se acumular ao longo de vários anos, principalmente se a pessoa possui um organismo debilitado.

É por conta dessas e outras intoxicações que o corpo sofre durante longos períodos. Ele vai perdendo a sua capacidade natural de se desintoxicar e cria um ambiente propício para a instalação das doenças.

A tendência a desenvolver doenças é estatisticamente maior em pessoas que comem carnes. Por exemplo, constata-se que, nos vegetarianos, a possibilidade de eles desenvolverem diabetes diminui em 50%. E também existe uma taxa menor de mortalidade por doenças cardíacas, como o infarto[4].

O mais notável é a redução das doenças do intestino grosso, como o câncer e a diverticulite. No caso de câncer, nos vegetarianos é 88% menor a possibilidade de a doença se desenvolver no intestino grosso. O que é compreensível, devido às putrefações intestinais serem comuns nas pessoas que comem carne, como comentamos anteriormente. Além disso, a dieta vegetariana planejada diminui a obesidade e os níveis de colesterol.

Portanto, pode-se argumentar, sabiamente, que uma dieta vegetariana bem planejada pode ser superior às dietas onívoras (que incluem produtos animais), nas quantidades de macro e micronutrientes para manter o organismo humano saudável.

Como veremos nos capítulos seguintes, uma alimentação vegetariana por si só já é suficiente para suprir as necessidades do organismo. Basta refletir sobre a concentração de nutrientes que encontramos nas verduras, nas frutas, nos frutos oleaginosos. E, quando preparados de forma adequada, há biodisponibilidade maior de ferro, zinco, cálcio, entre outros sais minerais e vitaminas.

Assim, a prática da alimentação vegetariana consciente aumenta a imunidade do organismo e minimiza os impactos da degeneração provenientes do estilo de vida moderno. No entanto, para se ter a segurança de que o organismo está recebendo todos os nutrientes necessários, é importante que os adeptos da alimentação vegetariana organizem e escolham o seu cardápio seguindo princípios básicos abordados neste livro.

---

4. Slywitch, 2006.

> **CONTRIBUIÇÃO DOS ALIMENTOS DO REINO VEGETAL:**
>
> • São apropriados ao funcionamento do organismo dos seres humanos.
>
> • Regulam as funções metabólicas e oferecem energia para os processos vitais.
>
> • Nesses alimentos estão presentes as substâncias necessárias para o bom desempenho orgânico.
>
> • Neles encontramos os aminoácidos, os açúcares e os ácidos graxos, que são os nutrientes básicos para uma dieta normal.
>
> • Os elementos vitais existentes nesses alimentos – como oxigênio, clorofila, enzimas, água estruturada, propriedades medicinais (princípios ativos), vários antioxidantes, fibras, vitaminas e sais minerais – são reguladores do metabolismo. E geram mais vida nos sistemas orgânicos!

Alimentação numa Concepção Ecológica

A alimentação na concepção ecológica assume uma dimensão ampla e propõe a construção de novos valores. O pensamento e a prática devem estar integrados em uma ação consciente, planejada e em sintonia com os ciclos da Natureza. Nessa perspectiva, somos parte de uma teia e interagimos com a dinâmica mantenedora da vida.

Esse paradigma requer um novo estilo de vida: a expansão da consciência nos planos físico, emocional, mental e espiritual. Assim, por meio da ecologia profunda, poderemos nos conectar com a Natureza, entender o seu funcionamento e colaborar para a evolução do Planeta de forma harmônica.

Infelizmente, o ser humano ainda não se deu conta de que ele é parte da Natureza. Por isso desenvolveu um estilo de vida consumista e predatório, que está levando a humanidade à destruição. A alimentação humana acompanhou esse pensamento reducionista e consumista, o que agrava mais as ações predatórias da Natureza e a exclusão social.

O modelo econômico vigente não é gerador de vida. Tratando-se da produção de alimentos para a sobrevivência humana, observamos uma desconexão profunda com as leis naturais. O exemplo mais marcante é o desmatamento de grandes extensões de terra para a prática da agropecuária, principalmente agriculturas extensivas como a da soja transgênica, da cana-de-açúcar e do milho. E os impactos causados por essas práticas se intensificam com o uso de agrotóxicos, hormônios, antibióticos, carrapaticidas, entre outros.

Precisamos avaliar se é saudável, sustentável e ambientalmente correto a humanidade se nutrir de produtos animais e derivados. A produção de alimentos de origem animal provoca uma exaustão crescente dos recursos naturais, pois há uma demanda cada vez maior de energia elétrica para a conservação desses produtos. Além disso, as fábricas de embalagens aumentaram no mercado e se aperfeiçoaram para atender à necessidade de estocar alimentos por longos períodos. Com isso, ainda podemos constatar que a maior parte do lixo produzido pelo homem é originada de embalagens cada vez mais sofisticadas, usadas principalmente para armazenar alimentos.

O mais grave é que o problema da fome no Planeta não está sendo resolvido dessa maneira. E isso por uma razão simples: grande parte dos cereais e da soja produzidos nas monoculturas é destinada aos animais confinados. Não chegam à mesa dos milhares de seres humanos que vivem em condições de miséria!

Em contrapartida, o ser humano está ingerindo uma alimentação que não é apropriada à sua natureza estrutural e energética. A consequência é o surgimento de doenças degenerativas e raras.

Como já dissemos anteriormente, a energia que sustenta e gera a vida vem da interação dos quatros elementos: água, fogo, terra e ar. Através do processo da fotossíntese, a vida é estruturada e manifestada aqui no Planeta Terra. Essa dinâmica de construção acontece em ciclos e sofre influências cósmicas, como a do Sol, dos astros e da Lua. A escolha da alimentação, com o objetivo de preservar a vida, deve respeitar os ciclos da Natureza, o equilíbrio dos ecossistemas. E permitir que a energia flua livremente pelas cadeias alimentares.

Introdução

Uma forma didática para compreendermos essa proposta se baseia numa classificação antiga dos alimentos, que os divide em quatro grupos: biogênicos, bioativos, bioestáticos e biocídicos. Foi elaborada por Edmond Bordeaux Szekely, médico, escritor e profundo estudioso dos essênios, judeus da antiga Palestina que viveram antes e durante os dias de Jesus Cristo. Bordeaux pesquisou a alimentação e os tratamentos de saúde adotados por essas comunidades essênicas (400 anos a.C.), experimentou em sua própria vida e desenvolveu uma alimentação com alto valor energético.

Essa classificação será mostrada no próximo capítulo, e nos fornece uma maneira clara para entendermos os níveis de energia vital dos alimentos. Também nos mostra como se dão suas perdas progressivas durante os processamentos e armazenamentos.

A alimentação ecológica está de acordo com os princípios da permacultura[5], em que o objetivo é utilizar os recursos da Natureza de forma consciente. Na nossa concepção, não concordamos com a criação de animais domésticos para o abate e utilização da carne na alimentação humana. Os animais devem ser cuidados por nós, seres humanos, de forma respeitosa, compreendendo a importância deles para o equilíbrio e a manutenção da vida no Planeta.

Hoje, já dispomos de tecnologias sustentáveis para produzir alimentos que poderiam ser popularizadas e aplicadas em larga escala para reverter esse quadro equivocado que se implantou no Planeta. A permacultura respeitosa aos animais é um exemplo disso.

A prática da alimentação ecológica requer uma nova maneira de viver e cuidar da Natureza. É capaz de provocar a mudança de atitudes e a construção de uma sociedade justa. O valor principal é o amor à vida.

O que é Alimentação Viva?

A **alimentação viva**, constituída de alimentos crus, germinados ou hidratados, é a maneira de interagirmos com a Natureza de forma

---

5. Ver Agricultura Orgânica na p. 68.

mais profunda, utilizando, de maneira eficiente, os nutrientes que ela nos oferece. Ao comermos sementes (germinadas ou hidratadas), verduras, frutas, algas, cogumelos, ou qualquer alimento cru e integral, estamos preservando sua estrutura original, organizada em nutrientes e enzimas. Ou seja, preservando seu alto potencial solar e vital, generosamente oferecido pela Natureza.

Se aquecermos os alimentos numa temperatura superior a 42 °C e os submetermos a certos tipos de processamentos bruscos, como os refinamentos e a refrigeração por longos períodos, suas estruturas moleculares são afetadas. Grande parte de suas propriedades nutritivas se perdem, principalmente as enzimas encontradas nos alimentos crus, que são progressivamente desativadas.

Para digerir a comida cozida, o organismo humano é obrigado a produzir um excesso de enzimas digestivas, gastando mais energia do seu próprio sistema. Além disso, a produção de enzimas envolvidas em outros processos vitais é prejudicada. Os alimentos, com suas propriedades enzimáticas preservadas, contribuem para a regeneração, cura e equilíbrio energético e bioquímico do corpo.

O uso de agrotóxicos, fertilizantes químicos, sementes geneticamente modificadas, processamento, cozimento etc. são gastos extras de energia. Além de serem recursos que empobrecem, desequilibram e matam os alimentos em um meio de produção totalmente irracional e desconectado da sabedoria ecológica.

Assim, é mais para se preservar menos e permite-se a perda de potencial regenerativo. E, em consequência, se gasta mais em remédios alopáticos, produtos de beleza e cirurgias. Tudo desnecessário, se o alimento fosse utilizado como medicamento, uma vez que sua capacidade curativa é bem mais abrangente quando suas propriedades são aproveitadas sinergeticamente[6].

Entendemos que, ao utilizarmos os recursos naturais de forma consciente, honramos a nossa natureza física. Estabelecemos uma conexão profunda com a vida e abrimos caminho para nossa manifestação espiritual.

---

6. Quando as propriedades são aproveitadas levando em consideração a interação harmoniosa entre os diversos componentes.

Estamos nos referindo a uma culinária extremamente sofisticada e saborosa. Encanta pela beleza, transformando em arte o conhecimento de que é possível usarmos sabedoria em benefício da saúde. É possível viver artisticamente, aproveitando todos os recursos disponíveis para honrar nossa natureza física!

Um Caminho para a Espiritualidade

Alimentar-se de comida viva é uma experiência pessoal; só podemos descrever seus benefícios reais experimentando no nosso próprio corpo, durante meses e anos, até que um novo equilíbrio seja criado pelo organismo – o que vai abrir a possibilidade de conexão com a vida de uma maneira profunda e plena.

Toda essa transformação pela qual o corpo passa até chegar a um estado de harmonia e liberdade vai depender do nível de consciência de cada um. A nossa intenção perante o alimento vivo deve ser a busca da nossa cura e da cura do Planeta. Nesse sentido, a **alimentação viva** colabora para clarear a nossa mente e propiciar a pureza dos pensamentos.

Foi esse o ensinamento que nos deixou a comunidade dos essênios, mencionada anteriormente neste capítulo. Eles tinham os alimentos germinados como ingredientes importantes na regeneração da saúde. Esse povo, além de atuar na cura de doenças, tinha como propósito mais elevado a cura da humanidade. Para eles, o alimento era uma bênção Divina: o cuidado de alimentar o corpo com o alimento vivo significava criar um canal de passagem para as energias sutis.

Além do mais, a **alimentação viva** gera e mantém a vida. Os alimentos assim cuidados e ingeridos guardam a sua estrutura molecular original, geométrica e sagrada, holograficamente desenhada em cada átomo, representando o todo. As características que mantêm a Essência Divina estão assim preservadas para estabelecer no corpo interações e conexões com as energias sutis.

Um corpo assim estruturado, com a ingestão de alimentos vivos, assimila um grande potencial energético, um corpo capaz de regular e manter a eficiência das funções vitais do organismo. E o sistema

Alimentação viva e ecológica

endócrino em perfeito funcionamento ativa os chacras e permite trocas mais elaboradas com níveis e frequências mais elevadas.

A **alimentação viva** é uma importante aliada no momento atual do Planeta. Ela pode colaborar conosco para a abertura dos canais energéticos importantes para a transcendência da humanidade. A humanidade está a um passo de dar o grande salto quântico[7]. Por isso, o nosso corpo físico deve estar preparado para manifestar essas energias e sustentar níveis superiores de frequências. A ampliação da nossa consciência cósmica vai permitir que ocorra essa mudança vibracional no Planeta.

---

7. A física quântica é a teoria científica que descreve os objetos microscópicos, como átomos, e sua interação com a radiação (luz etc.). Pode-se dizer que qualquer fenômeno microscópico é um fenômeno quântico. Assim, como nosso cérebro é constituído de entidades microscópicas, num sentido trivial, nosso cérebro é quântico, bem como nossa consciência.

As Bases da Alimentação Viva

a **alimentação viva** é mantenedora e geradora de vida. Os seres vivos precisam se alimentar dessa energia para que a vida possa se manifestar em sua plenitude. A energia vital está presente na Natureza, no ar que respiramos, no Sol, na Terra, na Água. Ao interagirmos com essas energias da Natureza, estamos alimentando a vida que pulsa em nós.

O **alimento vivo** (frutas, verduras cruas, sementes, brotos etc.) absorve essa energia da Natureza. Quando comemos esses alimentos, recarregamos as nossas "baterias", nos harmonizamos com as forças da Natureza.

A dieta com **alimento vivo** é um recurso que está sendo utilizado em diversos centros de cura. Principalmente na cura das doenças degenerativas, para reequilibrar as funções metabólicas e regenerar o organismo.

A **alimentação viva** pode ser considerada um estilo de vida e trata-se de uma opção voluntária pela simplicidade. São milhares de pessoas que já fizeram essa escolha, e muitas há mais de quarenta anos. Encontramos, espalhados pelo mundo, diversos restaurantes de comida viva, revistas, livros editados, organizações, centros de cura, fornecedores e consultores que dão suporte à **alimentação viva**. E a mídia vem divulgando o assunto cada vez mais.

No Brasil, existe um movimento forte, principalmente no Rio de Janeiro, onde encontramos: Projeto Terrapia, na Fiocruz, Biochip, no Departamento de Artes da PUC, Oficina da Semente, Restaurante Universo Orgânico, entre outros. Em Brasília, no Restaurante Girassol, também estamos caminhando nesse sentido. Em diversos outros estados do Brasil estão acontecendo movimentos em prol do **alimento vivo**.

Alimentação Viva ou Nutrição Enzimática?

De acordo com Walker (1999/2002):

"... as enzimas não são substâncias, elas são um princípio magnético intangível de energia cósmica da vida, intimamente ligada na ação e na atividade do menor átomo presente no corpo humano, nos vegetais e em toda forma de vida."

O que nos mantém vivos é a capacidade renovadora e regeneradora da vida. Como dependemos de comer para viver, necessitamos ingerir alimentos capazes de alimentar de forma construtiva o nosso corpo.

Portanto, nosso corpo exige uma alimentação composta por elementos idênticos àqueles que o compõem. E, com certeza, se não comemos alimentos com uma natureza energética e estrutural compatível, não somente morremos prematuramente como sofremos ao longo de nossa existência aqui no Planeta.

A vida existe nos organismos vivos graças à atividade enzimática. Uma maior quantidade de enzimas presente no corpo representa uma maior capacidade de trabalho e vitalidade. As enzimas estão envolvidas em todos os processos funcionais do corpo. Elas guardam o princípio da vida. A existência delas nos alimentos e em todos os organismos vivos depende das condições ambientais mantenedoras da vida.

Uma temperatura a partir de 38 °C desativa progressivamente as enzimas. E acima de 42 °C elas são totalmente destruídas e a estrutura das moléculas deformada.

Portanto, quando cozinhamos os alimentos em temperatura superior a 42 °C, não há mais as enzimas e a vida presentes nesses alimentos. Como uma bateria que perdeu carga, o que teremos é uma estrutura sem vida. A energia que mantém o sistema organizado não existe mais.

As enzimas no sangue usam os nutrientes para construir músculos, nervos, sangue e glândulas. Além de atuarem em todo o funcionamento do corpo, elas têm o papel de digerir toda a comida que comemos, de separar os minerais das fibras e de quebrar as moléculas grandes do alimento de forma pequena – o suficiente para passar através dos poros minúsculos do intestino até o sangue, e de permitir que o corpo assimile os nutrientes.

A quantidade de enzimas presentes num corpo saudável é impressionante, e cada grupo tem uma função específica. Existem três tipos de enzimas conhecidos:

Enzimas Alimentares: São provenientes dos alimentos crus e vivos. Encontramos ricas fontes dessas enzimas nas sementes germinadas, nos brotos, nas castanhas hidratadas. Nas gramíneas (em especial no sumo da grama do trigo e na cevadinha), nas verduras, legumes crus e nas frutas (abacaxi, figo, mamão, tâmara, uva, manga, abacate, banana e frutas vermelhas, como amora, framboesa, morango e mirtilo).

Enzimas Digestivas: Nosso corpo também produz enzimas digestivas, para digerir o alimento que comemos. Mas podemos auxiliar o processo digestivo ingerindo alimentos que contenham fontes ricas em enzimas. Existem quatro categorias de enzimas digestivas. Lipase: trabalha para digerir as gorduras (lipídios). Protease: atua na digestão das proteínas. Celulase: ajuda na digestão da celulose. Amilase: atua na digestão do amido.

Enzimas Metabólicas: Estão presentes em todo o sistema orgânico, dentro de todas as células e tecidos. Essas enzimas atuam como catalisadores para ajudar a impulsionar o sistema imunológico, reparar danos, prevenir doenças e retardar o processo de envelhecimento.

A deficiência de enzimas no organismo promove um envelhecimento rápido. Quanto maiores são as reservas de enzimas, mais o corpo fica fortalecido e com a imunidade alta, porque nesse sistema existe mais energia vital.

É importante observarmos a diferença entre uma gordura crua e uma gordura cozida, já que a gordura é importante em várias funções no nosso organismo. As estruturas de nossas células são formadas de gorduras e proteínas. A gordura é importante para lubrificar nossos olhos, nossos cabelos, nossas juntas. Nossa pele fica mais macia por causa da gordura.

Na prática, observamos que a ingestão de gordura que foi submetida ao calor, engorda. Ela está oxidada. O organismo não pode utilizá-la como fonte de vida. Ela perde sua função essencial de construção e manutenção das funções vitais do organismo. O organismo precisa da gordura viva, com enzimas ativadas, presente no abacate, nas nozes e sementes hidratadas, no coco fresco, nos óleos prensados a frio.

Uma dieta rica em óleos essenciais colabora na perda rápida de peso. Na obesidade, o organismo fica carente de gorduras cruas com suas enzimas preservadas, que vão contribuir para regular as funções metabólicas e normalizar a produção dos hormônios.

Norman W. Walker descreve as enzimas como um princípio de energia cósmica. Como se fosse uma vibração que aperfeiçoa e ativa uma reação química, uma modificação atômica ou molecular. E que, ao mesmo tempo, faz com que as enzimas envolvidas no curso desse processo permaneçam intactas, sem alteração. Podemos dizer que elas são os catalisadores que promovem as reações bioquímicas.

É primordial que se preserve o nível de enzimas do corpo. A maneira para preservá-las e repô-las é através de alimentos crus ou com suplementos[1]. A Natureza, na sua maestria, nos oferece as enzimas. Isso por meio dos alimentos crus. Assim não precisamos forçar o nosso corpo a fazer esse trabalho.

A Natureza também nos proveu de uma reserva de enzimas no nosso nascimento. No entanto, essa quantidade diminui quando envelhecemos. E, se tivermos uma dieta deficiente em enzimas, podemos envelhecer mais rápido e ficar doentes. É o que acontece quando temos uma dieta composta, em sua maior parte, por comida cozida. O sistema digestivo terá que produzir todas as enzimas, o que provoca um inchaço nos órgãos digestivos.

---

1. Os suplementos vivos estão sendo muito usados em centros de cura. Sua ação é repor nutrientes, reparando o que está desequilibrando o funcionamento natural do organismo. Para um corpo muito exaurido com as agressões da vida moderna, com um alto nível de oxidação, esses suplementos podem ser um recurso necessário. Eles são produzidos a partir dos superalimentos. Leia mais sobre o assunto no livro *Superalimentos – A alimentação e os remédios do futuro*, de David Wolfe.

Alimentação viva e ecológica

Edward Howell (1995), bioquímico e pesquisador de nutrição, um dos pioneiros nos Estados Unidos, cita vários estudos realizados em animais. Essas pesquisas mostram que, se eles forem alimentados com dietas deficientes em enzimas, terão um aumento do pâncreas. De acordo com o pesquisador, isso acontece devido às enormes quantidades de enzimas pancreáticas desperdiçadas ao digerir os alimentos desprovidos de enzimas naturais. O resultado desse desperdício é a diminuição crucial no fornecimento de enzimas metabólicas e a saúde prejudicada.

Em seus estudos, Walker (1999/2002) conclui que ao ser humano na faixa dos 40 anos, devido aos desgastes da alimentação moderna, restam, em seu corpo, apenas 30% das enzimas. Segundo ele, uma vez que gastamos nossas enzimas, não há como restituí-las.

Então, com o avançar da idade, associado ao estilo de vida atual, a exaustão das enzimas é acelerada. Dessa maneira, a qualidade de vida diminui sensivelmente. Com a diminuição das enzimas no organismo, a desintoxicação natural fica comprometida. O corpo é obrigado a gastar suas próprias energias vitais no processo de desintoxicação. Utiliza mais do que é possível renovar. Isso não é sustentável, e assim ocorrem os processos degenerativos.

Se não temos como trazer de volta as enzimas que perdemos com um estilo de vida inadequado, o que podemos fazer é preservar o que ainda resta. Para preservar nossas enzimas, necessitamos ingeri-las. E a maneira correta para conseguir isso é por meio da **alimentação viva**.

Portanto, para ter uma alimentação saudável é necessário compreender a importância das enzimas – apesar de a nossa cultura médica e nutricional ainda não dar o valor que esses assuntos merecem e de ainda existirem muitas controvérsias. Sem sombra de dúvida, uma alimentação bem planejada com alimentos vivos é uma maneira inteligente de interagirmos com a inteligência da Natureza!

Aqui estão alguns benefícios do regime alimentar rico em enzimas (ingestão de alimentos 100% crus):

- Aumenta a vitalidade.
- Provê todos os nutrientes necessários ao organismo.

- Equilibra as funções metabólicas.
- Harmoniza o sistema endócrino.
- Favorece a desintoxicação das células e dos tecidos.
- Retarda o envelhecimento.
- Desenvolve o cuidado com o próprio corpo.
- Resgata a interação com a Natureza e a conexão com a Vida.
- Desperta e expande a consciência cósmica.

É IMPORTANTE TER EM MENTE QUE:

- *O Alimento Vivo contém enzimas vitais responsáveis pelas reações químicas que ocorrem no interior das células dos organismos vivos.*
- *Todo alimento cru de origem vegetal ou animal contém enzimas.*
- *A vida não pode existir sem as enzimas.*
- *Nenhuma outra espécie viva da Natureza come alimento cozido. Infelizmente, o homem desenvolveu esse tipo de alimentação cozida, refinada e industrializada.*

Alimentação Ancestral x Alimentação Moderna

A alimentação ancestral seguia os instintos naturais. O ser humano, nos primórdios de sua existência, organizava sua alimentação de forma muito simples. Comia o que a Natureza oferecia.

Os alimentos disponíveis na mata, como raízes e frutas, por terem um potencial de energia vital alto e concentração de nutrientes, atendem perfeitamente às necessidades do organismo. Por centenas de anos, esses alimentos fizeram parte ativa no cardápio dos habitantes deste Planeta.

Mas, com a descoberta do fogo, o ser humano começou progressivamente a processar cada vez mais os alimentos. E foi aos poucos desenvolvendo a arte culinária.

Podemos afirmar que, até antes da era industrial, a alimentação dos habitantes da Terra estava muito próxima dessa simplicidade ancestral.

As seguintes características são predominantes na alimentação ancestral:

- Integração com a Natureza.
- Maioria dos alimentos crus, com alta vitalidade.
- Utilização apenas do leite materno.
- Alimentos não processados mecanicamente.

O processamento dos alimentos ganhou espaço no mundo moderno. A corrida para ter mais e mais levou o ser humano a criar a cultura do consumo. E, no que diz respeito à sua forma de se alimentar, ocorreram mudanças bruscas para ele se adequar à vida moderna.

A produção do alimento passou a representar mais uma maneira para aquecer a economia e gerar grandes lucros. Junto com essa engrenagem se desenvolveram a indústria farmacêutica e as especialidades médicas. Tudo foi sendo bem arquitetado para solucionar problemas de doenças novas que foram surgindo com a alimentação moderna, por não ser uma alimentação apropriada ao organismo do ser humano.

A prática de refinar e cozinhar os alimentos em altas temperaturas vem sendo um dos maiores equívocos do ser humano. Esses procedimentos interferem na estrutura molecular do alimento, provocando desequilíbrios que podem alterar sua conformação em nível espacial, com o aparecimento dos isômeros[2] – além da destruição total das enzimas, o que ocorre numa temperatura acima de 42 ºC.

Jean Seignalet (2004), médico francês, pesquisador de renome na área da biologia e da imunologia, expõe a sua teoria alimentar – o regime ancestral. Amplamente documentada, essa obra estabelece a ponte entre regime alimentar e reações do sistema imunológico

---

2. Isômeros são moléculas que possuem a mesma forma molecular, mas diferem nas fórmulas de suas estruturas espaciais.

desencadeantes das doenças autoimunes, alérgicas e degenerativas, e propõe a solução terapêutica alimentar que deve ser aplicada em conjunto com todo e qualquer plano terapêutico que esteja indicado. Explica-nos sobre a produção dos isômeros quando os alimentos são submetidos a altas temperaturas.

Ainda segundo Seignalet, "esses isômeros podem provocar sérias agressões aos organismos vivos. Em uma temperatura progressiva a partir de 110 °C, a proteína coagula, o óleo de cis[3] se transforma em trans[4] e aparecem os isômeros dos açúcares".

Essa transformação que as moléculas do alimento sofrem durante esses processamentos afetam, no organismo humano, estruturas funcionais mais profundas, como explica o autor. A ciência ainda não deu importância para tal fato, embora já existam essa e outras pesquisas que apontam os efeitos que a ingestão desses alimentos provoca. As doenças degenerativas estão associadas a tal fato.

Observamos na alimentação moderna uma tendência às seguintes práticas:

- Consumo de leite animal e derivados.
- Cozimento, alterando inúmeras substâncias dos alimentos.
- Processamento dos óleos (por meio do calor e de produtos químicos).
- Poluição alimentar (pesticidas, aditivos artificiais, hormônios, antibióticos).
- Aumento das carências de vitaminas e sais minerais nos alimentos.
- Alimentos processados com tecnologias sofisticadas (cozimento em altas temperaturas UHT, liofilização, irradiação, micro-ondas etc.).
- Alimentos submetidos a altas temperaturas.

---

3. O natural é o óleo aparecer na Natureza na sua forma cis.
4. Na alimentação humana, as principais fontes de gordura trans são provenientes da industrialização dos óleos vegetais (hidroxigenação) e do aquecimento em altas temperaturas.

Alimentação viva e ecológica

> **Dessa forma, é importante, ao cozinhar os alimentos, controlar as temperaturas (quanto menos calor melhor):**
>
> • *Temperatura até 42 ºC preserva a estrutura molecular, mantendo as enzimas ativas (alimentos amornados ou desidratados).*
>
> • *Temperatura até 110 ºC no cozimento em autoclave é menos agressiva, embora já modifique as estruturas dos alimentos.*
>
> • *Panela de pressão atinge 140 ºC.*
>
> • *Os alimentos assados normalmente são submetidos a uma temperatura superior a 180 ºC.*
>
> • *Frituras atingem 300 ºC.*

Energia Vital dos Alimentos x Ciência da Nutrição

A preocupação da Ciência da Nutrição é oferecer uma alimentação composta pelos nutrientes. Ou seja, macro e micronutrientes, que são necessários ao funcionamento do organismo. No entanto, embora a Nutrição tenha se aprofundado muito nesse estudo, ela desconsidera ou não reconhece uma questão primordial: a presença da energia vital nos alimentos.

Infelizmente, quanto mais processado o alimento, maior a perda da energia vital. Na digestão de alimentos desvitalizados, o organismo esgota as suas próprias reservas de energia vital.

MACRONUTRIENTES
- PROTEÍNAS
- LIPÍDIOS
- CARBOIDRATOS E FIBRAS

MICRONUTRIENTES
- VITAMINAS
- SAIS
- OLIGOELEMENTOS

Os macronutrientes e micronutrientes presentes nos alimentos, ao serem utilizados pelo corpo, são envolvidos em várias reações químicas chamadas de "metabolismo". Para que essas reações químicas ocorram nos organismos vivos é primordial a presença das enzimas. Se as enzimas não estiverem presentes nos alimentos, o corpo terá uma sobrecarga para produzir enzimas específicas e digerir tais alimentos. Os alimentos vivos contêm enzimas que são nutridas pela energia vital absorvida da Natureza. Contribuem em nosso corpo para a manutenção da vida.

Classificação Energética dos Alimentos

A classificação energética dos alimentos elaborada por Szekely (1981), que dedicou sua vida a pesquisar as formas de cura pela alimentação das comunidades dos essênios (400 a.C), é uma referência para quem faz a opção pela **alimentação viva**. Usando os ensinamentos dos essênios, ele praticou formas curativas.

Esse povo preconizava que a vida deveria ser valorizada em toda a sua manifestação. Na alimentação, por exemplo. A utilização de alimentos germinados foi muito praticada naquela época. O principal para a manutenção da saúde e a cura de doenças era a prática de uma alimentação em que a energia vital estivesse preservada.

Tendo como base essas vivências, Szekely classificou os alimentos considerando o seu potencial de energia vital. E, por ser bastante didática, essa classificação vem sendo utilizada por diversos autores de **alimentação viva**.

Temos, então, os alimentos organizados em quatro grupos: biogênicos, bioativos, bioestáticos e biocídicos, conforme o seu teor de energia vital.

Para nós, essa classificação representa uma ferramenta importante para elucidar dúvidas sobre a compreensão dos níveis energéticos dos alimentos e as perdas progressivas dessas energias, que ocorrem durante o armazenamento e processamento.

Alimentação viva e ecológica

ALIMENTOS BIOGÊNICOS – geram vida

São aqueles que possuem o potencial máximo de energia vital, que estão numa fase de grande diferenciação celular, possuindo informações capazes de regenerar e recuperar nossa saúde.

- Alimentos germinados: grãos, sementes, leguminosas, cereais e hortaliças.
- O processo de germinação é a fase mais rica em energia vital do alimento. As macromoléculas dos alimentos são quebradas, propiciando uma melhor digestibilidade e assimilação dos nutrientes.
- São regeneradores do organismo.

ALIMENTOS BIOATIVOS – ativam vida

São aqueles que ativam a vida. A sua estrutura molecular está preservada e organizada para que o corpo possa utilizar essa energia sem grandes desgastes.

- Representados pelas hortaliças, ervas medicinais, cereais, nozes e castanhas hidratados, frutas cruas e frescas.
- São alimentos vivos que dão vitalidade e fortalecem a imunidade do nosso corpo.

ALIMENTOS BIOESTÁTICOS – diminuem a vitalidade

São alimentos que perderam energia durante os processamentos. Sua estrutura molecular foi comprometida e as enzimas, destruídas. Para digeri-los, o organismo necessita de um aporte maior de energia, por isso eles diminuem a nossa vitalidade.

- São eles: cereais integrais cozidos, massas integrais, pão integral, polpas de frutas naturais congeladas, verduras cozidas, entre outros.
- Alimentos que possuem pouca vitalidade porque perderam a energia vital por meio do cozimento, refrigeração, congelamento, armazenamento etc.

- São alimentos que garantem o funcionamento do organismo com o mínimo de seu potencial energético.
- A ingestão desses alimentos, em mais de 20%, promove envelhecimento e degeneração celular.

ALIMENTOS BIOCÍDICOS – destroem a vida

A sua produção provoca desequilíbrio nos ecossistemas e degenera a saúde do ser humano.

- São representados pelos alimentos refinados e industrializados, como: refrigerantes, preparações com farinhas brancas e/ou açúcar branco e/ou gordura hidrogenada e/ou sal refinado, embutidos, frangos e ovos de granja, entre outros.
- Alimentos que perderam totalmente a energia vital nos processos físicos ou químicos de refinação, conservação e preparo.
- Alimentos que foram inventados pelo homem.
- Envenenam as células do corpo com substâncias nocivas que desenvolvem as típicas doenças da civilização: hipoglicemia, diabetes tipo 2, arteriosclerose, câncer e outras.
- São os alimentos mais utilizados na alimentação moderna.

Inimigos da Vida

n a Antiguidade, havia algumas práticas naturais para processar e armazenar os alimentos que também foram utilizadas em épocas críticas para garantir a sobrevivência da humanidade. Essas práticas continuam sendo utilizadas. Procedimentos como o da desidratação, fermentação, embalagem a vácuo, conservação com aditivos naturais são legados de milhares de anos atrás. São formas de processar, através do controle de temperatura, até 42 ºC, utilizadas no preparo dos alimentos vivos.

Produção de Alimentos no Sistema Moderno

O estilo de vida moderno trouxe novidades na área da alimentação. O desafio é armazenar por mais tempo os alimentos. Aumentar o seu tempo de validade nas prateleiras dos supermercados. Além disso, os fabricantes de alimentos no sistema moderno vêm se especializando para competir no mercado financeiro. A tendência é seduzir o consumidor, por meio de alimentos processados com sabores e aparências mais atrativas. Tudo planejado para se obter cada vez mais lucro.

A conservação de alimentos por períodos curtos, usando processamentos naturais, é mais prudente. Preserva mais a energia vital dos alimentos, diminui a oxidação e valoriza uma maior distribuição para a população.

Infelizmente, na atualidade, as práticas de processar e conservar exigem cada vez mais métodos sofisticados, os quais vêm sendo desenvolvidos nos últimos anos, em plena era da industrialização. O processamento industrial de alimentos, aliado a práticas extensivas para sua produção, que utilizam métodos artificiais, são reconhecidos pela ciência como a solução para a alimentação das pessoas no mundo. No entanto, tais práticas vêm apresentando consequências desastrosas para a saúde do ser humano e do Planeta.

A escolha do alimento saudável na atualidade exige de nós conhecimento sobre a sua forma de produção. A seguir, citamos algumas práticas adotadas no sistema convencional, com intuito de esclarecer o risco que esses alimentos representam para nossa saúde.

AÇÚCAR REFINADO E SUAS PREPARAÇÕES

O açúcar da cana é um alimento que possui teor glicêmico alto e, quando refinado, esse índice é ainda maior. O açúcar refinado recebe um banho de produtos químicos, utilizados para seu clareamento. Esse processo de industrialização a que a cana é submetida para ser transformada em açúcar faz dela um dos alimentos mais perigosos para a saúde do ser humano. O impacto que o açúcar branco causa no organismo deveria ser reconhecido como um problema de saúde pública. Seus efeitos maléficos ao ser humano não são menores que os provocados pelo álcool, cuja maior fonte também provém da fermentação alcoólica da cana. A seguir, apresentamos alguns desequilíbrios que a ingestão do açúcar refinado pode causar:

- Diminui a imunidade natural do organismo e favorece a proliferação de bactérias nocivas e vermes.
- Provoca vários tipos de infecções como: rinite, angina, otite, sinusite, cistite etc.
- Provoca distúrbios hormonais, propiciando doenças como: hipoglicemia, diabetes, câncer etc.
- Age no tubo digestivo, acidificando e desequilibrando a flora intestinal.
- Germes e açúcar se combinam para formar cárie nos dentes.
- Provoca enfraquecimento geral do organismo, cansaço físico, exaustão, ansiedade e irritabilidade.
- Necessita de grandes quantidades de cálcio para ser metabolizado, utilizando as reservas do próprio corpo. Por isso, o predispõe à descalcificação e à osteoporose.

Alimentação viva e ecológica

- Provoca toxicomania, vicia o organismo, criando dependência.
- Induz à carência afetiva, baixa de autoestima e degeneração do sistema nervoso.

FARINHAS REFINADAS E SUAS PREPARAÇÕES

Entre os alimentos que causam intolerância ou alergia no organismo dos seres humanos, sem dúvida a farinha de trigo é um dos principais. Esses desequilíbrios podem ocorrer por causa do glúten, complexo proteico presente no trigo, também encontrado na aveia e na cevada. No caso de a pessoa ter alergia ao glúten, ela deve excluir qualquer alimento que o contenha. Como veremos mais adiante, os processos alérgicos acidificam e provocam inflamações. Isso, ao longo dos anos, fragiliza o organismo e o predispõe a doenças degenerativas.

No processo de refinação, a farinha de trigo é submetida a uma substância com o nome de aloxana, para ficar branca e mais bonita. A aloxana afeta as células beta do pâncreas. Várias experiências feitas em laboratório demonstram que essa substância induz ao diabetes em ratos.

Com relação às farinhas, outro cuidado que devemos ter é a ingestão de massas em refeições de altas cargas glicêmicas, porque causam impactos hormonais. Outro agravante é que as farinhas, quanto mais velhas, estão mais expostas a oxidações, responsáveis pela liberação dos radicais livres.

Também, essas massas podem ter sido preparadas com vários tipos de ingredientes, como gorduras hidrogenadas, sal refinado, entre outras substâncias tóxicas. Ingerir grandes quantidades de massas pode representar um grande risco para a saúde. Então, é bom lembrar:

- Provoca distúrbios digestivos, inflamações de nariz e garganta, dores nas articulações, distúrbios hormonais.
- Promove deficiências nutricionais e doenças crônicas.

- O grão do cereal, quando moído e refinado, perde grande parte dos nutrientes, como fibras, sais minerais (cromo, zinco e outros), vitaminas – principalmente a E e as do complexo B.

- Quanto mais velhas as farinhas, mais oxidadas, o que predispõe o corpo a doenças degenerativas.

SAL REFINADO

O sal refinado é tão prejudicial quanto o açúcar branco. No processo de refinamento ele também é submetido a produtos químicos para ficar branco e seco. Nesse processamento, ele perde iodo e muitos outros oligoelementos que fazem parte de sua composição natural, encontrados em resíduos de crustáceos e algas marinhas. O magnésio, que deixa o sal marinho úmido, também é eliminado durante o refinamento, com a utilização de antiumectantes para deixá-lo seco. Portanto, o sal refinado, iodado artificialmente, utilizado normalmente nas refeições, causa vários desequilíbrios no organismo. Entre eles, podemos citar:

- Retenção de água nas células, o que causa celulite, excesso de peso e tendência a alergia e a infecções.

- Retenção de água no sangue, o que causa sobrecarga circulatória, hipertensão, doenças cardíacas e renais.

ÓLEOS REFINADOS E AQUECIDOS

A extração de alguns óleos, como o da soja e o do milho, é feita com utilização de solventes químicos ou com a utilização de altas temperaturas, o que provoca oxidações e contaminações com resíduos químicos. Nas refinarias de óleos, podem chegar sementes transgênicas, e esses produtos, muitas vezes, não contêm aviso nos rótulos das embalagens quanto à sua procedência.

Os óleos, ao serem aquecidos, oxidam e liberam substâncias tóxicas. Quanto maior o calor, maior a liberação de substâncias tóxicas. As frituras chegam a 300 °C, e nessa temperatura ocorre a produção de várias substâncias cancerígenas.

ALIMENTOS PRODUZIDOS COM AGROTÓXICOS E FERTILIZANTES SINTÉTICOS

É curioso saber que o nascimento da primeira criança autista de que se tem registro no mundo foi em uma família que produzia alimentos com utilização de agrotóxicos.

Os herbicidas não ficam apenas na superfície dos alimentos, como algumas pessoas acreditam. Eles são absorvidos e ficam incorporados nas suas moléculas. É impossível retirá-los dos alimentos através da lavagem.

Os fertilizantes sintéticos também são incorporados sistemicamente aos alimentos e desequilibram o seu desenvolvimento natural. Aceleram o processo de crescimento e maturação.

Pode-se observar que os alimentos produzidos dessa forma possuem uma estrutura molecular diferente da original. São desequilibrados, pobres em nutrientes e em energia vital. Intoxicam o nosso corpo com resíduos tóxicos.

- Normalmente, esses alimentos contêm uma quantidade maior de carboidratos em suas moléculas. Por isso, eles são maiores e, muitas vezes, com aspecto inchado.
- Desequilibram o meio ambiente, através de resíduos tóxicos que permanecem nas cadeias alimentares, destruindo a vida.

ALIMENTOS REFINADOS, INDUSTRIALIZADOS E ACRESCIDOS DE ADITIVOS ARTIFICIAIS

Diversos aditivos são utilizados na produção dos alimentos industrializados. Autores como o médico Marcio Bontempo (1985), alertam sobre os riscos que provocam no corpo. Mesmo conhecidos os riscos e seus efeitos acumulativos e sinérgicos no organismo, esses alimentos continuam fazendo parte da dieta do brasileiro.

Fitzgerald (2008) mostra o grau de intoxicação dos organismos vivos e nos esclarece sobre o efeito sinérgico entre as diferentes substâncias tóxicas ingeridas.

Blaylock (1997) alerta sobre os riscos das excitotoxinas. Essas substâncias são utilizadas para realçar o sabor dos alimentos. Elas estimulam o apetite em vez de dar uma sensação de saciedade.

São exemplos dessas substâncias o glutamato monossódico e o aspartame, componentes amplamente utilizados na composição de alimentos industrializados, como sucos, molhos, biscoitos, refrigerantes e embutidos, entre outros. Já se sabe que quando a soja é cozida, naturalmente o glutamato monossódico aparece como subproduto, causando danos para a saúde.

O excesso de glutamato no organismo é fator de risco principalmente para o diabetes, porque ativa os receptores de glutamato do pâncreas, aumentando a produção de insulina. A partir daí, vários desequilíbrios ocorrem no organismo, como pressão alta, aumento da cortisona, hipoglicemia cerebral, obesidade.

O aspartame também está na lista dos alimentos que agravam o diabetes. Segundo estudos recentes, ele produz o diabetes clínico de difícil controle. É uma das muitas contradições da alimentação moderna. Muitos dos alimentos que o diabético ingere são mortais para ele.

- São alimentos sem energia vital, inventados pelo homem. Envenenam o organismo.

- Produzem alergias e desencadeiam doenças degenerativas (como câncer e diabetes), doenças neurovegetativas etc.

ALIMENTOS CONTAMINADOS COM ANTIBIÓTICOS E HORMÔNIOS

Embora a legislação proíba o uso de hormônio na criação de animais, no Brasil essa prática é comum para acelerar o crescimento e aumento de peso dos animais que são abatidos para consumo. Além disso, também para a conservação das carnes, depois do abate, é possível a utilização de antibióticos.

Os consumidores de carne devem ficar atentos, pois:

Alimentação viva e ecológica

- Os hormônios sintéticos se acumulam principalmente nos órgãos reprodutores, propiciando o surgimento de miomas, câncer, puberdade precoce, entre outros desequilíbrios.

- Os antibióticos desequilibram a flora intestinal natural. Destroem também os micro-organismos benéficos.

TRANSGÊNICOS

Transgênicos[1] – ou organismos geneticamente modificados – são seres vivos criados em laboratório, com técnicas de engenharia genética que permitem "cortar e colar" partes do DNA de um organismo de um reino para o outro, por exemplo, do reino vegetal para o animal.

Essa técnica muda a estrutura genética original do organismo para obter novas características específicas. Não há limite para esta técnica: é possível criar combinações nunca imaginadas, como animais com genes de plantas e plantas com genes de bactérias.

A soja transgênica RR[2], por exemplo, recebeu genes de duas bactérias, de um vírus e de uma flor para se tornar resistente ao herbicida glifosato, usado para exterminar o mato.

A prática de produção de alimentos usando a transgenia, alteração do potencial genético da planta através da inserção de genes de outras espécies como bactérias e vírus, é recente no mundo. Teve seu início na década de 1970 e atualmente é largamente utilizada nos Estados Unidos. No Brasil, foi adotada em março de 2005 para o cultivo e comercialização da soja. Nesse ano iniciou-se também, legalmente, para a produção de milho.

Ainda não há estudos conclusivos sobre os riscos dessa prática para a saúde dos seres vivos. No entanto, ela vem mostrando aberrações no comportamento natural da vida. Já se observam ervas daninhas e pragas resistentes que se desenvolvem próximas a esse

---

1. Quando for comprar alimentos, verifique se há um triângulo amarelo com um T na embalagem. São alimentos transgênicos!
2. Acesse: www.greenpeace.org.br/transgenicos/pdf/oquemaiserradorr.pdf e confira (pesquisa em 07/08/2010).

tipo de cultivo, demandando a utilização de herbicidas ainda mais potentes. Isso significa um aumento de resíduos tóxicos incorporados aos alimentos, contaminação dos mananciais e comprometimento da biodiversidade do Planeta. Além da contaminação genética.

Nos organismos vivos, também, não existem estudos esclarecedores sobre o impacto dessa prática. O que se vem observando é o surgimento de alergias em seres humanos.

Alguns estudiosos no assunto alertam sobre as possibilidades de mutações genéticas, o que pode favorecer o desenvolvimento de doenças degenerativas.

Podemos citar, nesse aspecto, a determinação do programa Son-Rise[3] de excluir da alimentação de autistas os alimentos transgênicos, como preventivo a maiores danos de mutações no DNA das células.

Consequências da Ingestão de Alimentos Inimigos da Vida e do Planeta

- Esgotamento da energia vital.
- Desequilíbrio do sistema endócrino.
- Impedimento da desintoxicação natural do organismo.
- Geração de acidez no organismo.
- Intoxicação do organismo com resíduos tóxicos, que se acumulam nos tecidos e nas articulações.
- Desenvolvimento do "paladar civilizado", que não reconhece o sabor natural dos alimentos.
- Surgimento de doenças degenerativas.

---

3. Programa com abordagem altamente inovadora e dinâmica no tratamento do autismo e de outras dificuldades de desenvolvimento similares. Foi criado nos anos 1970 pelo casal Barry e Samahria Kaufman, autores e professores. Para saber mais, acesse: www.inspiradospeloautismo.com.br/

Alimentação viva e ecológica

- Estímulo ao consumismo.
- Degradação do meio ambiente com resíduos tóxicos.
- Produção de mutações genéticas.
- Aumento do acúmulo do lixo no Planeta.
- Criação da cultura da dependência, que tem como consequência a fome e a exclusão social.
- Destruição da vida.

> **INIMIGOS DA VIDA:**
>
> - *Açúcar branco (doces, bolos, sorvetes, refrigerantes, chocolates, chicletes, confeitos etc.).*
> - *Carnes vermelhas (boi, porco, de caça, linguiça, salsicha, salame, presunto, mortadela etc.).*
> - *Frangos e ovos, principalmente os de granja, criados com hormônios.*
> - *Laticínios em geral (leite, queijos amarelos), margarina e gordura hidrogenada.*
> - *Cereais descortificados (arroz branco, pão branco, biscoitos, bolos etc.).*
> - *Estimulantes (café, chá preto, cigarros, drogas, bebidas alcoólicas etc. e chocolate industrializado).*
> - *Enlatados em geral (todos contêm conservantes, antiumectantes, acidulantes, corantes, estabilizantes).*
> - *Condimentos artificiais (molho inglês, glutamato monossódico, picles, mostarda, ketchup).*

Radiação, Inimiga Silenciosa

As radiações eletromagnéticas estão presentes no sistema de vida moderno, e cada vez mais são intensificadas, a tal ponto de serem consideradas uma nova forma de poluição ambiental, tendo uma perversa peculiaridade: são invisíveis aos olhos dos seres vivos.

De acordo com Carvalho (2000, p. 315), "o termo poluição eletromagnética é utilizado para definir a ação indesejável dos campos eletromagnéticos sobre os tecidos humanos". É o caso das ondas curtas usadas na transmissão da voz, através da telefonia móvel, e no acesso sem fio à internet, por exemplo. Essas mesmas ondas, com diferentes intensidades, estão presentes no forno de micro-ondas (como dissemos, essas ondas alteram a natureza original do alimento).

Muitos estudos científicos já demonstram há algum tempo que os níveis de radiação emitidos por aparelhos de comunicação sem fio (estações de rádio, base de telefonia celular, celulares, roteadores de internet sem fio, telefones domésticos sem fio etc.), oficialmente aceitos como seguros, envolvem riscos à saúde face aos efeitos biológicos constatados nas pesquisas.

Cite-se, a título de exemplo, o Projeto Reflex[4], realizado em quatro anos e concluído em 2004, financiado pela Comunidade Europeia, que envolveu doze grandes laboratórios de sete países europeus. A conclusão foi a constatação de vários efeitos biológicos, como modificações nas células e danos ao DNA, causados tanto por campos eletromagnéticos de baixas quanto de altas frequências, mesmo em exposições de intensidades bem reduzidas.

Em maio de 2009, ocorreu aqui no Brasil, em Porto Alegre, o "Seminário Internacional sobre Radiações não Ionizantes, a Saúde e o Meio Ambiente"[5], promovido pela Universidade Federal

---

4. Sumário e *links* sobre esse estudo em www.powerwatch.org.uk/news/20041222_reflex.asp (acesso em 07/08/2010).

5. A relação dos trabalhos apresentados no seminário, com *link* para mais detalhes de cada apresentação, pode ser consultada em: www.icems.eu/materials_brazil.htm; resoluções de outros países podem ser acessadas a partir de: www.icems.eu/index.htm (acesso em 04/08/2010).

Alimentação viva e ecológica

do Rio Grande do Sul e pelo Ministério Público daquele estado, onde cientistas de diferentes países e de renome internacional apresentaram várias pesquisas sobre o tema.

Nesse seminário foi emitida a Resolução de Porto Alegre[6], que recomenda evitar o uso de celulares por crianças menores de 16 anos, assim como limitar de modo geral o uso de *wi-fi* (rede de computadores local sem fio e outros dispositivos) e *wimax* (conexão de dispositivos a longa distância, como internet via celular, por exemplo) de forma a não haver transmissão desses sinais em ambientes passíveis de ocupação humana por longo período.

Itália, França, Reino Unido, Suécia, Suíça e Rússia, por exemplo, adotam limites de intensidade de radiação eletromagnética muito inferiores aos permitidos no Brasil, com exceção de Porto Alegre, que adotou, por Lei Municipal, os mesmos índices da Suíça[7].

Diversos governos de outros países estão alertando sua população sobre os riscos da exposição excessiva à radiação eletromagnética. Por exemplo, o governo alemão aconselhou seus cidadãos a limitarem ao máximo suas exposições aos sistemas sem fio *(wireless)* e preferirem alternativas de conexão por meio de fios ou cabos. O Reino Unido também fez várias recomendações à população para minimizar a exposição. Países como Inglaterra, França, Alemanha, Israel e Finlândia alertaram contra o uso de celulares por crianças e adolescentes. Para os adultos que ainda não apresentam hipersensibilidade eletromagnética, o uso do celular deve ser limitado e, preferencialmente, com fone de ouvido ou viva-voz[8].

Algumas pessoas, por razões ainda desconhecidas, apresentam hipersensibilidade eletromagnética (doença chamada de eletrossen-

---

6. A Resolução pode ser acessada em: www.iccms.eu/other_res.htm. Outras resoluções podem ser consultadas a partir de www.icems.eu/index.htm (acesso em 28/02/2011).
7. Limites permitidos em diferentes países: www.powerwatch.org.uk/science/intguidance.asp (acesso em 28/02/2011).
8. Disponível em: www.icems.eu/docs/brazil/Davis_cellphones.ppt. Apresentação da dra. Devra Davis, Univ. de Pittsburgh, Estados Unidos, slides 41 a 50 (acesso em 28/02/2011).

sibilidade e, nos graus mais elevados, eletro-hipersensibilidade). Para elas a exposição à radiação tem um efeito muito mais acentuado sobre a saúde. Essa é uma doença nova e a Suécia é o único país do mundo a reconhecê-la. No entanto, vários países já contam com associações de pessoas com esse problema e, em alguns (Itália, França e Suécia) já existem até mesmo zonas de refúgio com radiação muito reduzida para essas pessoas viverem[9].

O sindicato dos funcionários públicos de Paris, em 2008, solicitou o cancelamento de *wi-fi* nas bibliotecas parisienses. Até maio de 2008, cinco bibliotecas de Paris já haviam desligado o sistema de internet sem fio para proteger a saúde de seus funcionários e clientes[10]. No Restaurante Girassol temos esse cuidado: a internet disponibilizada aos clientes não utiliza esse sistema.

A radiação eletromagnética é uma agressão silenciosa ao meio natural. Na maioria das vezes não associamos determinados sintomas a ela. Porém, segundo diversos estudos, a exposição pode causar cansaço, dor de cabeça, estresse, dificuldade de concentração, perda de memória, digestão difícil, irritabilidade, distúrbios do sono, mudanças nas ondas cerebrais, depressão, embaçamento da visão, problemas cardiovasculares, maior suscetibilidade a infecções etc. A longo prazo, uma exposição contínua pode causar danos nos genomas, predispondo as células a mutações no DNA. E isso pode propiciar o surgimento de tumores cerebrais e outras formas de câncer[11].

---

9. Ver também www.emfields.org/news/20100915-es-village-italy.asp (acesso em 28/02/2011).
10. Folha On-Line, 21/5/2008 – www1.folha.uol.com.br/folha/informatica/ult124u403935.shtml (acesso em 28/02/2011).
11. Estudos que apontam esses sintomas: Hecht & Balzer, 1997 (trata-se de uma ampla revisão de vários outros estudos); Kolodynski & Kolodynska, 1999 (verificaram perda de memória e de atenção em crianças); Relatório Stewart, 2000; Ecolog – Institut, 2000 (aborda danos ao sistema imunológico, ao sistema nervoso central e perda da função cognitiva); Santini et al, 2002 (relatam dores de cabeça, perturbações do sono, desconforto, irritabilidade, depressão, perda de memória e concentração em pessoas residentes próximas a uma antena); Oberfeld et al, 2004 (relatam fadiga, irritabilidade, dores de cabeça, náusea/enjoo, perda de memória, desordens visuais, tontura); Eger et al, 2004 (demonstram triplicação da incidência de câncer entre residentes de áreas próximas a antenas); Wolf & Wolf, 2004 (mostram quadruplicação da incidência de câncer); Reflex, 2004 (sugere sinais de danos ao DNA e mutações); Bortkiewicz et al, 2004 (mostram problemas circulatórios, perturbações durante o sono, irritabilidade, depressão, embaçamento da visão e dificuldade de concentração); Hutter et al, 2006 (relatam dores de cabeça); Carpenter & Sage, 2007 (concluíram que deve ser estabelecido um limite menor ao ar livre e sistemas *wireless* substituídos por alternativas com fio).

Alimentação viva e ecológica

Seria urgente que exigíssemos das autoridades competentes estudos e normas para reduzir a potência da radiação emitida pelas antenas e esclarecimento à população para um uso limitado do telefone celular e de redes de acesso à internet sem fio. No Brasil, onde não são veiculadas informações a esse respeito, observamos a utilização do celular de forma descuidada e o uso indiscriminado entre crianças e adolescentes[12].

Forno de Micro-Ondas

O forno de micro-ondas foi uma invenção do sistema moderno para facilitar a vida corrida nas grandes cidades, com o pretexto de ganhar tempo no preparo dos alimentos. Muitos estudos vêm revelando os riscos que há, para a saúde, no uso desse equipamento. Essas radiações interferem nas estruturas originais das moléculas, transformando os alimentos em substâncias incompatíveis com os organismos vivos.

Segundo o médico Seignalet (2004, p. 101), o forno de micro-ondas causa os seguintes impactos nos alimentos (dados citados por G. Debry, em 1992):

- Induz fortes perturbações nas moléculas, que são evidenciadas na técnica de cristalização sensível.
- Polimeriza certos aminoácidos, isto é, transforma-os de L (levógiros) em D (dextrógiros). Como é o caso da prolina e hidroxiprolina que escapam da ação de nossas enzimas.
- Altera a natureza energética dos alimentos.
- Modifica a orientação espacial das moléculas da água numa frequência de 2,45 bilhões de vezes por segundo.

Henri Joyeux, professor de cancerologia e de cirurgia digestiva da Faculdade de Medicina de Montpelier, França, realizou a seguinte experiência:

---

12. Mais informações em Baranauskas, 2001.

Selecionou três grupos de ratos e inoculou neles células cancerígenas. Os roedores receberam o mesmo alimento preparado de três maneiras diferentes: para o primeiro grupo, aquecido em micro-ondas; para o segundo, cozido na panela de pressão; e para o terceiro, cru ou cozido no vapor, com tampa aberta.

Os ratinhos do primeiro grupo rejeitaram a comida durante vários dias, mas, levados pela fome, acabaram por comer. O percentual de animais que desenvolveu algum tipo de câncer foi de 100% para o primeiro grupo, 50% para o segundo e 0% para o terceiro.

Alimentos Irradiados

A irradiação é uma prática que vem sendo muito utilizada no sistema moderno para a conservação dos alimentos. No entanto, essa prática, pelo que se sabe, é feita por meio de subprodutos da radiação, é tóxica e pode causar mutações genéticas. A exposição dos alimentos à radiação para eliminar as bactérias cria radicais livres, destruindo as vitaminas e os sais minerais e impossibilitando a germinação. Além disso, pode-se ter uma combinação com resíduos de pesticidas presentes nos alimentos irradiados e a geração de produtos radiolíticos únicos, tóxicos e cancerígenos.

Cloro e Flúor

A substância cloro é largamente utilizada para higienizar ambientes e, numa diluição específica, os alimentos. Infelizmente, essa substância, embora seja utilizada para destruir vários tipos de micro-organismos, deixa o meio com o pH mais ácido, favorável à invasão de bactérias patogênicas que podem ali se alojar. Na Natureza, o cloro acidifica o meio, interferindo no desenvolvimento da vegetação e destruindo a possibilidade de a vida se reconstituir naturalmente. No organismo humano, ele produz acidez, o que abaixa a imunidade e provoca vários desequilíbrios.

Alimentação viva e ecológica

Leite (1987) menciona que, já em 1934, foram registrados casos de asma devido à utilização da água clorada. Como sabemos, na atualidade são comuns casos de alergias respiratórias em pessoas suscetíveis a substâncias químicas. Muitas desenvolvem reações adversas quando respiram vapores de cloro em banhos quentes em compartimentos fechados ou até mesmo em piscinas com água clorada.

O cloro reage com outras substâncias poluentes presentes na água, cujos efeitos no organismo não são conhecidos. Vários especialistas em Ecologia Clínica citam outras doenças além da asma, como casos de depressão, agitação mental, psicoses, cansaço frequente, lentidão de pensamento, tonturas, coceira na pele, colite ulcerosa etc.

Fluorose

A fluorose óssea, ou *Skeleton fluorosis*, é uma doença desenvolvida devido ao acúmulo de flúor no organismo. A sua forma mais branda é a fluorose dental, que apresenta manchas esbranquiçadas em um ou mais dentes. A mais grave pode se desenvolver no esqueleto, impossibilitando a pessoa de suportar o peso do próprio corpo.

O que causa a fluorose é a ingestão do flúor em quantidades maiores das que o organismo consegue eliminar. Isso pode ocorrer através de sua ingestão durante a escovação, gargarejos com água fluoretada, na profilaxia dentária e no consumo da água tratada. Também por meio de alimentos lavados e cozidos com água fluoretada. Tudo depende dos níveis a que o organismo é exposto e como ele se comporta para eliminar esses resíduos.

Em 2003, no Brasil, foi constatado que as quantidades de flúor utilizadas normalmente como prevenção para cáries dentárias estavam acima dos níveis seguros permitidos. Correções foram feitas e novas quantidades foram estabelecidas. No entanto, não é considerada a sua acumulação no organismo pelas diferentes formas de absorção.

A ingestão do flúor através da água tratada, usada para beber e preparar os alimentos, também é um sério agravante. Essa água chega à torneira da nossa casa e, mesmo que seja filtrada com carvão ativado, o flúor não é eliminado. A ingestão diária de pequenas quantidades desse elemento se acumula no organismo, provocando desequilíbrios no seu funcionamento. Para se ter uma ideia, é conhecido o uso do flúor na Antiguidade como veneno contra ratos e baratas.

Países como França, Itália e Noruega jamais aceitaram a fluoretação da água. A Índia teve experiências dramáticas com o flúor, que é encontrado em altos níveis no seu solo. Através de pesquisas, foram comprovados em sua população sinais de envelhecimento precoce, calcificação e degeneração de ossos e articulações.

Seria providencial que as autoridades brasileiras se aprofundassem nesse assunto e que não fizessem "vista grossa" para problemas que podem ser evitados. Já existem muitas pesquisas que concluíram que a fluoretação da água traz mais prejuízos do que benefícios.

Cientistas e funcionários da EPA (Environmental Protection Agency), em 6 de maio de 2003, expressaram a preocupação desse órgão do governo norte-americano, que corresponde ao Ibama brasileiro, no tocante ao processo de fluoretar as águas das cidades, um procedimento deliberado meramente sob decisão política, não obstante a objeção da comunidade científica[13].

A ingestão diária de flúor proveniente de diversas fontes pode representar um grande risco para a saúde. Como já foi dito, o excesso de flúor no organismo ao longo dos anos pode causar a fluorose óssea que, uma vez instalada, é difícil de ser tratada.

Mais pesquisas[14] apontam para vários sintomas decorrentes desta ingestão acentuada de flúor, inclusive com alguns destaques interessantes:

---

13. Ver matéria intitulada "Toxicidade do flúor", de Arnoldo Velloso da Costa, em www.medicinacomplementar.com.br/toxidade_fluor.asp (pesquisa efetuada em 17/10/2010). E também Monteiro, 2003.
14. Veja a relação completa das pesquisas e resultados em www.fluoridealert.org/researchers (17/10/2010).

Alimentação viva e ecológica

- Acima de 0,3 ppm[15]: 21% de fluorose dental em pelo menos 2 dentes.
- Até 1 ppm (ou mais): acúmulo de flúor na glândula pineal.
- 1 ppm: menstruação precoce em meninas; 48% de fluorose dental.
- 1,7 ppm: casos confirmados de fluorose óssea em pessoas com alguma deficiência renal.
- 1,8 ppm: diminuição do Q.I.
- 2,3 ppm: prejuízo ao funcionamento da glândula tireoide.
- 3,0 ppm: redução da fertilidade feminina.
- 4,0 a 4,3 ppm: redução da densidade óssea no córtex ósseo (parte mais externa dos ossos); aumento de casos de fraturas ósseas em seres humanos (as pesquisas anteriores eram em animais).

> *"... a vida é, de fato, escuridão. Exceto lá onde houver impulso. E todo impulso é cego, exceto onde houver sabedoria. E toda sabedoria é vã, exceto onde há trabalho, e todo trabalho é vazio, exceto onde há amor, e quando você trabalha com amor, você se liga com você mesmo e com o outro e com Deus."*
> **Khalil Gibran**

---

15. Abreviatura de "partes por milhão", medida de concentração utilizada quando as soluções são muito diluídas.

Como Cultivar Alimentos com Alto Potencial Enerpético

"... o terreno é tudo, o micróbio não é nada."
Claude Bernard (contemporâneo de Pasteur)

Os princípios agroecológicos primam pela vida do solo. Ao contrário da agricultura convencional, a prática da agroecologia visa utilizar os recursos naturais de forma a permitir a sua renovação natural para proteger a biodiversidade. Isso gera saúde para as plantas e, consequentemente, para todos os seres vivos, mantendo o equilíbrio da Natureza.

Em acordo com esses princípios, a inclusão social é prioritária. Ela acontece principalmente por meio da valorização da agricultura tradicional familiar. O objetivo da agroecologia, nesse sentido, é resgatar os conhecimentos de cada um. Conhecimentos esses já reconhecidos por diversas gerações.

Desse modo são sistematizadas práticas ecológicas que permitam ao agricultor tradicional produzir e viver com qualidade, sem depender de insumos sintéticos que degradam o meio ambiente com resíduos de agroquímicos – venenos e adubos.

Portanto, essa prática enaltece o ser humano. Valoriza o seu conhecimento e também organiza os conceitos práticos para que ele possa atuar com autonomia e consciência.

A agroecologia entende que os agricultores familiares desempenham um papel importante para a sustentabilidade de cada região. Isso porque os agrotóxicos são eliminados e áreas exauridas pelas monoculturas são vitalizadas por cultivos orgânicos consorciados a sistemas agroflorestais.

"A agroecologia compreende as práticas agriculturais e agroflorestais, onde se combinam atividades extrativistas com a agricultura sustentável. Nesse sentido, o agroextrativismo, os conhecimentos ecológicos e as práticas culturais de povos tradicionais são de grande importância[1]."

Vamos Preservar as Matas

A produção de alimentos, para compor uma alimentação cujo potencial de energia vital é valorizado, deve ser feita utilizando práticas que minimizem impactos ao meio ambiente. Como comentamos anteriormente, os melhores alimentos são aqueles nativos das regiões em que vivemos, pois eles estão adaptados às condições do lugar e guardam em si princípios mantenedores da vida. Os alimentos coletados dentro das formações naturais fazem parte de um ecossistema natural que não foi alterado pelo ser humano. Observa-se que os alimentos ali produzidos são potencialmente os mais ricos em energia vital.

Já sabemos que para a manutenção e o equilíbrio da vida na Terra dependemos da biodiversidade. Cada diferente espécie de ser vivo existente é parte de uma teia que organiza toda essa diversidade e que participa ativamente do equilíbrio mantenedor da vida.

Na Natureza conservada, estão presentes diversidades raras de espécies que contribuem para manter as condições de vida no Planeta. Por exemplo, quantidades adequadas de oxigênio, umidade, temperatura. Nas matas também estão presentes os maiores mananciais, como nascentes, rios e cachoeiras. E elas ainda nos fornecem o alimento mais curativo.

As ações individuais de pessoas que cuidam e protegem essas áreas são primordiais. O trabalho das ONGs ambientalistas, esclarecendo as populações que vivem principalmente em regiões rurais com abundância de recursos naturais disponíveis, é muito relevante.

Todo o empenho de preservação e conservação da Natureza deveria estar acontecendo muito mais rápido, por meio de programas

---

1. Disponível em www.actionaid.org.br/Default.aspx?tabid=673 (acesso em 30/08/2009).

Alimentação viva e ecológica

educativos e de fiscalizações que exigissem o cumprimento das leis ambientais, por meio de ações governamentais. A ação governamental em conjunto com a ação civil é de fato prioritária para a preservação dos nossos biomas.

A melhoria da nutrição no Brasil pode ser vista por outra ótica. Os alimentos com alto poder de vitalidade, existentes nas matas, devem ser utilizados na alimentação humana para equilibrar as funções do organismo. Conhecer a riqueza da flora disponível é uma solução inteligente. Principalmente para aqueles que vivem próximos a regiões abundantes e carecem de saúde.

As Bases da Alimentação Viva e Ecológica Integradas ao Sistema Agroflorestal Sucessional

Como vimos anteriormente, a prática da **alimentação viva e ecológica** demanda uma conexão profunda com as leis que regem a vida. Ela nos convida a interagir com a energia vital presente na Natureza. A nos relacionar com os reinos mineral, vegetal e animal e, amorosamente, compreender e respeitar os ciclos naturais.

Com esse intuito, devemos escolher os alimentos para compor a nossa dieta de tal forma que não ocorram agressões a esses reinos. Precisamos ter clareza de que muitas das práticas de produção dos alimentos que comemos são impactantes para o meio ambiente. E que a nossa opção por alimentos com potencial energético alto é uma maneira coerente para proteger e colaborar com a restauração do Planeta.

Esta abordagem valoriza o potencial energético do alimento e nos ensina que, na sua produção, deve-se preservar ao máximo a sua energia vital, seja durante o cultivo, transporte, armazenamento e preparo, e até no momento de sua ingestão.

Portanto, uma alimentação produzida próxima ao local de sua utilização, cultivada por meio de princípios éticos e ecológicos é, sem dúvida, mais saudável e energética.

Os alimentos mais vitais são os que existem nas florestas naturais. Eles são, comprovadamente, os que possuem maior potencial energético do Planeta, embora não exista, na cultura moderna brasileira, uma pesquisa relevante sobre esses alimentos nem a preocupação de incluí-los no cardápio diário.

No entanto, já são conhecidas muitas variedades de alimentos encontradas nas diversas regiões do Brasil. Várias pesquisas são feitas por estrangeiros, que reconhecem a flora brasileira como uma das mais ricas e ainda preservadas no mundo. Infelizmente, o ser humano continua derrubando florestas inteiras e destruindo toda essa abundância que a Natureza gentilmente nos oferece.

A teoria Gaia, idealizada em 1979 por James Lovelock, renomado cientista ambiental, membro da Royal Society do Reino Unido, afirma que o planeta é um organismo vivo. Em seu livro A *Vingança de Gaia*, Lovelock mostra que a vegetação é um prolongamento da Terra. Tudo o que habita sua superfície compõe uma teia viva. As trocas energéticas ali existentes obedecem a uma sabedoria natural. São dinâmicas, sinérgicas e mantenedoras da vida.

Neste momento, quando "Gaia" já vem sofrendo tantas interferências do ser humano e que grande parte dos seus recursos naturais já foi degradada, cabe a todos nós colaborarmos com a sua recuperação.

O sistema agroflorestal sucessional é uma maneira sábia de agir. Com ele, o ser humano pode interagir com a Natureza na reconstrução do sistema natural de trocas energéticas. E colaborar para reconstituir biomas e ecossistemas, trazendo de volta a fauna e a flora naturais de uma região.

Um ecossistema em equilíbrio mantém as trocas de energia de uma maneira eficiente, o que acelera o processo de reflorestamento. A regeneração de uma área degradada é demorada quando a Natureza age sozinha. Um sistema agroflorestal amorosamente planejado, a partir da compreensão do funcionamento original do ecossistema desse lugar, é uma solução que podemos adotar para acelerar o processo.

Esse sistema agroflorestal, que reconcilia o ser humano com o meio ambiente, foi desenvolvido inicialmente aqui no Brasil por Ernst Götsch, suíço, radicado no Brasil há mais de vinte anos. Sua

Alimentação viva e ecológica

visão pioneira da evolução e função das espécies, bem como dos princípios de seus sistemas, é aplicável em qualquer ecossistema e constitui uma referência internacional na constituição de sistemas agroflorestais – uma nova visão de agricultura que reconcilia o ser humano com o meio ambiente.

A partir de um relacionamento profundo com a Natureza e de observações criteriosas do seu funcionamento (com os índios da Costa Rica), Götsch fez uma constatação: a sucessão das espécies é a maneira mais eficiente que ela encontrou para economizar energia e prosperar.

A agrofloresta nos ensina que a Natureza é cooperativa e abundante. Por isso, muitas espécies são cultivadas ao mesmo tempo. Umas auxiliam as outras a crescerem. Cria-se um microclima, no qual os micro-organismos encontram um ambiente saudável para se reproduzir e trazer de volta a fertilidade para determinada região.

No plantio do sistema agroflorestal, é utilizada uma grande diversidade de espécies, como plantas de ciclos rápidos, como hortaliças, muitas outras, dando preferência às plantas nativas e àquelas que já estão adaptadas à região. Nesse sistema, é possível o ser humano colaborar com a Natureza na construção de um ambiente em equilíbrio, mantendo as trocas de energia de maneira mais eficiente, para tornar ágil o processo de reflorestamento.

A Natureza tem sua forma peculiar de trabalhar. Algumas plantas iniciam e fecham o seu ciclo preparando o ambiente para que outras plantas nasçam, cresçam e vivam com mais energia. São as chamadas "criadoras".

Outras plantas estabelecem uma relação de simbiose. Colaboram entre si na criação de ambiente propício para um desenvolvimento rápido. São as "companheiras".

No cultivo da agrofloresta, volta a ser criado um sistema de abundância, e nos primeiros meses já podem ser colhidas as primeiras hortaliças, leguminosas, milho etc.

No primeiro ano, podemos colher alimentos como mandioca, abacaxi e banana. Em dois anos e meio, pode-se começar a colher o cacau. Em cinco anos, já começamos a avistar o início de uma floresta de médio porte. Em dez anos, uma floresta com árvores frondosas. Pássaros, insetos e muitos outros animais também vão lá morar desde o início. Todo o encantamento de uma floresta volta a existir!

É interessante observar que um sistema vivo saudável possui uma autonomia natural. Todo ambiente que é criado nele é mantenedor e gerador de vida. Ali existem trocas de energia sinérgica capazes de promover a regeneração do sistema. O pH do meio é o mais próximo do alcalino. Nas florestas naturais, por exemplo, é onde encontramos as terras com maior potencial de fertilidade e mais alcalinas.

No nosso organismo não é diferente. Se a saúde está preservada e a imunidade é alta, observamos o pH do organismo próximo do alcalino. Então, nesse ponto, é importante refletirmos sobre a nossa alimentação. Como ela é produzida e quais alimentos mantêm o nosso organismo nesse equilíbrio.

É muito gratificante participar dessa construção integrada à Natureza. Assim somos realmente parte dela e estamos colaborando na reconstrução de ambientes naturais. E a vida se manifesta com toda a sua beleza e sabedoria!

A Importância da Agricultura Orgânica

Um dos conceitos fundamentais da Agricultura Orgânica, ou biológica, aparece desde o princípio do século XX. Em seu leito de morte, Pasteur admitiu que Claude Bernard tinha razão quando dizia que "o terreno é tudo, o micróbio não é nada".

Mas para a saúde humana o movimento de luta contra os micróbios já estava lançado. Tivemos de esperar mais de um século, até os primórdios do século XXI, para compreender o papel da terceira medicina: a alimentação. Tudo começa com o terreno, o solo.

Para obter e manter uma boa saúde, o ser humano e os animais têm de receber uma alimentação sã e equilibrada, cultivada num solo fértil, são e equilibrado. A presença do húmus no solo é que mantém a sua fertilidade.

Alimentação viva e ecológica

Ana Primavesi, especialista em nutrição vegetal, agroecologista mundialmente conhecida, nos ensina que "quando uma planta nativa aparece num lugar é porque todas as condições lhe são favoráveis... não depende somente da presença da semente para que uma planta nasça, depende igualmente de micro-organismos, da riqueza ou pobreza química do solo, de suas condições físicas e de crostas superficiais, do regime de ar e água, da insolação e do uso pelo homem e gado".

Seignalet (2004) comprova que um ser humano saudável, com um sistema imunológico forte, é capaz de se defender por si próprio contra qualquer doença viral ou bacteriana.

Podemos citar outros trabalhos nessa área. De Rudolf Steiner, "Curso de Agricultura", 1924; de Ehrenfried Pfeiffer, "O Rosto da Terra" e "A Fertilidade da Terra", 1934; de Lady Eve Balfour, da Soil Association, em seu livro sobre agricultura orgânica, *The living soil* (Faber & Faber, 1943); de Sir Albert Howard, "Testamento Agrícola", 1920; sobre Agricultura Organo-Biológica, desenvolvida por Hans Peter Müller e Hans Peter Rush, "A Fecundidade do Solo", na Suíça e Áustria, na década de 1930; sobre Agricultura Natural, desenvolvida por Mokiti Okada e Fukuoka, no Japão, nos anos 1930; e sobre Agricultura Orgânica, desenvolvida por Albert Howard, Balfour e Rodale, na Grã-Bretanha, Índia e Estados Unidos, nos anos 1930 e 1940.

Esses trabalhos lançaram as bases conceituais para manter a fertilidade da capa superficial do solo, que mantém a vida sobre a Terra, tendo claro que o propósito da vida é manter a vida[2].

Um solo desprotegido, queimado, sem cobertura vegetal, recebe as agressões do sol e da chuva. É propenso à lixiviação[3] e se intoxica com agrotóxicos e pesticidas. Tal solo desequilibrado e sem vida não pode produzir plantas sadias, nem animais sadios, nem seres humanos saudáveis.

---

2. Ver http://cepa.epagri.sc.gov.br/Publicacoes/organicos.pdf, "Agricultura Orgânica em Santa Catarina" (acesso em 26/10/2010).

3. Lixiviação é o processo de extração de uma substância presente em componentes sólidos através da sua dissolução num líquido. É um termo utilizado em vários campos da ciência, como na geologia (ciência do solo), na metalurgia e na química.

As grandes civilizações da Antiguidade sempre se desenvolveram em regiões de grande fertilidade do solo. Então, o empenho do produtor agrícola, do agrobiólogo, do permacultor e do agrofloresteiro será manter e dinamizar a vida do solo. Todas as técnicas que apontam para a manutenção da vida e da vitalidade do solo hão de assegurar a riqueza, a vitalidade e a saúde das plantas. E a saúde do produtor, de sua família e de todas as pessoas que dependem dele para se alimentar.

A agricultura orgânica não é mais uma luta de algo contra algo, mas sim reaprender a lidar com a vida. Aprender como se constrói a vida nessa capa tão fina da floresta Amazônica, capaz de produzir árvores gigantescas. E como reproduzir num composto a vida microbiana existente na barriga de uma vaca. Como lidar com as forças da Natureza, com as energias cósmicas da Lua, do Sol e dos Planetas.

O produtor deixa de ser um mero produtor para ser um parceiro da Natureza, com uma atitude de reverência e gratidão para com a vida. Procura incorporar as novas tecnologias capazes de vivificar o solo. Usa enzimas para transformar em húmus a matéria orgânica. Faz aplicação de pó de rochas para suprir as carências em microelementos. Associa plantas amigas, tais como existem na floresta. Enfim, usa toda a sua criatividade para trabalhar junto à Natureza com um único fim, o de servir ao Planeta, manter a vida, gerar saúde e pensar nas próximas gerações.

Northbourne, em 1940, já dizia que tínhamos conquistado a Natureza pela força e pelo intelecto, mas que agora teríamos de seguir os caminhos do amor.

Chaboussou comenta que necessitamos estimular a resistência para dissuadir os ataques adversos (insetos, fungos, vírus, bactérias etc.). Isso implica em uma mudança total de atitude frente à pesquisa existente até hoje. Segundo essa teoria, a resistência e a suscetibilidade ao ataque são resultantes do estado nutricional de uma planta: quando uma planta sintetiza suas proteínas, ela se torna resistente ao ataque, mas, caso haja uma falha, a planta está em risco.

Os pesticidas, no geral, inibem a síntese das proteínas nas plantas. Daí o enfraquecimento e ataque de pragas, pulgões, fungos etc. É só imaginar o efeito de tais pesticidas em nosso equilíbrio celular!

Os novos descobrimentos para dissuadir os insetos a alimentarem-se das plantas encontram, no extrato de nim, a azadiractina. Esse componente provoca anorexia nas lagartas e insetos, ao mesmo tempo que promove uma melhoria metabólica das células das plantas. O extrato de nim para uso humano, assim como o de *Aloe vera* (babosa) e outras plantas que contêm componentes curativos e antioxidantes, estimulam as células a se defenderem por si sós. Melhoram o seu metabolismo, reforçando o sistema imunológico do corpo e eliminando as toxinas.

Como Preparar o seu Composto em Casa – "Minhocasa"

Como vimos anteriormente, na agricultura orgânica a produção do composto orgânico é uma prática necessária. Nela se acelera a degradação dos resíduos orgânicos e ocorre a mistura de componentes naturais para criar o meio adequado ao crescimento das plantas.

O tipo de composto mais nobre é o húmus, encontrado naturalmente dentro das matas nativas. É o resultado da digestão de resíduos orgânicos pelas minhocas e micro-organismos existentes num solo saudável. Podemos produzir o húmus com restos de alimentos crus, em nossa própria casa, com a utilização do *kit* oferecido pelo projeto Minhocasa.

O projeto Minhocasa apresenta soluções simples e práticas para destinação adequada dos resíduos orgânicos caseiros. Esses resíduos são transformados em húmus e biofertilizante por meio de compostagem e minhocultura adaptadas para apartamentos e pequenos espaços (jardins de casas e chácaras).

A produção da compostagem é feita com a utilização de um *kit*, que é um sistema vivo balanceado, autorregulável, sem cheiro, onde os resíduos orgânicos são colocados para serem transformados em húmus, com a colaboração das minhocas.

O projeto Minhocasa é inovador aqui no Brasil. É uma iniciativa educacional para a conscientização da problemática do lixo e suas consequências ambientais. Com esse objetivo, as pessoas envolvidas são levadas a buscar soluções que promovam mudanças sustentáveis na nossa sociedade.

Esse projeto funciona em Brasília-DF e pode ser conhecido por meio dos cursos ministrados pelas suas idealizadoras[4].

Permacultura, uma Solução Inteligente

A permacultura tem como princípio utilizar os recursos naturais da forma mais consciente possível. Também procura proteger os sistemas vivos que estão preservados e colaborar na recuperação de áreas degradadas ou na minimização da exaustão daquelas que já foram utilizadas pelo ser humano de maneira irresponsável.

A sua prática pretende garantir que a Natureza possa renovar os seus recursos. Com esse objetivo ela propõe diminuir gastos extras de energia. Valoriza o que está disponível localmente.

Essa técnica surgiu com as ideias dos australianos Bill Mollison e David Holmgren e vem sendo aplicada aqui no Brasil com sucesso. O Ipec, em Pirenópolis (GO), o Instituto de Permacultura da Bahia e o Ipema, na Mata Atlântica, são boas referências brasileiras.

No DF, encontramos a sua divulgação por meio do Instituto de Permacultura Ecovilas e Meio Ambiente (Ipoema) e do Sítio Geranium (ONG Mão na Terra), além de muitas outras iniciativas que estão sendo desenvolvidas, inclusive em universidades.

A aplicação da permacultura abrange diversas áreas, desde desenhos de ocupação humana e construções ecológicas a saneamento ecológico e diferentes tipos de manejos que visam economizar energia e vitalizar os sistemas orgânicos. A produção de alimentos é incluída nesse sistema da forma mais natural possível, aproveitando os recursos disponíveis da região.

---

4. Veja mais no site www.minhocasa.com (acesso em 26/10/2010).

Hidratação, Germinação e Fermentação

As sementes germinadas e em forma de brotos e os alimentos fermentados têm alto potencial de energia vital, além de serem concentrados em nutrientes de fácil assimilação pelo organismo. A germinação e a fermentação láctea são processos alcalinizantes e geradores de vida.

Durante o processo da germinação, as sementes que naturalmente possuem algumas substâncias tóxicas (oxalatos, fitatos e enzimas inibidoras do metabolismo) passam por uma transformação. Ocorre a degradação dessas substâncias tóxicas.

Por esses alimentos serem a principal fonte de nutrientes da **alimentação viva,** vamos tratar deles no capítulo a seguir, "Cultivando Brotos e Produzindo Fermentados na Cozinha".

Cultivando Brotos e Produzindo Fermentados na Cozinha

a germinação de sementes é a prática mais importante da **alimentação viva**. Aprender a germiná-las é o primeiro passo se queremos optar por uma alimentação com alto poder vital. Essa prática nos ensina a cuidar da manutenção da vida, observar e colaborar nesse processo gerador de vida. Com dedicação, vamos aprendendo as necessidades de cada semente, as condições ideais para a germinação, quando o broto está pronto para ser colhido. Aparentemente, é muito simples o processo da germinação e do cultivo dos brotos. No entanto, muitas pessoas encontram dificuldades e acabam abandonando essa atividade.

Com a intenção de facilitar esse processo, vamos disponibilizar informações simples para que o leitor possa colocar o cultivo de brotos como hábito na sua rotina diária. Neste capítulo, transcrevemos algumas informações do *site* do Projeto Terrapia[1], onde encontramos uma fonte rica de conhecimentos teóricos e práticos de fácil manejo. As sementes que citamos foram pesquisadas pelo grupo e os textos elaborados por Maria Luiza Branco Nogueira da Silva, médica do Centro de Saúde Escola e idealizadora do Projeto Terrapia.

Por Que Cultivar e Consumir Brotos?

- A fase de broto é mais rica em nutrientes que qualquer outro estágio da planta.
- No seu cultivo, é dispensável usar terra, fertilizantes e inseticidas.
- Produção em curto espaço de tempo.

---

1. O Projeto Terrapia – Alimentação Viva na Promoção da Saúde teve início em julho de 1997 e faz parte das ações de Promoção da Saúde do Centro de Saúde Escola Germano Sinval Faria (CSEGSF) da Escola Nacional de Saúde Pública (ENSP), no Rio de Janeiro-RJ.

- Facilidade para aproveitamento de espaços domésticos.

- Possibilidade de germinação de variedade de sementes, com propriedades diferentes, para compor uma alimentação equilibrada, vitalizante e de baixo custo.

- Produzindo e preparando o próprio alimento, tem-se mais autonomia na vida.

Como Cultivar Brotos?

1. Escolha sementes biologicamente cultivadas. Com amor, medite sobre a vida que está ali contida e lave-as.

2. Deixe as sementes na água ($\frac{1}{8}$ de um recipiente de vidro) durante a noite.

3. No dia seguinte, escorra a água. Lave bem as sementes colocando o vidro inclinado em 45° com tela na boca, deixando entrar o ar e escorrendo a água.

4. Lave com bastante água potável as sementes, 3 vezes ao dia, até a fase de broto. Dependendo da semente, a germinação completa pode variar de 4 a 7 dias.

5. Lave e escorra os brotos – estão prontos para serem saboreados.

6. Para armazenar os brotos, guarde-os no refrigerador, por no máximo 5 dias, num recipiente forrado com papel toalha para mantê-los secos e evitar a proliferação de fungos.

Como Cultivar Gramíneas?

1. Escolha as sementes do trigo, de preferência orgânico. Medite sobre a vida que está ali contida e lave-as.

2. Deixe as sementes na água ($\frac{1}{8}$ de um recipiente de vidro) durante toda a noite.

Alimentação viva e ecológica

3. No dia seguinte, escorra a água e lave bem as sementes. Coloque o vidro inclinado em 45°, com tela na boca ou numa bandeja furada, deixando entrar o ar e escorrendo a água.

4. Lave com bastante água pura as sementes, três vezes ao dia, até brotar, o que, dependendo da semente, pode variar de 1 a 2 dias.

5. Depois de aparecer o brotinho de trigo, cultivar em vasos com 70% de terra e 30% de húmus.

6. Aguardar 6 a 8 dias para colher a grama (quando ela atingir 10 cm de altura).

7. Cortar rente à terra o punhado que vai usar a cada vez.

Por Que Hidratar as Castanhas?

Uma prática importante na culinária viva é a hidratação das castanhas. Colocando as castanhas cruas de molho na água potável, elas vão inchar depois de algumas horas. À medida que a água penetra, as enzimas ficam ativas. Com isso, os nutrientes ficam biodisponíveis para o organismo assimilá-los sem sobrecargas. Ocorrem as seguintes transformações:

- São formados ácidos graxos poli-insaturados.
- Os agentes fotoquímicos, as vitaminas e as enzimas, presentes em grandes quantidades nesses alimentos, tornam-se ativos.
- Como nas sementes germinadas, as proteínas são degradadas em simples aminoácidos.

OBSERVAÇÕES GERAIS:

- Escolher sementes preferencialmente orgânicas e novas.
- Ao comprar sementes, observe se a data da embalagem é recente e se não apresentam sinal de envelhecimento. Antes de comprar grandes quantidades, teste primeiro com pequenas quantidades.

- Algumas sementes somente encontraremos em lojas especializadas ou por meio de fornecedores.

Castanhas, sementes, grãos e leguminosas devem ser lavados antes da hidratação.

Tanto as lavagens como as hidratações devem ser feitas com água filtrada e sem cloro, de preferência utilizando um filtro de carvão ativado.

- A água morna acelera a hidratação.

- Durante a hidratação, após as primeiras 8 horas e no processo de germinação, as sementes devem ser lavadas 3 vezes ao dia.

- Os germinados devem ficar em locais arejados com temperaturas entre 0 e 30 °C.

- As sementes germinadas podem ter um rendimento de 3 a 10 vezes e, por isso, o recipiente para produzi-las deve ser compatível com a quantidade e tipo de semente.

- As sementes podem ser germinadas em vidros com telas de proteção, bandejas furadas, sacos de voal, de filó e peneiras.

- Os equipamentos utilizados para a hidratação e germinação devem ser lavados com água e sabão neutro (e bem secos para serem reutilizados).

- Os brotos devem ser consumidos assim que estiverem prontos. Caso contrário, podem ser mantidos na geladeira por máximo 3 dias, em vasilhas bem fechadas, com papel toalha no fundo e no topo.

- Algumas sementes sem germe (descascadas) não irão germinar, mas ao colocá-las na água desencadearão seu "potencial germinativo", como o caso da aveia e da cevadinha.

- O tempo da demolha pode variar de algumas horas (lentilha rosa) até vários dias, trocando a água diariamente (oleaginosas, coco e aveia).

- As sementes (como o girassol descascado e a linhaça) e as castanhas, depois da demolha de 8 a 10 horas, devem ser guardadas na geladeira, imersas em água filtrada, por até 3 dias. Deve-se trocar a água diariamente.

Alimentação viva e ecológica

- Para retirar aflotoxinas[2], inseticidas e metais pesados das sementes, durante todo o período de hidratação, colocar carvão de lenha de poda verde dentro da água.

- Ao germinar sementes, é preciso prestar bastante atenção a esse ser vivo que se desenvolverá diante de seus olhos. Cada semente irá apresentar um desenvolvimento próprio, e, se tiver passado do seu tempo de germinar, será visitada por fungos e entrará em processo de decomposição, sem condições de ser consumida.

COMO GERMINAR AS SEMENTES?
Texto do Projeto Terapia – Fiocruz[3]

As sementes podem ser germinadas de três modos diferentes: no Ar, na Água e na Terra. O material necessário é simples: semente de boa qualidade, vidro de boca larga, tule e elástico para o processo no ar, bandeja com terra ou uma vasilha com água. Com o material na mão, vamos lá!

Girassol germinado

• *1ª ETAPA (COMUM A TODAS AS SEMENTES): Lavar bem a semente e deixar de molho dentro de água por 8 horas.*

Germinação no ar
• *2ª ETAPA: Escorrer a água e lavar bem a semente 5 vezes.*
• *3ª ETAPA: Colocar o vidro com a semente úmida num local inclinado (45º), de maneira que possa pegar ar, escorrer o excesso de água e ficar na sombra.*
• *4ª ETAPA: Lavar bem (5 vezes) pela manhã e à noite, retornando ao local inclinado.*
• *COLHEITA: estão prontas para comer quando estiverem com o "narizinho" para fora (em torno de 24 horas).*

---

2. As aflotoxinas são um grupo de compostos tóxicos produzidos por certas cepas dos fungos *Aspergillus flavus* e *A. parasiticus*.
3. Este texto foi elaborado por Maria Luiza Branco Nogueira da Silva.
Ver www4.ensp.fiocruz.br/terrapia/?q=como-germinar (acesso em 20/3/2013).

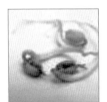
Feijão moyashi

Cultivos de brotos no ar

Algumas sementes devem ser consumidas sob a forma de brotos, devido à presença de substâncias tóxicas no início do processo de germinação. Por isso continua-se o processo no ar até aparecerem as duas primeiras folhinhas, quando ficam prontas para o consumo. Consulte a lista de sementes germinadas.

Amêndoa germinada

Germinação na água

• OBS.: Após a primeira etapa comum, as sementes que germinam na água continuarão imersas, com o cuidado de trocar a água 2 vezes por dia.

• COLHEITA: Estão prontas para comer quando estão com o "narizinho para fora". Isso pode durar horas ou dias, dependendo se possuem cascas finas ou grossas.

Brotos de Girassol

Brotos na terra

• 2ª ETAPA: Após a 1ª etapa comum, as sementes irão inicialmente germinar no Ar. Com isso, garantimos a germinação de todas as sementes, o que acelera o processo de cultivo.

• 3ª ETAPA: Com o "narizinho para fora", as sementes serão espalhadas numa bandeja com furos embaixo e com 3 cm de terra. Cubra as sementes com pouca terra peneirada e regue. Coloque num local sombreado no início e, depois de crescidas, ao sol. Regue regularmente, sem encharcar.

• COLHEITA: Os brotos estão prontos para comer quando aparecem as duas primeiras folhas – ou, no caso das gramas, com 15 cm de comprimento.

Compreendendo a germinação

Segundo o dicionário Aurélio, "semente é a estrutura que conduz o embrião. Provém do óvulo fecundado e está incluída nos frutos. No sentido figurativo, é o germe, causa, origem, sêmen". Ou seja, reúne a potencialidade total daquele ser vivo que aguarda o momento de vir a ser. Enquanto aguarda, utiliza sua força para esperar, mantendo-se no metabolismo mínimo (basal) e, depois, ao encontrar as condições que precisa (água e luz), inverte o rumo dessa força para crescer numa grande explosão e mostrar ao mundo para que veio. Cada semente, então, terá sua particularidade: o tempo que demora para germinar, o tamanho, a textura, o tempo que conserva a capacidade de germinar, a época em que foi colhida, a graciosidade, o sabor e o saber.

O que está acontecendo no interior da semente quando ela germina?

É difícil detectar a vida no interior da semente, quando em dormência. Mas ela respira... O embrião espera pela água, luz, temperatura ideal, estação do ano... durante tempos variados. A maçã espera duas semanas e a raiz de lótus, mais de 2000 anos, por exemplo.

Segundo os biólogos, a água desperta a semente! Aspirada pela micrópila (boca), a água penetra e logo desativa os "inibidores de crescimento", responsáveis pela dormência. Começa a inversão metabólica e os "hormônios de crescimento" entram em ação! Esses hormônios se espalham e chegam ao nucelo, próximo à casca da semente, onde vão ativar o "Sistema de Mensagem" do código genético da planta (DNA). Aqui, certos genes são ativados para dar as "instruções hereditárias" necessárias à construção de toda a planta e as informações de como se comportar diante da chuva, do vento, do calor, do frio... Os genes ativados começam a "Transcrição" da informação do DNA. Essa informação será transportada pelo "RNA mensageiro" para todas as áreas necessárias da semente. Com isso, o RNA vai desencadear o processo de produção de proteínas específicas, seguindo a sequência do código genético. As primeiras são as proteases e amilases, que vão digerir as "Reservas Nutritivas" guardadas no interior da semente, destinadas a alimentá-la no início da germinação. Tudo acontece muito rapidamente! Com o alimento necessário, na forma em que pode ser usado para o crescimento, o "polo germinativo" entra em ação: a "radícula" cresce e sai da casca por meio da micrópila, procurando a terra para formar a raiz, e a "plúmula" rompe a casca para formar o caule e as folhas, orientadas para o céu.

E assim começa uma nova história, numa grande explosão vital!

Sementes para Germinar

As sementes citadas a seguir foram pesquisadas e testadas pelo grupo do projeto Terrapia. Elas são utilizadas nas oficinas práticas que acontecem às segundas, quartas e sextas-feiras e nos seminários às quintas-feiras na Fiocruz (RJ), para a comunidade em geral.

ALFAFA

Origem: Rússia. Ao chegar aos países árabes, ficou conhecida entre os criadores de cavalos, porque os animais ganhavam vitalidade em contato com a planta.

Compras: as sementes que adquirimos para germinação caseira geralmente são importadas da Austrália. Algumas casas especializadas em sementes vendem, mas o mais correto é adquirir direto do importador.

Germinação: é importante observar que essas minúsculas sementes (menores que as da mostarda) são especialmente indicadas para a produção de brotos. Evita-se o consumo como sementes germinadas por ter alto teor de substâncias tóxicas (antinutrientes) no início de seu processo de crescimento.

Podem ser cultivadas no ar ou na terra.

Coloca-se 1 colher de sopa em um vidro de 1 litro, para que tenham espaço para crescer, ficar arejadas, facilitar a limpeza e lavagem. Precisam de muita água para o crescimento. Não podem ser "esquecidas", senão as pequenas raízes secam com facilidade! É ideal lavar de 2 a 4 vezes ao dia, com jatos de água suave! Ficam prontas para consumo entre 4 e 5 dias, numa temperatura amena. Por isso, no verão é difícil de cultivar em regiões muito quentes.

Preparo: saladas, sanduíches vivos, sopas vivas etc.

AMÊNDOA

Origem: Ásia. A forma selvagem foi domesticada na região do Mediterrâneo, África e Mesopotâmia. Vem sendo cultivada há 3.500 anos.

Compras: no comércio em geral encontramos as importadas do Chile o ano todo. No entanto, estarão mais frescas e, portanto, melhores para consumo, no final e início do ano.

Alimentação viva e ecológica

Germinação: as sementes descascadas (só com a pele) germinam dentro da água e podemos ver o polo germinativo branquinho saindo através da pele dourada em 48 horas. Já com a casca dura, o tempo será maior, 72 horas no mínimo.

Preparo: é especial para leites, tortas, musses, shakes, sopas vivas e patês.

AMENDOIM

Origem: América do Sul e Gana, na África.

Compras: é importante observar a saúde das sementes; escolha as mais frescas, inteiras, com alto índice de germinação, coloração adequada e cheiro agradável. Encontramos no mercado e feiras por todo o ano.

Germinação: em 24 horas de germinação, os brotos estão prontos para consumo. Depois de germinado, recomenda-se a retirada das peles para uma melhor seleção das sementes sadias e melhor digestibilidade.

Preparo: pastas, leites, vitaminas, saladas, farofas etc. Tudo fica delicioso.

Obs.: para higienizar as sementes e frutos oleaginosos antes da germinação, pode-se usar uma solução com P_{10} ou bicarbonato de sódio (veja nota de rodapé na p. 191). Outro fato positivo é que, na **alimentação viva**, a semente consumida germinada apresenta o sistema imunológico fortalecido pela própria explosão do crescimento, e assim ela elimina os fungos.

AVEIA (*Avena sativa*)

Origem: Norte da Europa.

Compras: procure nas seções de alimentos para pássaros a semente em grão com casca para usar nos sucos coados, ou descascada, para a preparação de outros pratos. As sementes devem estar inteiras e intactas, claras e sem pó.

Germinação: as sementes com casca serão germinadas no ar. Para as descascadas, devido à ausência do germe, utilizamos o processo de germinação na água. O tempo de permanência na água é aquele suficiente para torná-la macia e "desencadear" o potencial de germinação, em geral de 12 a 24 horas. Lave bem o vidro, coloque a sementes com filó e elástico. Lave bem e depois coloque de molho na água filtrada. Essa semente não será lavada depois. Pode ser consumida acompanhada da água de imersão.

Preparo: cremes com frutas ou salgados, granolas vivas, vitaminas.

CASTANHA-DO-PARÁ

Origem: Amazônia.

Compras: certifique-se de que as castanhas sejam realmente cruas, sem ter sido submetidas ao calor. Depois de descascadas, guarde-as sob refrigeração. Os frutos são colhidos nos meses de dezembro e janeiro. Observe a diferença do paladar da castanha fresca!

Germinação: se estiverem sem casca, coloque-as na água por 8 horas. Caso estejam com casca, por 72 horas, fazendo uma pequena quebra para melhor penetração da água. O processo de germinação pode ser observado pela mudança completa do paladar e da consistência.

Preparo: como as amêndoas.

CEVADINHA

Origem: a primeira cevadinha apareceu no período Paleolítico e a domesticação, também precoce, no Neolítico, na Síria.

Compras: quando ainda mantém a casca, é considerada grão integral, porém no Brasil não encontramos a cevadinha integral no comércio de alimentos, restando a cevadinha perolada ou apenas cevadinha, que é descascada e sem o germe.

Germinação: quando encontramos o grão integral, a germinação no ar é como a do trigo ou do centeio. Em 24 a 36 horas, estão prontas para o consumo. Podem ser cultivadas também na terra, como grama para suco. As sementes da cevadinha descascada são germinadas estando na água por apenas de 12 a 24 horas.

Preparo: processadas como ingredientes em cremes.

COCO

Origem: é uma palmeira perene originária do Sudeste Asiático e foi introduzida no Brasil em 1553 pelos portugueses, embora alguns autores defendam que a origem é desconhecida.

Compras: bata de leve na casca; se o som for oco, indica que ainda não está bom para o consumo.

Germinação: uma semente se torna madura e em condição de germinar após um ano, quando tem pouca água e as fibras em volta estão secas. A germinação é espontânea, mas podemos acelerar imergindo-as em água por 15 dias, trocando a água diariamente. Se escolhemos a semente bem madura (12 meses), ao final desse tempo muitas vezes observamos o crescimento do germe que fica situado em um dos três "olhinhos" da semente, quando for quebrar para consumir. Por isso, evite retirar a água através deste orifício. Quebre o coco ao meio para retirar a água e experimente o sabor depois desse período e perceba como fica mais leve e digestivo devido à redução de gorduras por meio da germinação.

Preparo: como as amêndoas.

COLZA

Origem: possivelmente da região mediterrânea, a colza é uma planta desenvolvida do cruzamento espontâneo entre uma couve comum e uma couve-rábano. A origem deste híbrido não é ainda bem conhecida.

Compras: encontramos à venda em lojas de sementes para pássaros. A semente precisa estar com bom índice de germinação para produzir bons brotos. Faça o teste antes de comprar em quantidades maiores. Os "passarinheiros" dão boas dicas de onde comprar, pois os passarinhos também preferem as sementes frescas.

Germinação: podem ser cultivados no ar ou na terra.

Coloque duas colheres (sopa) de sementes num vidro de 1 litro, pois crescem bastante, e depois siga os passos da produção de brotos no ar. A colheita tem o momento certo para consumo, pois, passado o tempo, morrem e ficam "meladas" (entram em fermentação). Observe que estejam com as folhas bem verdes e com as raízes bem claras!

ERVILHA

Origem: a semente de ervilha é muito antiga (10.000 anos) e foi encontrada no Leste Europeu.

Compras: fácil de ser encontrada no comércio em geral.

Germinação: as sementes podem ser germinadas no ar. Logo que aparecem os primeiros sinais de germinação (radícula) é a boa hora de comer. Tem um paladar adocicado, por isso é chamada de "ervilha doce". Passada essa etapa, começa a apresentar um paladar amargo, impróprio para as receitas vivas. Para o preparo, é importante experimentar antes e observar o sabor.

Preparo: saladas, recheios e cremes.

FEIJÃO-AZUQUI

Origem: Oriente.

Compras: existem variedades de feijões similares no mercado; apenas o moyashi e o feijão-azuqui podem ser germinados e comidos crus. Em caso de dúvida, procure comprar as sementes embaladas com rótulo escrito feijão-azuqui.

Germinação: germina no ar e, como uma mágica, modifica completamente sua forma depois que os grãos ingerem água! As sementes que não absorvem água permanecem duras e precisam ser separadas para não machucar nossos dentes.

Preparo: saladas, sopas cruas etc.

FEIJÃO-MUNGO ou MOYASHI

Origem: China, principalmente cultivado em Bangladesh.

Compras: as sementes ainda são difíceis de encontrar no comércio em geral. Você pode encontrar em algumas lojas especializadas em sementes, no comércio de alimentação oriental ou lojas de produtos naturais. No entanto, o broto cultivado está em quase todos os supermercados nas grandes cidades.

Germinação: como a maioria dos feijões, no início de seu desenvolvimento possuem substâncias tóxicas que impedem o seu consumo germinadas. Porém, um pouco mais desenvolvidas, sob a forma de brotos, podem ser consumidas cruas.

Os brotos de produção doméstica passam por um processo especial para que os caules possam se desenvolver, sem ficarem fibrosos. As sementes gostam de muita água e lugar escuro para produzir um broto claro e tenro. Colocar na água por 8 horas, lavar bem e deixar em vasilha escura com um peso por cima.

Depois lavamos 3 vezes ao dia pelo menos. Manter as sementes prensadas nos 3 primeiros dias. No 4º dia retirar o peso e terminar o processo como todas as sementes cultivadas no ar, com filó e elástico, porém envolvendo o vidro num plástico de cor preta para fazer um ambiente escuro para elas.

Preparo: os brotos, deliciosos, acompanham saladas e várias preparações da culinária chinesa e indiana.

FENO-GREGO

Origem: planta leguminosa originária do Oriente (do Mediterrâneo até a China), bastante cultivada em vários lugares do planeta.

Compras: as sementes são encontradas em lojas especializadas.

Germinação: o feno-grego pode ser consumido sob forma de sementes germinadas ou brotos, no ar ou na terra. Fáceis de germinar no ar, durante o processo liberam uma espuma após a primeira demolha, devido à presença de saponinas, que desaparecem com a germinação.

Preparo: como sementes germinadas, pode ser usado para a produção de rejuvelac (ver p. 100).

GERGELIM

Origem: amplamente cultivado nos países do Oriente Médio e na Índia, de onde é originário. Atualmente a sua cultura estende-se a regiões tropicais e subtropicais da América, da África e dos países mediterrâneos.

Compras: no comércio existem 3 tipos – gergelim natural, preto e branco descascado. Este último não germina mais porque foi aquecido durante o processo de descascar. Escolha os dois primeiros.

Germinação: a germinação das sementes no ar é fácil e, nos meses quentes, crescem em menos de 24 horas. Em dias muito frios, em 48 horas. O momento para consumo é no instante do crescimento "do narizinho", pois se passar desse ponto fica muito amargo.

Preparo: leites, barras de cereal, granolas vivas, crakers etc.

Alimentação viva e ecológica

GIRASSOL

Origem: Américas. Usado como alimento pelos nativos americanos em mistura com outros vegetais. No século XVI, foi levado para a Europa e Ásia, onde era utilizado como planta ornamental e hortaliça.

Compras: procure sementes selecionadas pequenas, que podem ser encontradas em lojas de aves ornamentais e feiras durante o ano todo. As selecionadas estão mais limpas e o índice de germinação é maior. As sementes graúdas são importadas e nem sempre germinam, podem ser transgênicas.

Germinação: a germinação da semente com casca no ar é muito fácil e em 24 horas já é bem visível! Para a produção dos brotos é feito o cultivo na terra, como a grama do trigo, e demora por volta de 5 dias. As descascadas são germinadas na água por 8 horas.

Preparo: as sementes descascadas germinadas são usadas para leite, pastas, shakes, suco de clorofila. Os brotos, para saladas, sanduíches, macarronadas, sopas etc.

GRÃO-DE-BICO

Origem: Turquia (descobertas arqueológicas datam-no de 6790 a.C.)

Compras: são encontradas sementes pequenas e grandes. As maiores, depois de germinadas, ficam mais fáceis de descascar. Retiramos a pele antes de prepará-las, pois ela naturalmente é descartada. Sem vida e com alto teor de celulose, essa pele não é digerida.

Germinação: no ar. Em 24 horas já exibem o "rebento". Nos dias quentes, é melhor lavar mais vezes, com bastante água.

Preparo: pastas, falafel, saladas etc.

LENTILHA

Origem: a lentilha é originária do Oriente e é uma das plantas cultivadas mais antigas (9500 a.C).

Compras: fácil de ser encontrada no comércio em geral. Como esperam muito tempo para nascer, em geral germinam mesmo passado o prazo de validade dos pacotes. Temos dois outros tipos de lentilha importados encontrados em lojas especializadas: a rosa e a verde – ambas são bem pequenas.

Germinação: a germinação no ar é muito fácil. Pode também ser cultivada na terra para fazer brotos. A lentilha rosa e a verde germinam no ar muito rápido e são bastante digestivas.

Preparo: saladas, amornados, cremes, almôndegas etc.

LINHAÇA

Origem: existem indícios de sua utilização desde 5000 a.C. na Mesopotâmia. Dali se espalhou para a Europa, África, Ásia e finalmente para as Américas.

Compras: são encontradas no comércio a semente de linhaça dourada e a marrom. Faça o teste da germinação antes de comprar em quantidades maiores; verifique que sejam realmente frescas. Prefira os supermercados ou lojas de grande venda para ter acesso às sementes frescas.

Germinação: a semente de linhaça germinada produz uma goma durante a demolha e por isso recomendamos sua germinação em peneiras que facilitem a limpeza. Há controvérsias sobre o consumo desta água gomosa. Preferimos não utilizar pelo fato de a primeira demolha estar cheia de hormônio anticrescimento, que é liberado pela semente antes de iniciar seu crescimento.

A semente de linhaça também pode ser cultivada na terra e seu broto tenro é delicioso. Uma dica: coloque a semente seca bem espalhada na terra e depois faça a irrigação. Assim você evita que a goma liberada cole uma semente na outra.

Alimentação viva e ecológica

Preparo: moída, nas preparações culinárias, dá liga à massa. Pode ser usada em diferentes preparações, doces e salgadas.

NOZES

Compras: são colhidas entre setembro e novembro; na época do Natal estão frescas e saborosas. Compre de preferência com a casca. Verifique as condições da semente abrindo a casca. Sem a casca, conserve-a refrigerada.

Germinação: na água, quando descascada, demora 12 horas para germinar.

A semente com casca deve ser colocada dentro da água por 3 a 4 dias, trocando a água uma vez ao dia. Em seguida, quebra-se a casca com o quebrador de nozes e observa-se se foi o suficiente para hidratar e modificar o paladar da semente. Essa é a melhor referência: mudança do sabor, que fica menos oleoso e mais suave.

Durante a produção doméstica, não é possível ver o polo germinativo da semente crescendo, pois essa semente também leva 1 ano para germinar na natureza!

Preparo: como o da amêndoa.

NOZ-PECÃ

Origem: a nogueira-pecã é uma árvore originária do Sudeste dos Estados Unidos e do México, cultivada no Brasil.

Compras: em lojas especializadas e em feiras livres.

Germinação: as mesmas orientações da noz da Europa.

Preparo: como o da amêndoa.

PAINÇO

Origem: o painço é originário da China. Considerado uma semente muito importante como alimento humano, vem sendo cultivado desde 7000 a.C., e todo um sistema agrícola foi desenvolvido, desde a plantação, colheita e armazenamento.

Compras: no comércio, pode ser encontrado em diversas cores: vermelho, amarelo, preto, verde e bege. O bege ou natural é o mais consumido, por isso as sementes estão mais frescas e germinam bem.

Germinação: pode ser germinado no ar ou, como brotos, na terra. No ar, demora entre 3 e 5 dias para germinar e, na terra, um pouco mais, dependendo da estação do ano e da temperatura.

Preparo: por apresentar a casca dura e os brotos fibrosos, usamos preferencialmente em sucos coados.

QUINOA

Origem: a quinoa é originária da região dos Andes, conhecida também como o "trigo dos incas". Vem sendo cultivada há 8.000 anos, principalmente no Peru e na Bolívia, numa altitude de mais de 3.500 metros.

Compras: de grande resistência, a planta pode crescer em zonas áridas e só é colhida uma vez por ano, por isso tem preço alto. Nosso mercado oferece a semente branca, a vermelha e a preta. Atenção para comprar as sementes inteiras e não as farinhas!

Germinação: muito rápida, germina em 4 horas dentro de água! Porém, fica macia entre 8 e 12 horas, se ventilada.

Preparo: melhor consumir triturada, segundo o Instituto Ann Wigmore. Pode ser preparada de diversas formas: em granolas vivas, tabules, amornados etc.

Alimentação viva e ecológica

SOJA

Origem: China. A semente cultivada hoje no Planeta é muito diferente daquela que lhe deu origem, uma espécie de planta rasteira que se desenvolvia na costa. Modificou-se com o cruzamento natural entre duas espécies selvagens, que depois foram cultivadas e melhoradas por cientistas da antiga China.

Compras: não é fácil encontrar sementes novas com germinação 100%. Procure nas casas de produtos naturais ou especializadas de maior saída. Em alguns supermercados, é possível comprá-las também. É relativamente frequente encontrar as orgânicas, que são cultivadas no Brasil. Faça o teste da germinação antes de comprar grandes quantidades.

Germinação: germina muito fácil e rapidamente, se ventilada!

Preparo: a forma correta para ingerir a soja é germinada e fermentada.

TOFU VIVO (Receita do Terrapia)

1ª fase: germinação de duas xícaras (chá) de sementes de soja.

2ª fase: descasque e processe com dois copos de rejuvelac (ver receita na p. 100). Coloque num coador de voal e deixe suspenso pelo elástico com uma vasilha embaixo para receber o excesso do rejuvelac de 16 a 24 horas.

3ª fase: retirar a massa fermentada com delicadeza, pois estará numa consistência de musse, aerada. Tempere com ervas aromáticas variadas, pouco sal e gotas de limão.

Acompanhe com pão essênio (ver receita na p. 234).

TREVO

Origem: de ampla distribuição e diversidade, é encontrada no hemisfério Norte e Sul, especialmente na América do Sul e na África, incluindo as altas montanhas.

Compras: as sementes podem ser encontradas no comércio de alimentos naturais, casas de sementes importadas ou diretamente com o importador de sementes, pois elas vêm da Austrália! Bastante populares, os brotos de trevo podem ser encontrados nas prateleiras de alguns supermercados, assim como a alfafa e o feijão moyashi.

Germinação: os brotos de trevo podem ser cultivados no ar ou na terra. O trevo é mais digestivo sob a forma de broto do que como semente germinada.

Curiosidades: o trevo é considerado um símbolo na tradição cristã, representando a Santíssima Trindade devido às três partes da folha. Ocasionalmente, possui 4 folhas e, como é raridade, é considerado símbolo da boa sorte e prosperidade.

Preparo: como o broto de alfafa.

TRIGO

Origem: a semente de trigo é originária da antiga Mesopotâmia. Seu cultivo é originário da Síria, da Jordânia, da Turquia e do Iraque.

Compras: nas lojas de produtos naturais ou em supermercados, verifique, ao comprar, a data da embalagem para ter acesso a sementes mais frescas e com melhor índice de germinação.

Germinação: a semente é muito fácil de germinar no ar! Em 24 horas já está com o "narizinho" para fora e pronta para ser comida.

Pode também ser cultivado como broto na terra (gramínea), para fazer o suco de clorofila! (ver pp. 173, 174 e 202)

Preparo: gostosas inteiras em molhos, semitrituradas em tabules e processadas em massas de pão, quiche etc.

TRIGO-SARRACENO

Origem: a origem da semente não é muito clara. Existem alguns indícios de que a espécie selvagem ancestral provém da China.

Alimentação viva e ecológica

Compras: encontramos no comércio brasileiro o trigo descascado, bastante quebrado e impróprio para germinação. Está sendo cultivado no Sul do país, e ocasionalmente o encontramos com a casca preta. Nos Estados Unidos e na Europa, conseguimos comprá-lo inteiro e germina com muita facilidade. Assim como a cevadinha, utilizamos o trigo quebrado, hidratado, para desencadear o potencial germinativo das sementes que ainda permanecem inteiras.

Germinação: colocamos na água 12 horas antes do preparo.

Preparo: a semente solta um muco espesso que favorece o preparo de algumas receitas, especialmente sopas. O paladar é bem especial para acompanhar saladas, sanduíches, sopas e tabules.

Tabela de Hidratação e Germinação

A tabela que se segue apresenta dados da nossa prática no dia a dia no Restaurante Girassol e de experiências pessoais. Temos como base informações provenientes de vários autores citados neste livro.

TABELA DE HIDRATAÇÃO E GERMINAÇÃO			
	Hidratação (na água)/horas	**Germinação** após hidratar (no ar)/dias	**Germinação** (na terra)/dias	**Observações**
OLEAGINOSAS	São ricas, principalmente, em vitamina E, aminoácidos, ácidos graxos essenciais, magnésio e cálcio. A amêndoa é a castanha mais alcalina já pesquisada.			
Amêndoa	5-12			
Avelã	5-12			
Castanha-de-caju	10-12			
Castanha-do-pará	1-2			
Nozes	2-8			
SEMENTES	São ricas, principalmente, em vitamina A e E, cálcio, fósforo, magnésio, aminoácidos e ácidos graxos essenciais. O gergelim amarga após 24 horas.			
Gergelim	4-6	1		
Girassol (com casca)	8-10	1-2	5 a 7	Pode ser cultivado na terra
Girassol (sem casca)	6-8			
Linhaça	6-8			

TABELA DE HIDRATAÇÃO E GERMINAÇÃO

	Hidratação (na água)/horas	Germinação após hidratar (no ar)/dias	Germinação (na terra)/dias	Observações
LEGUMINOSAS	São ricas, principalmente, em aminoácidos, proteínas, cálcio, fósforo, sais de ferro e vitaminas C e do complexo B. Se não forem totalmente germinadas, são muito indigestas e devem ser pré-cozidas (10 minutos em fogo baixo).			
Ervilha	12	3-5	5	
Grão-de-bico	8-10	2-3		
Lentilha	8-10	2-3	5	
Soja	8-10	5-7		
Moyashi	8-10	3-5		
GRÃOS	São ricos, principalmente, em vitaminas C e do complexo B, sais de ferro, aminoácidos e açúcares complexos. A aveia encontrada no Brasil não germina.			
Arroz	8-24	2		
Arroz selvagem	12-72			
Aveia em grão	42-72			manter refrigerado
Centeio	8-10			
Cevada	8-10			
Painço	5	1		
Trigo	8-10	1-2	5 a 8	
Trigo-sarraceno (com casca)	6	2-3	5	
Trigo-sarraceno (sem casca)	2			manter refrigerado
Quinoa	4-5	1		
VEGETAIS	São ricos de um modo geral em vitaminas A e C, do complexo B, ferro e fósforo. Os vegetais precisam receber luz solar para serem consumidos, depois que suas folhas estiverem verdes. Broto de alfafa não deve ser consumido em excesso.			
Alfafa	4-8	5-6		
Brócolis	6-8	5-6		
Cebola	4-6	4		
Feno-grego	6-8	2		
Mostarda	5	3-5		
Rabanete	6-8	2-3		
Repolho	4-6	4-5		
Trevo	4-8	5-6		

Alimentação viva e ecológica

Produção de Alimentos Fermentados

Os alimentos crus, germinados e lactofermentados são nossas melhores fontes de enzimas e de vitalidade. Eles estimulam o sistema imunológico. Melhoram a digestão da lactose. Inibem tumores cancerígenos. Evitam e diminuem processos inflamatórios crônicos ocasionados por bactérias e/ou fungos e outros micro-organismos patogênicos, inibindo a sua proliferação. E auxiliam na desintoxicação de poluentes, protegendo contra os efeitos negativos da radiação.

Durante a fermentação, são produzidas vitaminas do complexo B, como biotina, niacina (B_3) e o ácido fólico. Alguns autores confirmam a síntese de colina[4], que permite uma melhor utilização das gorduras no organismo, e da acetilcolina, um neurotransmissor que favorece a tranquilidade e regula a pressão arterial.

A fermentação de alimentos é uma prática que vem sendo utilizada por diversas civilizações do mundo, fazendo parte da história da humanidade. Muitas culturas são identificadas com tipos de alimentos fermentados que desenvolveram para garantir uma alimentação saudável para seus integrantes. Podemos citar, na Ásia, os fermentados à base de soja – entre eles encontramos o natô, o missô, o tamari, o shoyu, especialmente no Japão e na China.

A Indonésia se tornou conhecida com o tempeh, fermentado também à base da soja. Nos países do leste europeu, foi desenvolvido o chucrute de repolho e de outros legumes lactofermentados e também o Kanne brottumk, suco de legumes fermentado.

Na África, o fermentado de mandioca tem o nome de goti e no Nordeste do Brasil ele recebe o nome de farinha de puba. No Nepal e no Tibete, encontramos o goudrouk, que é feito de folhas de mostarda lactofermentadas. No Mediterrâneo, a cultura é fermentar as azeitonas e alcaparras.

---

4. A colina é necessária na síntese de acetilcolina, um importante transmissor que influencia o funcionamento do cérebro, coração, músculo, glândula adrenal, trato gastrintestinal e de muitos outros órgãos. Na maioria dos mamíferos, a deficiência da ingestão nutricional de colina destrói seus estoques corporais, o que resulta em infiltração de gordura no fígado.

A lactofermentação é baseada na multiplicação de micro-organismos. As bactérias lácteas não apenas impedem a putrefação do meio, como também enriquecem o meio com ácido lácteo, enzimas e vitaminas. Chucrute, iogurte, kefir e leveduras são exemplos mais conhecidos, são técnicas ancestrais e universais.

A fermentação láctea é uma das melhores opções para vitalizar nosso organismo. Ela possui os probióticos, que ajudam a colonizar com bactérias benéficas a flora intestinal.

Os micro-organismos lácteos existem no meio ambiente, no solo, nas plantas rasteiras e raízes. Nos seres humanos, são encontrados na boca, no intestino, no estômago e nos órgãos reprodutores. Na flora bacteriana intestinal, eles produzem ácido lácteo, que protege as mucosas. Em meios anaeróbicos adequados, eles se reproduzem.

COMO FAZER A FERMENTAÇÃO

A lactofermentação pode ocorrer naturalmente se a presença das bactérias lácteas for suficiente. Vamos encontrá-las em terreno sadio que não recebeu tratamento com adubos sintéticos e/ou com agrotóxicos. A multiplicação das bactérias lácteas e de outros micro-organismos saudáveis realiza-se em um meio suficientemente rico em nutrientes, açúcares, vitaminas do complexo B, minerais, oligoelementos e enzimas.

Quando as condições não são saudáveis, favorecem a proliferação de bactérias indesejáveis, que levam ao apodrecimento e à presença de mofo. Podemos constatar a qualidade vital e nutricional de um alimento pela sua capacidade de fermentação natural.

Uma boa prática é adicionar culturas puras de bactérias lácteas selecionadas, para iniciar o processo de fermentação de alimentos. Podemos usar iscas de vários tipos de bactérias lácteas, provenientes de culturas de probióticos adquiridas em farmácias de manipulação ou mercados naturais. Com essas iscas produzimos a fermentação de leites de castanhas, sementes hidratadas, água de coco verde, leguminosas germinadas etc.

Alimentação viva e ecológica

PREPARO DO CHUCRUTE

Para fazer o chucrute é necessário 1 (ou mais) repolho orgânico, higienizado em água pura, sem cloro, e cortado em tiras. Para cada repolho médio adicionar 1 g de probiótico.

O repolho deve ser organizado em camadas, encobertas com camadinhas de sal, dentro de um pote de madeira, cerâmica ou vidro (com tampa). Deixá-lo bem prensado (com um peso em cima) dentro do pote, submerso no próprio líquido que será criado, e fechado, sem entrada de ar.

Nas condições anaeróbicas, as bactérias lácteas se desenvolvem mais rapidamente que as outras. Alimentam-se de glucídios (açúcares) contidos no repolho e os transformam em ácido láctico. Pouco a pouco o meio se acidifica e inibe as bactérias responsáveis pelo mofo e apodrecimento. Quando o meio atinge o pH 4, as bactérias lácteas também são inibidas e o meio fica estável.

O chucrute se conserva por longos meses. Durante a fase de estocagem é que se desenvolvem os aromas.

KEFIR, UM ELIXIR DE VIDA

A palavra "kefir", em tradução livre, significa "prazer" ou "bem-estar". É uma bebida láctea fermentada e probiótica, uma espécie de iogurte líquido e espumante, com sabor próprio.

Ao contrário do iogurte, que é criado a partir do leite, pela adição de certas bactérias ácidas, o kefir é feito pela mistura do leite com fermentos e bactérias de lactobacilos ("grãos de kefir").

Esses "grãos de kefir" são facilmente adquiridos (até pela internet!) de alguém que os cultive. Na **alimentação viva**, a água de coco ou o leite de castanhas adoçado com frutas secas são usados como meio de cultura. Então, o ideal é conseguir os grãos de kefir adaptados em leite, para, aos poucos, adaptá-los à forma que queremos.

REJUVELAC

O rejuvelac é uma bebida de fermentação natural feita normalmente a partir do trigo germinado. É também comum a partir do feno-grego ou da quinoa, germinados.

Depois de germinados, quando aponta o broto, os grãos podem ser triturados rapidamente e colocados num recipiente de vidro com água potável, não clorada, na proporção de 1 xícara (chá) de grãos para 5 de água, por 3 dias.

Escolha Consciente dos Alimentos

*"O instinto alimentar natural do corpo equilibrado e
saudável induz à escolha do alimento adequado ao corpo."*
(autor desconhecido)

nfelizmente, perdemos o instinto natural na escolha do alimento saudável. Podemos observar a influência que a forma de alimentar atual exerce no comportamento do ser humano. A maneira de escolher os alimentos para compor o cardápio diário está muito mais relacionada com padrões de crenças e sensações emocionais do que com os princípios mantenedores da vida. O aspecto emocional na maioria das vezes é quem comanda essa escolha.

A escolha de uma alimentação consciente, na atualidade, demanda o conhecimento dos alimentos por meio de um olhar sensível, impulsionado pelo contato com nosso eu mais profundo. É importante estabelecer uma percepção crítica de todos os fatores que atuam na escolha do nosso alimento, buscar compreender que todas as coisas são interligadas e que cada ação nossa interfere na totalidade.

É de extrema importância que tenhamos um trabalho contínuo com o nosso nível mental, com o propósito de manter o equilíbrio interno. Esse trabalho se realiza por meio de práticas saudáveis, como o exercício do silêncio interior, o cuidado com o pensamento e com as palavras que pronunciamos, a meditação, a oração...

Um raciocínio claro embasado em fundamentos lógicos e em princípios mantenedores da vida deve ser o nosso guia. Podemos encontrar respostas em conhecimentos acadêmicos, mas é importante ter claro que a manifestação da vida vai além das recomendações científicas.

Se não tivermos um trabalho voltado firmemente para o desenvolvimento mental, ficaremos reféns de nossas emoções. No nível emocional se encontram grandes obstáculos para a escolha de uma alimentação saudável. São inúmeras as memórias celulares que influenciam nossa escolha, fazendo com que permaneçamos arraigados aos nossos vícios.

Para o nosso corpo físico, precisamos escolher alimentos que ofereçam os nutrientes adequados ao seu desempenho eficiente, para que assim o organismo possa se nutrir e desintoxicar naturalmente. Necessitamos conhecer a natureza energética e estrutural dos alimentos e sua ação no organismo.

É importante compreendermos que a doença é, como argumenta Tilden (1981), o resultado de uma toxemia[1]; a situação que a criou e a alimenta vem de desequilíbrios mais profundos, relacionados com o emocional. Associados à doença, existem sentimentos de medo, de raiva, de tristeza, entre outros.

A cura das doenças depende principalmente da cura das nossas emoções. O que está relacionado com a compreensão, no nível mental, de como foi criada a doença. A partir daí, a cura ocorre por meio da conexão profunda com o Divino, de onde jorra a fonte de vida transformadora e regeneradora.

Espiritualmente, a **alimentação viva**, com seu alto potencial energético regenerador e regulador das funções vitais, pode colaborar na expansão da nossa consciência, para abrir portais para a compreensão ampla da nossa existência.

A **alimentação viva** nos impulsiona a buscar um estilo de vida integrado na totalidade, a encontrar soluções inteligentes e responsáveis de viver e cuidar do nosso corpo e da nossa Casa, o Planeta.

Uma alimentação saudável deve oferecer para o corpo nutrientes e energia vital. Ao recarregarmos o organismo com energia vital proveniente dos alimentos vivos, ocorre um novo equilíbrio no sistema orgânico, promovendo:

- Bem-estar, vigor e saúde.
- Produção de hormônios em equilíbrio, pelo organismo.
- Desempenho eficiente das funções orgânicas.

---

1. Toxemia é a intoxicação resultante do excesso de toxinas acumuladas no sangue, por deficiência do funcionamento de um órgão, como o fígado, o rim etc.

- Desintoxicação natural do organismo.
- Clareza mental e equilíbrio emocional.

Mitos sobre Proteínas, Lipídios e Carboidratos – Classificação dos Alimentos Vivos no Sistema Convencional

Quando optamos pela **alimentação viva**, harmonizamo-nos com a abundância natural. Interagimos com uma variedade de alimentos ricos em proteínas, gorduras, carboidratos, vitaminas, sais minerais, antioxidantes. Esses nutrientes estão presentes e integrados naturalmente, numa alimentação saborosa, rica em energia vital. Alimentos que a mãe Natureza gentilmente nos oferece.

A estrutura dos alimentos vivos interage com a estrutura do organismo humano. Ambos são da mesma fonte "Divina". E as trocas de energia mantenedoras da vida se estabelecem por leis desconhecidas por nós.

Embora as proteínas, os lipídios e os carboidratos estejam presentes em todos os processos vitais dos organismos vivos, esses nutrientes só podem ser eficientemente utilizados dentro de um sistema que foi muito bem arquitetado pelo Criador.

Existe um sinergismo entre todos os nutrientes. Eles estão organizados sabiamente nos alimentos vivos. Naturalmente, cumprem suas funções no organismo, porque são guiados por essa consciência geradora da vida.

Portanto, os nossos alimentos, vindos da fonte que é a Natureza, proveem em abundância tudo o que é necessário. As sementes germinadas, as castanhas, as algas marinhas e de água doce, as verduras e as frutas são fontes inesgotáveis de proteínas, gorduras, carboidratos e todos os elementos necessários para nosso organismo.

Na **alimentação viva**, damos atenção especial ao potencial de energia vital dos alimentos. No entanto, sempre constatamos que esses mesmos alimentos nos oferecem todos os nutrientes de que o corpo necessita. São os mais elevados em nutrientes. Guardam na sua constituição uma rica composição de ingredientes conhecidos e valorizados pela comunidade científica.

A seguir, seguem os alimentos vivos classificados de acordo com o sistema convencional, em que podemos observar a disponibilidade dos macronutrientes e micronutrientes.

FONTES DE CARBOIDRATOS

Os alimentos que contêm na sua composição uma quantidade maior de carboidratos contribuem no nosso corpo para a produção de energia que é liberada nas reações catabólicas[2] da glicose. O organismo necessita de energia para realizar suas funções e a maneira mais fácil para o corpo produzir energia é proveniente da glicose.

Nos **alimentos vivos**, a eficiência do organismo para utilizar a glicose é melhor. Isso ocorre porque, ao ingerirmos alimentos crus que naturalmente apresentam o índice glicêmico mais baixo, diminuímos o impacto glicêmico.

- Cereais germinados (aveia, trigo, cevadinha, amaranto, trigo-sarraceno, quinoa, centeio etc.).
- Batata-doce, inhame, cará, mandioquinha, mandioca etc. (Esses alimentos também podem ser preparados crus, marinados, em forma de cremes amornados ou desidratados).
- Frutas e legumes em geral.
- Frutas regionais.

O consumo de carboidratos refinados na cultura moderna vem trazendo consequências sérias de desequilíbrios metabólicos no organismo. Podemos concluir que somos uma civilização diabética e vivenciamos a cultura da morte.

---

2. Catabolismo e anabolismo são as duas etapas do metabolismo. Catabolismo são reações de quebra de uma substância para produzir energia. Anabolismo são reações de síntese para produção de novas substâncias.

Alimentação viva e ecológica

Através de programas de 21 dias de desintoxicação, é possível reverter muitos casos de diabetes tipo 2 e melhorar sensivelmente a vida dos pacientes com diabetes tipo 1. A base desses programas é o participante aprender a se alimentar alcalinizando o organismo. O participante compreende como os alimentos podem causar impactos no organismo e como minimizá-los por meio da ingestão de alimentos alcalinos e da prática de hábitos de vida saudáveis.

Esse é um exemplo de programa no qual a **alimentação viva** é uma ferramenta importante para reverter processos degenerativos e trazer mais vitalidade para o organismo, colaborando para a reorganização e o equilíbrio natural dos sistemas vivos.

FONTES DE PROTEÍNA

No reino vegetal, temos proteínas em abundância. Os aminoácidos que compõem as proteínas estão presentes em uma diversidade de alimentos que ele nos oferece. Esses aminoácidos vão ser organizados no nosso corpo para que sejam construídas nossas próprias proteínas.

As proteínas têm um papel fundamental na manutenção dos organismos vivos. No organismo humano elas entram na construção de ossos fortes e todos os tipos de tecidos, como produção de músculos resistentes. São importantes no equilíbrio da glicemia, produção de hormônios, saúde do sistema nervoso, fortalecimento do cérebro. Enfim, estão relacionadas com o vigor do organismo.

Embora a nossa cultura valorize a proteína animal, precisamos ter claro o terrível sofrimento dos animais para prover ao ser humano esse alimento, e, como já comentamos, o risco que é para a saúde a ingestão de alimentos de origem animal – não só os impactos que causam na saúde do corpo, como na saúde do Planeta.

Vale também ressaltar que, para a ingestão de proteína de origem animal, as carnes devem ser cozidas por conta de contaminações. No entanto, o cozimento da proteína provoca coagulações que dificultam o processo digestivo e a assimilação, além de favorecer o aparecimento de isômeros dos aminoácidos, que são danosos para o organismo. Segundo pesquisas de vários autores, entre eles, Hiromi Shinya e Jean Seignalet, é um risco para a saúde comer proteínas de origem animal. E se forem cozidas esse risco aumenta mais ainda.

As sementes e os frutos oleaginosos são alimentos que contêm os aminoácidos essenciais em maior abundância no reino vegetal.

A espirulina, que pertence ao reino das moneras, está entre as melhores fontes de proteínas e ferro. É possível viver por muito tempo saudável só com a ingestão de espirulina. Por milhares de anos ela foi fonte de proteínas de muitos povos, como na cidade do México. Também citamos:

- clorela e a alga azul-esverdeada.
- algas marinhas (hijiki, nori, wakame e ágar).
- sementes germinadas (trigo, linhaça, alfafa, semente de abóbora, gergelim e girassol).
- os cereais germinados (amaranto, quinoa, trigo-sarraceno) já listados neste livro também são excelentes fontes de proteínas.
- gramínea do trigo.
- castanhas hidratadas.
- leguminosas germinadas (grão-de-bico, lentilha, ervilha, feijão-azuqui e todas as variedades de feijões).
- cogumelos.
- pólen.
- tempeh e vários outros tipos de fermentados, como castanhas e sementes oleaginosas.

FONTES DE LIPÍDIOS

Os lipídios têm um papel fundamental na construção das estruturas celulares dos organismos vivos. Lipídios e proteínas participam da produção dos hormônios que regulam as funções vitais. Os lipídios provenientes dos óleos funcionais estão presentes nos alimentos vivos e devem fazer parte do nosso cardápio diário:

Alimentação viva e ecológica

- sementes germinadas e frutos oleaginosos hidratados.
- óleos prensados a frio (linhaça, girassol, oliva, gergelim, entre outros).
- abacate.
- frutas regionais nativas como: buriti, açaí, indaiá, pequi, entre muitas outras que estão à nossa disposição nas maravilhosas matas tropicais do Brasil.
- algas: AFA, clorela, espirulina etc.
- fitoplâncton[3] marinho.

Os óleos são os alimentos mais energéticos que a Natureza nos oferece, em sua forma natural. Encontrados no reino vegetal, são fundamentais para o nosso organismo, como elemento estrutural e fonte de energia. Nosso sistema nervoso é formado em média por 80% de lipídios. As membranas de todas as células e de todas as organelas são constituídas por gorduras e proteínas. São uma importante fonte de vitaminas A, D, E e K.

Esses lipídios atuam no funcionamento de todo o nosso organismo, mantendo o sistema nervoso fortalecido. Atuam na integridade do sistema imune, na coagulação do sangue e dão resistência aos ossos. Embora os alimentos ricos em lipídios sejam calóricos, possuem baixa carga glicêmica. E nas dietas eles colaboram com a diminuição da carga glicêmica total, desaceleram a entrada da glicose na corrente circulatória, diminuindo assim o impacto glicêmico no organismo.

Os lipídios podem se apresentar na forma saturada ou insaturada (monoinsaturada e poli-insaturada). A mais benéfica para a saúde é a monoinsaturada. Nela, encontramos os óleos essenciais ômega-3, tão importantes para o organismo, que necessita deles pela alimentação.

---

3. Em biologia marinha e limnologia, chama-se de fitoplâncton o conjunto dos organismos aquáticos microscópicos que têm capacidade fotossintética e que vivem dispersos flutuando na coluna de água. Estima-se que existam 40 mil espécies de fitoplâncton marinho e microalgas nos oceanos, lagos, rios, córregos e demais cursos de água. O fitoplâncton marinho representa ¼ da vegetação da Terra e do mar, e fornece a maior parte do oxigênio do Planeta. Vem sendo reconhecido como o alimento mais importante do Planeta, não apenas por causa do seu teor nutricional, mas também por ser a base da cadeia alimentar. Veja mais em Wolfe (2010).

Os lipídios de origem animal (ou seja, gorduras), encontrados no leite, na manteiga, no queijo, na gema de ovo, possuem na sua composição uma boa parte de gordura saturada, que só deve ser ingerida em pequenas quantidades. As gorduras saturadas representam risco para a saúde quando ingeridas em excesso, principalmente em uma dieta com alto índice glicêmico.

Então, o melhor são os óleos naturais encontrados nas sementes, castanhas e algas. Podemos utilizar os ácidos graxos essenciais contidos nesses alimentos com grandes benefícios. Não temos necessidade de sacrificar os peixes para consumir ômega-3, pois o encontramos em boas quantidades em algumas sementes, determinadas castanhas e algas.

Um bom exemplo de ômega-3 é a semente de linhaça. Outras fontes mais conhecidas no reino vegetal são a chia[4], as nozes e as beldroegas. Na flora brasileira, provavelmente existem muitas sementes fontes de ômega-3 que ainda não foram pesquisadas.

As gorduras provenientes das carnes vermelhas representam os maiores riscos para a saúde. Principalmente quando são submetidas a temperaturas elevadas. Elas também podem desenvolver ranços, ficando supersaturadas.

As gorduras oxidadas também são provenientes de frituras, margarinas e gorduras hidrogenadas. Os óleos vegetais naturais hidrogenados perdem a sua configuração espacial cis e se transformam em trans; as moléculas ganham átomos de hidrogênio e, por isso, tornam-se impróprias para o organismo.

Todo cuidado é pouco com a ingestão em excesso de gordura saturada, principalmente quando associada a um estilo de vida sedentário, sem práticas regulares de exercícios físicos. Pode ocasionar um desequilíbrio no fígado e acarretar a produção de altos níveis de colesterol LDL (a forma ruim) no sangue. E esse é

---

4. A chia é uma semente de cor acinzentada oriunda do México. Suas propriedades benéficas são conhecidas há centenas de anos pelas civilizações antigas dos astecas e maias. Atualmente, a chia é cultivada para fins comerciais no México, na Argentina, na Bolívia, no Peru e na Colômbia. É uma das mais ricas fontes de ômega-3, com vantagens em relação à semente de linhaça por ser rica em antioxidantes. É também uma rica fonte de cálcio, ferro, fibras e minerais. Consulte www.living-foods.com/articles/chia.html (acesso em 26/10/2010).

Alimentação viva e ecológica

um cenário propício para formação das placas de gorduras que bloqueiam as artérias.

O excesso de açúcar na alimentação, proveniente de massas (pães, bolos, macarrão e outros farináceos), contribui também para o aumento de gordura no organismo, na forma de triglicerídeos. Se o corpo não consegue utilizar toda a glicose disponível que chega de uma alimentação com carga glicêmica alta, ele transforma a glicose em triglicerídeo e o armazena.

ÁCIDOS GRAXOS ÔMEGA-3 E ÔMEGA-6

É comum nas dietas, de um modo geral, mas principalmente nas vegetarianas, a ingestão de uma quantidade superior de ômega-6 em relação ao ômega-3. A proporção recomendada seria de 2 a 4 partes de ômega-6 para 1 de ômega-3.

O ômega-6 é encontrado em abundância nas sementes e oleaginosas. Por isso, normalmente não existe carência dele nas dietas vegetarianas. Uma dieta com ingestão alta de ômega-6, associada à ingestão de gorduras trans, significa risco de desenvolvimento de processos inflamatórios – o que favorece as doenças cardiovasculares, problemas de pele, transtornos neurológicos e distúrbios imunológicos.

O ômega-3, na dieta vegetariana, normalmente é ingerido na sua forma de alfalinolênico (ALA), proveniente das sementes e castanhas. No organismo, é transformado na sua forma ativa, ácido graxo de cadeia longa, docosahexanoico (DHA), e no ácido eicosapentaenoico (EPA), que são assim utilizados no metabolismo. As fontes naturais vegetarianas de DHA e EPA são encontradas nas espécies das algas azuis AFA e nas microalgas fitoplanctônicas. As algas AFA são encontradas no lago Klamath, nos Estados Unidos. Têm preferência por água doce.

Os ácidos graxos essenciais ômega-3 são importantes porque atuam diminuindo os processos inflamatórios do organismo. Aumentam a imunidade e ajudam no reparo de tecidos danificados e inflamados. Mas, como o corpo só utiliza a sua forma ativa em DHA e EPA, a dieta vegetariana deve conter uma quantidade maior de ômega-3.

Escolha Consciente dos Alimentos

O DHA, em especial, é importante para a manutenção da visão. Atua no sistema nervoso, fortalecendo o cérebro. Protege contra as patologias cardiovasculares e, de modo geral, mantém em equilíbrio as funções vitais do organismo, evitando doenças.

Já existem no mercado exterior suplementos de DHA vegetariano em cápsulas, extraído de algas. Nas dietas onde se usam produtos animais, o DHA é proveniente principalmente de peixes e frutos do mar. No entanto, hoje conhecemos o risco da ingestão de peixes e frutos do mar, por conta da contaminação com mercúrio e por bifenila policlorada (PCB). Por isso, não é raro as pessoas desenvolverem alergia aos frutos do mar.

Alimentos Desintoxicantes e Ativadores da Vida

Os melhores alimentos ativadores de vida são aqueles de fácil digestão e assimilação. Seus nutrientes colaboram ativamente no funcionamento eficiente do organismo. Eles são conhecidos como alimentos funcionais e contribuem com os elementos indispensáveis para que as reações metabólicas ocorram sem impactos no organismo, por meio de processos naturais. Para essa finalidade, os melhores alimentos são aqueles que a Natureza sabiamente nos oferece.

Os alimentos naturais frescos, preparados cuidadosamente, de forma a preservar a sua estrutura molecular original, guardam informações mantenedoras e geradoras da vida. Esses alimentos possuem as enzimas ativas, o que facilita trocas de energia eficientes entre os sistemas vivos – no caso, do reino vegetal para o reino hominal (reino humano).

Os brotos, as algas, os fermentados, os vegetais crus e as frutas frescas (alimentos nativos ou produzidos por meio da agricultura natural) são alimentos que possuem grande quantidade de energia vital e, consequentemente, são responsáveis pela manutenção e equilíbrio das energias do nosso corpo físico.

Pela ingestão desses alimentos e um estilo de vida harmônico, será possível para o organismo produzir e transmutar os nutrientes

Alimentação viva e ecológica

necessários ao desempenho eficiente de suas funções metabólicas, mesmo que tais substâncias não estejam disponibilizadas na dieta. Isso pode ocorrer devido à energia vital contida nesses alimentos, fator desencadeante desse processo. Na Natureza, encontramos exemplos claros disso.

A germinação é um exemplo da transmutação: a taxa de enzimas aumenta de 6 para 20 vezes[5]. Durante o cultivo de brotos há o aumento das vitaminas e sais minerais. A vitamina B_6 é aumentada em 500%, a B_5 em 200%, a B_2 em 1.300%, a biotina em 50% e o ácido fólico em 600%. Por exemplo, a vaca, que come o capim colhido na hora, garante os nutrientes necessários para o seu organismo realizar todas as funções. E ainda produz o leite com uma composição rica em cálcio e os outros nutrientes que não estavam presentes naquela quantidade no capim. Lógico, apropriada para sua espécie. Portanto, esse fato demonstra que está ocorrendo a transmutação de determinados nutrientes em outros.

Nós, humanos, certamente perdemos grande parte dessa capacidade de transmutação. Como também de produzir determinadas vitaminas, como as do complexo B e a vitamina K, de ativar ácidos graxos, como ômega-3 em DHA e EPA, de ativar ômega-6 em GLA (ácido gamalinolênico) e de produzir algumas proteínas-chave para o sistema – são alguns exemplos.

Muitas pessoas vêm apresentando carências de muitos desses nutrientes. A falta desses elementos, que são essenciais ao funcionamento do organismo, provoca um desequilíbrio geral, predispondo-o a processos inflamatórios. Isso ocorre por causa dos nossos hábitos de vida inadequados, da ingestão de alimentos que agridem o organismo e da vida em desarmonia com as leis da Natureza.

Cada um de nós possui "individualidade bioquímica" na forma de utilização dos nutrientes. No entanto, esses nutrientes estarão mais disponíveis e serão mais bem assimilados com a ingestão de alimentos vitalizantes. Então, que tal saber um pouco sobre eles?

---

5. Wigmore, 1984.

COMO OS ALIMENTOS PODEM DESINTOXICAR E VITALIZAR NOSSO ORGANISMO

- Fortalecendo a energia dos rins, aumentando a diurese, eliminando as toxinas e fazendo a limpeza do sangue.

- Aumentando o trânsito intestinal, evitando a prisão de ventre, diminuindo a absorção das toxinas pelo intestino.

- Por meio da ação antioxidante dos alimentos ricos em selênio e vitaminas A, C e E, com poder de neutralizar os radicais livres.

- Produzindo efeitos alcalinizantes no organismo, como é o caso dos sucos de clorofila e das algas marinhas, que são ricos em minerais alcalinos (ver lista de alimentos alcalinizantes, pp. 142 e 143).

- Combatendo os efeitos dos agrotóxicos, dos pesticidas e dos metais pesados (bardana, nabo, nirá, umeboshi, sucos de grama do trigo etc.).

- Nutrindo profundamente o organismo com os elementos vitais, para realizar, com normalidade, todas as funções bioquímicas.

ALIMENTOS QUE DIMINUEM A VIDA	ALIMENTOS QUE ATIVAM A VIDA
• Carnes vermelhas e brancas, em geral • Ovos de granja	• Pastas e fermentados de oleaginosas e sementes hidratadas (girassol, gergelim, linhaça, semente de abóbora) • Macadâmia, nozes, castanha-do-pará, baru etc. • Polpa de coco fresco • Proteínas de alta qualidade, como espirulina, clorela, algas marinhas, algas AFA, fitoplâncton marinho • Leguminosas germinadas
• Leite e derivados (manteiga, queijos etc.) • Margarina • Óleos vegetais processados quimicamente (soja, milho etc.)	• Leite de castanhas e sementes hidratadas • Pastas de castanhas e sementes hidratadas • Óleos prensados a frio, como linhaça, castanha-do-pará, gergelim, indaiá, avelã, buriti, babaçu etc. • Abacate
• Sorvetes • Chocolates • Leite com chocolate • Creme de leite • Bolos, biscoitos e pães com ingredientes refinados • Preparações assadas em alta temperatura	• Leite de castanhas ou sementes hidratadas com cacau fresco • Sorvetes de frutas frescas • Sobremesas vivas: musses, tortas, barras de castanhas e sementes, chocolates (cacau cru)

Alimentação viva e ecológica

ALIMENTOS QUE DIMINUEM A VIDA	ALIMENTOS QUE ATIVAM A VIDA
• Arroz polido, macarronada e massas refinadas, em geral • Biscoitos e pães com farinhas refinadas • Granolas tostadas • Castanhas e sementes assadas e salgadas	• Granola viva • Amaranto, quinoa, trigo-sarraceno, cevadinha, grãos hidratados e/ou germinados • Crackers e barras desidratadas com grãos, sementes e castanhas hidratadas • Pães com grãos germinados desidratados
• Alimentos congelados e enlatados • Compotas de frutas com açúcar branco, frutas açucaradas	• Vegetais e frutas frescas • Frutas desidratadas
• Suco de frutas com alto índice glicêmico • Suco de frutas pasteurizado	• Preparações com polpa de frutas associando fibras como o psyllium[6], castanhas e sementes oleaginosas hidratadas • Frutas frescas com baixa glicemia
• Bebidas alcoólicas • Café • Refrigerantes • Suco de frutas industrializados com aditivos tóxicos	• Sucos vitalizantes preparados com folhas verdes, cenoura, frutas, sementes germinadas etc. • Chás de ervas medicinais frescas aquecidos no sol
• Açúcar branco • Adoçantes com ciclamato e aspartame • Xaropes com açúcar branco • Todos os tipos de aditivos químicos e conservantes (sucrose, sacarose, dextrose, menitol, sorbitol etc.)	• Stévia • Frutas desidratadas • Frutas frescas • Agave • Temperos aromáticos (canela, cardamomo, baunilha etc.) • Xilitol[7]
• Sal refinado • Sal iodado	• Sal marinho natural sem adição de iodo[8] • Sal do Himalaia • Sal do mar Celta
• Água clorada e fluoretada	• Água potável isenta de cloro e flúor, proveniente de fontes naturais preservadas • Água estruturada proveniente dos alimentos crus.

---

6. Fibra vegetal hidrossolúvel, usada para melhorar o trânsito intestinal.

7. Xilitol é um adoçante natural extraído da seiva de frutíferas como framboesa e ameixa.

8. Segundo o dr. Max Gerson, o excesso de sódio no organismo é uma das causas das doenças degenerativas. Na sua terapia para tratar o câncer, ele elimina o cloreto de sódio e outros alimentos, principalmente industrializados, nos quais o sódio esteja presente em concentrações altas. O sal natural de pedra ou marinho deve ser utilizado com as devidas precauções.

As Melhores Fontes de Energia Vital

"A vida e a morte não podem morar no mesmo lugar, ao mesmo tempo..."
(autor desconhecido)

a manifestação da vida só é possível graças à energia vital. A grande sabedoria é interagir com essa fonte conscientemente, de forma a permitir que essa energia flua e possa continuar sendo gerada no nosso corpo e na Natureza. Essa interação se faz através dos quatro elementos, por isso a importância do ar puro, da água cristalina, de pisar na terra, tomar sol e do alimento puro. A vida se manifesta através do movimento, muitas vezes imperceptível a nossos olhos, como o do crescimento de uma planta. A nossa saúde também depende do movimento para gerar mais vida nos sistemas. O movimento, em contato com a Natureza e associado ao alimento natural, é a maior fonte de vida.

Existe na Natureza uma grande diversidade de alimentos e muitos ainda não têm suas propriedades conhecidas. Dos alimentos mais conhecidos na nossa cultura, alguns são considerados superalimentos ou alimentos funcionais, principalmente por seus poderes nutricionais e curativos. Mais adiante, citaremos alguns tipos de alimentos que consideramos importante consumir na **alimentação viva**.

Exercícios em Contato com a Natureza

Exercício físico em contato com a Natureza é uma das maiores fontes geradoras de vida. Vida é movimento. Nosso corpo está sempre em movimento; se paramos, ocorre estagnação e morte. Na prática de mastigar cuidadosamente o alimento, no olhar sensível, caminhar percebendo o que está ao nosso redor, nas práticas de exercícios associadas à consciência corporal, no colocar atenção à respiração ou mesmo às funções involuntárias do nosso corpo, como a digestão do alimento, a circulação do sangue ou qualquer que seja a função, há demanda de energia vital e movimento. Quanto mais movimento consciente, mais energia é gerada.

Todo nosso corpo está mobilizado em cumprir da melhor forma o seu papel, conforme as exigências que dele fazemos. Ele está aí para servir; no entanto, se as funções que cada órgão desempenha não são realizadas adequadamente, o corpo vai aos poucos perdendo sua eficiência e ficando lento. Os dentes enfraquecem, os ossos ficam moles, o pensamento fica devagar. É a lei do uso e desuso. Quanto mais movimento, mais energia, mais vitalidade.

A Natureza funciona em ciclos: nasce, cresce e morre. Cada uma dessas fases é muito peculiar em cada ser vivo, depende da energia disponível. Para nascer é preciso uma explosão de energia; crescer e desenvolver pode durar uma eternidade – depende das nossas crenças, da nossa conexão com a vida. A morte fecha um ciclo, para começar tudo de novo e reorganizar o sistema.

A fase de desenvolvimento e maturação é a que define o tempo de existência do ciclo. Quanto mais eficientes as trocas de energia, mais a vida tem condições de fluir e se prolongar.

As árvores centenárias desenvolvem brotos e estão sempre lançando folhas jovens. O que garante sua longevidade é uma sintonia profunda com os quatro elementos: água, terra, fogo e ar. Elas possuem uma interação eficiente com os quatro elementos, o que permite que a vida possa ali permanecer por muito mais tempo.

A atividade física sensível em contato com a Natureza, pisando na terra, "agroflorestando", tomando banho na cachoeira, subindo em árvores para pegar frutos, são práticas simples, mas que desenvolvem nossa força interna e poder pessoal de acreditar na vida, na saúde, na beleza, no ilimitado... Somos nós mesmos que estamos construindo nossa realidade, nossa saúde e o plano Divino, aqui na Terra.

Brotos

A germinação é um dos exemplos de manifestação da vida visível e real para nós. E o elemento água é que acorda a semente – ela pene-

Alimentação viva e ecológica

tra e ativa os sistemas embrionários das sementes; a partir daí, uma grande transformação começa a acontecer. As enzimas são ativadas e multiplicadas em milhares de vezes, dando origem à diferenciação celular. Assim a vida recebe o impulso e desperta, mostrando-se das formas mais misteriosas.

Primeiro o embrião, o caule cresce, as folhas aparecem, a planta vai crescendo, as flores, os frutos e as sementes... E o ciclo se repete.

Durante a germinação, uma usina de energia é produzida para promover o processo de diferenciação celular e o crescimento. É esse potencial energético gerador de vida que pode estar disponível na nossa alimentação, com sua inclusão no nosso cardápio diário.

As sementes, quando germinadas, possuem características especiais, tornam-se alimentos com grande teor de energia vital, de fácil digestão e assimilação pelo organismo. Cada semente guarda em si o potencial para dar origem a uma planta adulta, com muitos frutos e sementes. Ao nos alimentarmos com os brotos, estamos nos alimentando de uma bateria de energia viva.

Para digerir e assimilar os alimentos processados, como os industrializados e mesmo os alimentos cozidos, que são pobres em energia vital, o organismo necessita usar as próprias reservas vitais. E, por isso, ao longo dos anos, o homem contemporâneo vem desenvolvendo doenças, principalmente as degenerativas. A germinação, em suas características fisiológicas, corresponde a um processo pré-digestivo em que as proteínas estão disponíveis em forma de aminoácidos e os carboidratos complexos em açúcares simples, as gorduras em ácidos graxos e ainda há um aumento da presença de minerais e outras substâncias, como enzimas, fito--hormônios e antibióticos naturais.

Todos esses nutrientes estão biodisponibilizados, interagindo com a sinergia adequada para serem utilizados pelo organismo. E o que determina essa biodisponibilidade dos nutrientes acontece durante a lavagem das sementes. Nos processos metabólicos, determinadas enzimas (que interferem na germinação) e oxalatos (que bloqueiam a absorção de zinco e de outros minerais) são degradados. Dessa maneira, as sementes se transformam em alimentos alcalinizadores do organismo.

Então, é importante frisar que, ao incluirmos uma variedade de brotos na alimentação, estamos aumentando a vitalidade do corpo e promovendo a cura de doenças.

Sucos de Verduras Frescas com Brotos e Gramíneas Orgânicos

Os sucos de verduras, brotos e gramíneas orgânicos, combinados e extraídos de forma apropriada, são instantaneamente digeridos e assimilados e entram em poucos minutos na corrente circulatória, abastecendo as células com os elementos ativos necessários para a renovação celular. Colaboram nos processos de desintoxicação, no equilíbrio das reações metabólicas, e harmonizam o funcionamento dos sistemas orgânicos. No caso de doenças crônicas degenerativas, a terapia com sucos é muito eficiente para reorganizar e regenerar os sistemas orgânicos, promover processos de desintoxicação e trazer de volta a dinâmica natural mantenedora da vida no organismo.

Os sucos de verduras associados às sementes germinadas deveriam ser o principal alimento diário para manter as funções vitais do organismo em perfeita harmonia. A diversidade de nutrientes que se pode biodisponibilizar nesses sucos nos permite colaborar com o organismo no seu melhor desempenho.

Esses sucos, que você vai conhecer na p. 202, podem ser preparados com vários tipos de verduras, sementes germinadas, brotos, plantas nativas, ervas aromáticas, folhas de verduras e frutas como a maçã, e água de coco verde. Esses alimentos contribuem com uma abundância de sais minerais, vitaminas, antioxidantes, fito--hormônios, princípios ativos, oxigênio e com os principais elementos geradores de vida, que são as enzimas.

É graças à ação das enzimas que a vida se manifesta; é ela o agente dinamizador da vida, é o sopro que faz as sementes germinarem e o coração bater. Sem enzimas não existe vida.

Alimentação viva e ecológica

ALGUNS DOS BENEFÍCIOS DO SUCO DE CLOROFILA

- Estimula a síntese de hemoglobina (tratamento da anemia).

- Acelera a recuperação após doenças esgotantes e cirurgias.

- Purifica o sangue de impurezas, carregando os produtos tóxicos para fora da circulação (tratamento das artrites e artroses) e ativa os glóbulos brancos (defesa contra infecção).

- Na dieta da mulher grávida e no aleitamento, o suco fornece vitaminas e minerais importantes.

- Eficaz nas doenças cardiovasculares.

- Previne e recupera distúrbios hepáticos, fluidifica a bile, melhora a digestão, combate a fermentação intestinal. Promove a limpeza putrefativa, isto é, retirando as impurezas que estão coladas às paredes ou dentro de divertículos.

- Também é indicado no combate ao envelhecimento precoce, pois é a essência irradiante. Ilumina a escuridão interior, levando "luz" para aqueles que não encontram o próprio caminho e estão com pensamentos confusos.

Suco de Grama de Trigo e Cevadinha

A grama de trigo vem sendo utilizada há mais de 40 anos em muitos centros de cura, devido à sua concentração de nutrientes e ao poder desintoxicante. Ela é considerada um dos suplementos naturais mais completos. Seu uso diário regula as funções metabólicas, oxigena, nutre profundamente as células, promovendo a regeneração e o rejuvenescimento celular. O sumo da grama da cevadinha também é uma fonte concentrada de nutrientes. Por ter um sabor amargo, não é tão indicado para ser degustado como o sumo da grama do trigo. Normalmente, o sumo da grama da cevadinha é desidratado e vendido em cápsulas no mercado exterior.

Dentre os alimentos frescos, a grama de trigo é o que contém uma das maiores concentrações de nutrientes em sua composição:

- 92 dos 102 minerais.
- alto teor de enzimas.
- 70% de clorofila.
- fonte de cálcio e magnésio, vitaminas A, B, C, D e E, entre outras.
- elevado teor de oxigênio.
- e todos os aminoácidos essenciais.

Devido a seu alto teor de vitaminas, sais minerais, oxigênio, clorofila e enzimas, a grama de trigo regulariza o metabolismo e ajuda a equilibrar o pH do organismo.

O suco de grama de trigo é facilmente digerido e assimilado. Seus nutrientes são rapidamente absorvidos pela corrente circulatória, promovendo uma resposta imediata de energia e nutrição. Além disso, fortalece dentes e gengivas, desintoxica e recompõe a corrente sanguínea, purifica o fígado e remove resíduos tóxicos.

Seu uso externo melhora problemas de pele, porque tem poder regenerador do organismo devido ao SOD (superóxido dismutase), enzima que atua no DNA da célula.

Frutas Nativas

Originárias das matas virgens, as frutas nativas são alimentos muito ricos em energia vital. A Mãe Natureza nos oferece esses alimentos, amorosamente. Os nossos ancestrais encontraram nas matas, por milhares de anos, o seu sustento nos frutos e raízes que ali coletavam.

A energia vital que encontramos nesses alimentos é especial e está organizada para prover as necessidades nutricionais e energéticas do nosso corpo. Os alimentos nativos guardam a sabedoria da Natureza. Eles não sofreram interferência na sua estrutura molecular pelo ser humano e, quando são colhidos e consumidos rapidamente, preservam essa inteligência natural.

Se porventura em alguma situação tivermos que nos alimentar desses alimentos, com certeza ficaremos mais saudáveis. O nosso

Alimentação viva e ecológica

organismo, interagindo com essas energias puras, tem condições de restabelecer a saúde. Infelizmente, é muito grande o equívoco que se criou em torno do que é uma alimentação saudável, e as pessoas, na maioria das vezes, mesmo próximas a tanta abundância, acham que não têm o que comer.

A quantidade de frutas regionais é impressionante. Na região do Planalto Central, no cerrado, a diversidade é muito grande. Essas frutas possuem propriedades muito especiais. Muitas delas ainda não foram pesquisadas. Essa abundância de nutrientes deveria fazer parte da mesa do brasileiro no dia a dia.

Infelizmente, a cultura moderna vem nos afastando de desfrutar essas maravilhas. Estamos equivocados, desmatando e destruindo esse rico alimento. E substituindo-o por frutas que vêm de outras regiões, muitas vezes importadas, que perdem grande parte da energia vital durante o transporte e armazenamento por períodos longos.

As frutas contribuem principalmente com as vitaminas, embora nelas seja encontrada uma riqueza de diversidade de macro e micronutrientes. As frutas ácidas são ricas em vitaminas C. As amarelas, em caroteno, que é precursor da vitamina A. Os frutos oleaginosos (como castanhas e coco) e o abacate nos suprem com as vitaminas A, D, E e K. As frutas, de modo geral, possuem em abundância todas as vitaminas de que o corpo necessita.

Quem vive nas regiões próximas a matas, como a Atlântica e a Amazônica, tem muitos alimentos disponíveis. Na Amazônia, encontramos açaí, buriti, cacau, fruta-pão, cupuaçu, pupunha, tucumã, babaçu, graviola, bacuripari-anão, castanha-do-pará, castanha de babaçu, camu-camu etc.

Na região do Planalto Central, onde o cerrado está mais presente, encontramos muitas frutas como araticum, pequi, marmelo, jaca, pitanga, caju do cerrado, indaiá, murici, buriti, baru, cagaita, gabiroba, jatobá, entre outras.

É surpreendente a concentração de substâncias antioxidantes e nutrientes encontrada nesses alimentos com cores fortes e sabores exóticos. Por exemplo, pequi, açaí, indaiá e baru são ricas fontes energéticas. Contêm ácidos graxos monoinsaturados e poli-insaturados, aminoácidos e micronutrientes em fartura. Quem mora nas regiões próximas a florestas pode se beneficiar de muitos frutos exóticos, ricos em antioxidantes.

Cientistas biólogos de todas as partes do mundo reconhecem a flora e a fauna da floresta Amazônica como uma das maiores diversidades existentes no Planeta; a flora, pela sua riqueza em antioxidantes, está em destaque para nós.

Açaí

O açaí é um dos maiores presentes que a Natureza nos oferece. Está entre os alimentos mais nutritivos e poderosos do mundo. É produzido por uma palmeira na Amazônia, nas nossas florestas tropicais. Vem se adaptando bem no cerrado, nos sistemas agroflorestais e onde encontramos a juçara, que é um similar dessa fruta.

A polpa fresca do açaí tem gosto exótico, um pouco do sabor de chocolate misturado com frutas vermelhas. É composta por antioxidantes, aminoácidos, altas porcentagens de ácidos graxos essenciais, ômega-3, ômega-6, ômega-9, além do ácido oleico, que promove o embelezamento da pele e tem papel importante na renovação celular.

O açaí possui 10 vezes mais antioxidantes que as uvas vermelhas, e as antocianinas, por exemplo, estão em maior quantidade do que no vinho tinto. Apresenta um alto índice de Orac, uma medida de concentração de antioxidantes. Os fenóis e as antocianinas aparecem em concentração de 320 mg por 100 g. Os antioxidantes têm papel importante na neutralização de radicais livres.

É rico em proteínas, vitamina E, betacaroteno e sais minerais, principalmente cálcio e fósforo. Apresenta baixo índice glicêmico, o que faz dele uma excelente fonte de energia que não causa impactos no organismo.

Entre as suas propriedades nutricionais, podemos citar a capacidade de melhorar a regeneração celular, favorecendo o rejuvenescimento e a cura de doenças.

Alimentação viva e ecológica

Produzir açaí em sistemas agroflorestais é uma maneira de cultivarmos essa maravilhosa fruta na nossa região e podermos saboreá-la fresca, com mais energia vital, mais sabor, mais pureza.

Cacau *in natura*

O cacau *in natura* possui 12 vezes mais antioxidantes que o vinho. E em relação a chocolates encontrados no mercado, industrializados em temperaturas altas, ele é comprovadamente superior. O processamento habitual do cacau pelas indústrias, com altas temperaturas e refinamento, destrói a maioria dos flavonoides e produz oxidação das gorduras nobres existentes na fruta. Além disso, normalmente são agregados a esses produtos substâncias tóxicas, como gordura hidrogenada, açúcar, conservantes, entre outras.

O estudo do professor Norman Hollemberg, de Harvard, sobre os *kuna*, povo do Panamá que usa grande quantidade de cacau em sua dieta, foi publicado em 2007 na revista britânica *Chemistry & Industry* e mostrou que essa comunidade possui baixos índices de doenças como diabetes, derrame e câncer. Em seus estudos, Hollemberg observou que a epicatecina, encontrada no cacau, pode ser a substância que previne essas doenças.

Camu-camu

Esse arbusto, que cresce nas nossas matas tropicais, é encontrado na floresta Amazônica e vem sendo utilizado na alimentação indígena.

O camu-camu está entre os alimentos com maior teor de vitamina C (em média, 8 vezes mais que o limão e por volta de 30 vezes mais que a laranja). Além da vitamina C, é rico em cálcio, fósforo e potássio. Possui aminoácidos como a valina, serina, leucina e ainda traços de vitaminas riboflavina, tiamina e niacina.

A sua função principal é aumentar a imunidade do organismo, melhorando a pele, a visão e a produção de colágeno. Também diminui os efeitos do estresse, fortalece o fígado e diminui processos inflamatórios.

Plantas Nativas

Plantas nativas, ou plantas selvagens, como dente-de-leão, serralha, beldroega, ora-pro-nóbis, caruru e outras que nascem espontaneamente nas regiões onde moramos, são alimentos que possuem um grande poder de cura. São plantas adaptadas ao meio ambiente e que criaram resistência para sobreviver. Por isso, colaboram para aumentar a nossa imunidade, desintoxicando e alcalinizando o organismo. Possuem nas suas estruturas um aporte grande de antioxidantes, sais minerais e muitos princípios ativos. Ricas em energia vital, são alimentos importantes para fazer parte dos nossos sucos de clorofila.

Verduras Frescas e Orgânicas

As verduras são importantes fontes de sais minerais, além de vitaminas, antioxidantes, princípios ativos etc.

Na escolha das verduras, devemos ter alguns cuidados. Dependendo da forma como esses alimentos foram produzidos, podem conter resíduos de agrotóxicos, que afetam e causam danos ao nosso organismo.

Os alimentos como morango, tomate, berinjela e batata-inglesa, cultivados na agricultura convencional, recebem uma carga ainda maior dessas substâncias.

Quando escolhemos alimentos cultivados organicamente e produzidos nas regiões próximas de onde moramos, contribuímos enormemente para a sustentabilidade ecológica. As produções orgânicas locais favorecem a agricultura familiar, recuperam os solos degradados e protegem os nossos mananciais de resíduos tóxicos.

Outra maneira de produção que vem sendo largamente difundida é a dos sistemas agroflorestais (ver p. 65). A produção de frutas e hortaliças em sistemas agroflorestais representará, no futuro próximo, a saída mais amorosa e inteligente para a humanidade.

Verduras orgânicas verde-escuras, em especial as brácicas como a couve, as folhas externas do repolho, a couve-flor e o brócolis, são alimentos com alta concentração de sais minerais e antioxidantes. Podemos também incluir nessa lista a salsinha, o dente-de-leão, o salsão e a chicória. Em especial, esse grupo de alimentos ajuda na recuperação e manutenção da saúde.

Ervas Medicinais Aromáticas Frescas e Condimentos

Sálvia, hortelã, canela, orégano, manjericão, tomilho, alecrim, cominho, entre outras ervas e condimentos, possuem princípios ativos que agem no nosso corpo, contribuindo para a cura de doenças. Também possuem uma concentração alta de antioxidantes (mesmo quando usadas em pequenas quantidades, nos beneficiamos com suas propriedades medicinais). Contribuem para desintoxicar o organismo e neutralizar os radicais livres.

Os condimentos, como pimenta vermelha, gengibre, sementes de coentro, cardamomo, curry, açafrão e urucum, entre outros, deveriam ser usados regularmente na nossa culinária. Esses alimentos, além de realçarem o sabor, possuem propriedades nutracêuticas importantes para proteger o organismo do estresse.

A babosa (*Aloe vera*) é um bom exemplo de planta medicinal. O seu poder curativo é conhecido desde a época dos egípcios. O gel da babosa crua é uma rica fonte de polissacarídeo de baixo índice glicêmico. Produz um efeito lubrificante no organismo. É vitalizante da pele, do sistema nervoso e das articulações. Além de ser um ativador potente para o fígado produzir mais glutationa[1], que aumenta a defesa do organismo, garantindo a produção das células brancas do corpo. O aumento da glutationa, associado às vitaminas B_6, B_9 e B_{12}, pode diminuir o nível de risco da homocisteína[2], o que protege o organismo de inúmeras doenças.

---

1. Glutationa é uma enzima encontrada na maioria das células. Atua no sistema de defesa antioxidante interno do corpo e na desintoxicação do fígado.

2. Homocisteína é um aminoácido sulfurado. A sua presença em maior quantidade no organismo aumenta os riscos de doenças coronarianas, derrames e tromboses.

Clorela

A clorela é uma alga microscópica, produzida em tanques para consumo comercial. Ela possui alta concentração de proteínas (por volta de 60%); carboidratos, 19%; gorduras, cerca de 6%; e ainda 8% de minerais biodisponíveis.

A clorela apresenta 10 vezes mais clorofila que a espirulina, a qual já apresenta um nível alto. Essas algas azuis-esverdeadas são consideradas superalimentos. Têm ação restauradora, re-equilibrante e preventiva. São excelentes opções para ajudar o organismo a combater os efeitos nocivos causados pelos impactos do estilo de vida moderno. Colaboram para neutralizar os danos oxidativos causados pelo estresse e nos processos de desintoxicação do organismo, porque nutrem profundamente as células. Favorecem a eliminação de toxinas, inclusive de metais pesados. Por serem um produto de origem natural, não apresentam nenhum efeito negativo ou colateral. Conforme prescrição médica ou de nutricionista, podem ser usadas por pessoas de qualquer idade.

Devido ao seu fator de crescimento CGF de 3%, essa alga é capaz de se quadruplicar em quantidade a cada 20 horas. Por isso, ela é uma excelente reparadora de tecidos, mesmo em casos de diabetes adiantado, perda de memória, depressão, problemas psiquiátricos. Estimula o sistema imunológico, a produção de interferon e a atividade dos macrófagos (células do sistema de defesa).

É indicada como a melhor alga para a desintoxicação de metais pesados, como mercúrio, cádmio, arsênico, chumbo e urânio. No diabetes colabora para balancear o açúcar no sangue, pois as proteínas digestivas da clorela equilibram a glicemia. Uma dosagem de 5 a 7 g por dia é indicada na desintoxicação de metais pesados, em especial o mercúrio.

Reduz a ação de metabólicos tóxicos provenientes do metabolismo do açúcar refinado. A qualidade da clorela varia de acordo com as técnicas e processos de produção.

Por apresentar uma dura parede celular, é necessário um método eficaz para quebrá-la, ficando assim os seus nutrientes acessíveis

Alimentação viva e ecológica

à assimilação. O melhor tipo de clorela disponível no mercado é a *Chlorella pyrenoidosa*, que é submetida a técnicas adequadas que quebram sua parede celular. É vendida em pastilhas.

Espirulina

A espirulina é uma alga unicelular com forma espiralada e cor azul--esverdeada, que cresce naturalmente em lagos quentes e alcalinos sem poluição. Ela é produzida comercialmente em tanques, inclusive aqui no Brasil, no Nordeste e, ainda experimentalmente, na Chapada dos Veadeiros (Alto Paraíso e Cavalcante).

É surpreendente a quantidade de nutrientes encontrada na espirulina. Ela possui uma das mais altas taxas de proteínas encontradas em alimentos, 65 a 71%. Além de ser uma fonte completa de aminoácidos essenciais, possui vitaminas B_1, B_2, B_6, E e K, e é rica em vitamina A.

A espirulina contém o ácido linoleico já ativado em ácido gamalinoleico (GLA), dificilmente encontrado nos alimentos dessa maneira. Essa transformação ocorre no organismo através da ação da enzima delta-6-desaturase. No entanto, um organismo intoxicado e estressado não produz essa enzima em quantidade suficiente para a produção das demandas de GLA. A ação do GLA otimiza o funcionamento do corpo, atuando nos processos do equilíbrio hormonal.

A espirulina apresenta 95% de digestibilidade, é fonte natural de clorofila, rica fonte de betacaroteno, vitaminas, glicolipídios, fitocianina, e ainda é abundante em suproxidodismultase-SOD, uma poderosa enzima que atua como antioxidante.

Alimentos Fermentados

Podem ser provenientes de várias fontes, como: oleaginosas, leguminosas, cereais, verduras e frutas. Os mais conhecidos são o kefir, o rejuvelac, o iogurte e o chucrute.

As Melhores Fontes de Energia Vital

Os alimentos fermentados vêm sendo utilizados pela humanidade desde épocas remotas. Nas culturas onde se observa a longevidade, eles estão presentes na alimentação.

Não é por acaso que receberam o mérito de alimentos funcionais, pois eles contêm probióticos. Nos dias de hoje, o termo probiótico serve para nominar a preparação de micro-organismos benéficos que promovem ou dão suporte ao balanço benéfico da população de micróbios, originária no trato gastrointestinal. Esses micro-organismos apresentam efeitos significativos na saúde de animais e do homem.

Encontramos espalhados pela natureza cerca de 400 gêneros descritos de bactérias homoestáticas e algumas se encarregam da fermentação. Além de estarem presentes no leite, encontram-se em todas as estruturas vegetais orgânicas, raízes, caules, folhas, flores e frutos. Essas bactérias desempenham várias funções como, por exemplo, fixar o nitrogênio nas raízes das plantas. No reino animal, elas estão em atividade no trato intestinal.

Os tipos de lactobacilos e de bifidobactérias são especialmente importantes para melhorar a saúde humana. Sem dúvida, esses micro-organismos são fundamentais para a sobrevivência de todas as espécies vivas no Planeta.

Dr. Elie Metchnikoff[3] propôs a "teoria da intoxicação" no início do século XX. Essa teoria dizia que o envelhecimento era acelerado por toxinas secretadas por bactérias patogênicas, que faziam apodrecer e fermentar os alimentos no intestino.

Por meio de estudos sobre o efeito da ingestão do iogurte na longevidade de certos grupos étnicos, estudando os povos das montanhas do Cáucaso, no sul da Rússia, ele constatou que o uso do iogurte na alimentação era o responsável pela longevidade desses povos, devido às bacterias benéficas nele presentes, pois colonizam os intestinos.

Os estudos de Metchnikoff representam um avanço para a atualidade, no sentido de entendermos a importante colaboração dos micro-organismos probióticos na luta diária do organismo contra as doenças infecciosas.

---

3. Ver Mendes; Leitão, 2008.

Alimentação viva e ecológica

Os probióticos competem com os micro-organismos patogênicos por nutrientes e sobrevivência, mantendo o ecossistema intestinal em equilíbrio, saudável e resistente a doenças.

Na atualidade, os probióticos são utilizados para tratar muitos males comuns e têm importância crescente para combater os desequilíbrios da flora intestinal causados pelos impactos do estilo de vida moderno.

Na prática da **alimentação viva**, é indicado o uso diário de alimentos fermentados. O mais indicado é o uso de probióticos para preparar a fermentação dos alimentos, em forma de iogurte, queijos e pastas. Podemos usar sementes, frutos oleaginosos, leguminosas, cereais e verduras como o repolho. O uso de colônias de bactérias isoladas, em forma de probióticos, oferece mais segurança ao produto final, impedindo a invasão de micro-organismos nocivos.

Sementes e Frutos Oleaginosos Hidratados

As castanhas e as sementes são os alimentos com maior potencial energético que a Natureza oferece. Elas possuem energia e nutrientes que propiciam a germinação e o início do crescimento das primeiras folhas, até que a planta possa desenvolver o processo de fotossíntese e produzir seu próprio alimento.

Esses alimentos, quando germinados ou hidratados, são a principal fonte de óleos essenciais, aminoácidos e proteínas na alimentação vegetariana, e também são fontes de vitaminas A, D, K e E. As melhores fontes de gorduras monoinsaturadas (ômega-9 e ômega-3) e poli-insaturadas, do tipo ômega-6, são encontradas em alimentos como amendoim, pistache, linhaça, azeitona, gergelim, oleaginosas (nozes, amêndoas, avelãs, castanha-de-caju, castanha-do-pará) e abacate.

As gorduras poli-insaturadas do tipo ômega-6 são muito instáveis, oxidam rapidamente em contato com o meio ambiente; por isso, a melhor forma de ingeri-las é incorporadas ao alimento.

A hidratação das castanhas é um procedimento indispensável na **alimentação viva**. Durante a hidratação, ocorre a quebra das macromoléculas. As gorduras são degradadas em ácidos graxos simples e as proteínas em aminoácidos. Os agentes fitoquímicos, as vitaminas e as enzimas, presentes em grande quantidade nesses alimentos, tornam-se ativos.

A germinação das sementes é outro procedimento de suma importância. Muitas sementes são tóxicas, possuem ácidos fíticos, oxalatos e outras substâncias que preservam as sementes contra ataques de fungos para a continuidade da espécie. Na germinação, essas substâncias são degradadas, então as sementes se tornam mais alcalinas e apropriadas para o consumo humano. A germinação é o processo que dá continuidade à hidratação. Além de todos os benefícios já mencionados, durante a germinação ocorre produção de muitas vitaminas, sais minerais, antioxidantes, fito-hormônios etc.

Chia, linhaça, amêndoas, castanha-do-pará, nozes, macadâmia, entre outros, contribuem para o organismo com óleos essenciais e proteínas. Regulam as funções metabólicas e colaboram na produção dos hormônios e estruturas celulares. Sementes oleaginosas são ricas em óleos essenciais, ômega-3, 6 e 9. São excelentes fontes de proteínas e vitaminas D e E.

Linhaça

Existem evidências de que a linhaça já era utilizada desde a Antiguidade como alimento, além do seu uso têxtil. Existem indícios de sua utilização desde 5000 a.C, na Mesopotâmia, de onde se espalhou pela Europa, Ásia, África e América do Norte. Em 1555, foi trazida para o Sul do Brasil, região de clima mais frio, ideal para a sua cultura.

A linhaça é a semente de linho. São diferentes variedades e se destinam para a produção do linho (principalmente pelo uso de sua semente e de sua fibra), vernizes e tintas, ração de animais e alimentação humana. A linhaça e seus derivados alimentícios (óleo e farinha), pelo seu poder nutracêutico, são recomendados como complemento alimentar e podem ser adicionados a várias preparações, em especial às vivas, como shakes, crackers, musses etc.

Alimentação viva e ecológica

Devido às suas propriedades emolientes, dão consistência gelatinosa às preparações. As diferenças nutricionais entre a linhaça comum e a dourada são mínimas, embora exista uma lenda de que a dourada é a melhor. A linhaça comum é mais produzida aqui no Brasil e a sua cor marrom está relacionada à quantidade de pigmentação que ela contém, o que depende das práticas de cultivo e espécies. Observamos na tabela de comparação a seguir, uma discreta vantagem em ômega-3 na linhaça comum.

COMPONENTES	LINHAÇA COMUM	LINHAÇA DOURADA
	Quantidade em 100 gramas	
Água	7,7 g	7,0 g
Proteína	22,3 g	29,2 g
Lipídios	44,4 g	43,6 g
ÁCIDOS GRAXOS ESPECÍFICOS		
	Porcentagem do total de ácidos graxos	
Ácidos graxos saturados	8,7%	9%
Ácidos graxos monoinsaturados	18%	23,5%
ÁCIDOS GRAXOS POLI-INSATURADOS		
Ácido alfalinolênico (ômega-3)	58,2%	50,9%
Ácido linoleico	14,6%	15,8%
RELAÇÃO ÔMEGA-3 E ÔMEGA-6		
	4	3,2

Fonte: http://www.flaxcouncil.ca/spanish/pdf/FlxPrmr-R11-Ch1_Span.pdf

O óleo de linhaça prensado a frio apresenta coloração amarelo-dourada e é mais viscoso que os outros óleos vegetais, devido ao seu alto teor de ômega-3 (ácido graxo monoinsaturado). O ômega-3 é instável e oxida rápido na presença da luz e do oxigênio, motivo pelo qual a farinha deve ser consumida o mais rápido possível após sua moagem. É aconselhável mantê-la refrigerada e em recipiente escuro, assim como o óleo de linhaça, que, devidamente armazenado e embalado a vácuo, tem validade de 6 meses.

A ingestão diária da linhaça, como fonte de ômega-3, é uma boa maneira para suprir as necessidades do vegetariano deste ácido graxo, pois nessas dietas existe uma tendência à maior ingestão do ômega-6, já que ele é mais disponível em diversas sementes. Uma diferença maior de 10:1 entre ômega-6 e ômega-3 pode causar desequílibrio nas funções orgânicas. Dessa forma, o uso diário de alimentos ricos em ômega-3 proporciona aumento da defesa do organismo e redução do ritmo de envelhecimento celular.

Girassol

O girassol tem significado especial para nós, do Restaurante Girassol. A flor está sempre se movendo na direção do Sol, por isso é chamada assim. Suas flores encantam pela beleza e irradiam luz e abundância. Essa planta é originária da América do Norte e foi introduzida na Europa no século XVI. A sua chegada à América Central e do Sul é recente; possui boa adaptabilidade em diversas regiões.

A Rússia é atualmente o maior produtor e exportador do mundo. Suas sementes vêm sendo utilizadas para se obter óleo e, em menor escala, para consumo. Além de as suas flores terem uma importância ornamental.

Como o desenvolvimento do girassol está intimamente ligado à luz solar, ele é um bom exemplo de alimento com alta vitalidade. Na **alimentação viva**, tem especial importância.

O girassol produz sementes verde-acinzentadas, envolvidas em casca preta ou acinzentada com listras brancas. Suas sementes têm forma de lágrima e são ricas em óleos poli-insaturados. São boas fontes de vitaminas E, B_1 e B_5 e de sais minerais como o selênio, magnésio, fósforo e potássio.

Suas sementes descascadas têm um suave sabor de nozes e uma leve textura, e, embora crocantes, são tenras. Na **alimentação viva**, as sementes descascadas são hidratadas por 6 horas e utilizadas em diversas preparações (leites, cremes, queijos, massas para tortas, shakes etc.).

Com casca, ela é germinada e cultivada na terra, como a grama do trigo, até produzir brotos de 5 a 10 cm, que podem ser utilizados em sucos, sopas frias, saladas etc.

Alimentação viva e ecológica

Coco

O coco chegou ao Brasil por meio dos portugueses, em 1553. Ele é originário do Sudeste Asiático e se adaptou bem no clima tropical. É uma bênção ter essa fruta no Brasil com tanta abundância. O seu poder alimentício vem suprindo a fome de muitos povos à beira-mar, onde os cocos nascem espontaneamente.

Quando os cocos maduros caem no mar, podem ficar dias boiando, vindo a se desenvolver nas praias de outras regiões. Os frutos contêm uma reserva nutritiva rica em ácidos graxos saturados de cadeia média, facilmente utilizável pelo organismo. E, no interior, água estruturada, o natural soro fisiológico.

O coco verde é uma das maiores riquezas para a saúde. Dele podemos usar a água e a polpa para uma refeição rápida e energética. O coco verde promove a hidratação do organismo, vitaliza o sistema nervoso, aumenta a produção do leite materno, rejuvenesce os tecidos, além de repor os fluidos do organismo, melhorando o estado geral do corpo.

O óleo de coco saturado de cadeia média é diferente das gorduras saturadas de cadeias longas, provenientes de produtos animais, que podem entupir artérias e provocar desequilíbrios metabólicos no organismo. Ele, ao contrário, melhora o sistema imunológico e contém poderosos antioxidantes.

O óleo de coco contém: ácido láurico, ácido caprílico, ácido cáprico e ácido mirístico. Todos eles possuem propriedades antivirais, antimicrobianas e antifúngicas. O corpo consegue metabolizar rapidamente esses ácidos graxos de cadeia média e transformá-los em energia.

Água Estruturada

"Temos de demonstrar respeito pela água. Sentir amor e gratidão e receber vibrações com uma atitude positiva. Assim, a água se transforma e eu me transformo. Porque tanto você quanto eu somos água."
(Masaru Emoto, em O verdadeiro poder da água.)

Encontrada nas nascentes, em locais preservados da ação predatória do homem e na água de frutas e verduras.

Assim como os mananciais de água que circulam pelo nosso Planeta perfazem cerca de 70% de sua massa, no nosso corpo algo similar acontece. O nosso corpo é composto aproximadamente por 70% de água (em pessoas adultas). Essa água está presente em nosso corpo nos fluidos: 5% no sangue, 10% envolvem as células e 55% estão presentes dentro delas.

Sendo o ser humano parte da Natureza, os desequilíbrios que ocorrem no meio ambiente, simultaneamente ocorrem no seu organismo. Os mesmos resíduos tóxicos que circulam pelos mananciais afetam e desestruturam o organismo humano.

A água é o principal componente estrutural dos seres vivos. É também o veículo indispensável para o transporte de substâncias para dentro e para fora do organismo e de todos os órgãos. Ela atua na nutrição, na excreção e na regulação da temperatura corporal. Sem água, o corpo não pode funcionar, ela é o principal elemento do metabolismo humano.

Podemos intuir que a água coloidal, presente nos seres vivos, possui uma estrutura organizada com formas geométricas "sagradas", permitindo que a vida possa fluir.

Por meio dos experimentos de Masaru Emoto, que fotografou as moléculas de água em diferentes situações, podemos perceber a diferença entre uma molécula de água estruturada e uma não estruturada. A água estruturada apresenta formas geométricas de cristais, mostrando toda a beleza e consciência da vida.

Alimentação viva e ecológica

É muito diferente a água coloidal da água mineral não estruturada, se avaliamos a tensão superficial de ambas. A água não estruturada apresenta tensão mais alta. A água destilada, por exemplo, tem 73 dinas/cm (d/cm), enquanto o sumo da cenoura, em que a água está estruturada, apresenta uma tensão de 10 d/cm.

Uma menor tensão significa um esforço menor de passagem de um meio para outro. A água estruturada pode ultrapassar mais facilmente as membranas celulares, o que aumenta a absorção pela pele, mucosas ou tubo digestivo.

A água presente nos alimentos vivos possui uma estrutura com uma organização altamente elaborada e eficiente. As enzimas, os macronutrientes e micronutrientes e todos os elementos, como oxigênio, cálcio, potássio, sódio etc. estão sinergicamente dispostos, favorecendo o equilíbrio eletroquímico dentro das células e permitindo, dessa forma, a estabilização celular.

No organismo humano, o equilíbrio é similar: esses alimentos atuam equilibrando todas as funções do organismo. Quanto mais água estruturada oferecemos para o nosso corpo, mais vida e oxigênio estamos trazendo para o sistema.

Portanto, a ingestão de alimentos crus é fundamental para aumentar a vitalidade do organismo, para a regeneração de tecidos e para a manutenção da vida.

Moléculas de água estruturada, Emoto (2006).

Equilíbrio Alimentar

"Nada beneficiará tanto a saúde humana e aumentará as chances de sobrevivência da vida na Terra quanto a evolução para uma dieta vegetariana."
(Albert Einstein)

Para a manutenção da vida, acontece um equilíbrio dinâmico nos organismos vivos; são milhares de reações químicas ocorrendo ao mesmo tempo. O organismo humano busca incessantemente estratégias para se reequilibrar e manter a vida fluindo. Nem sempre o equilíbrio que o organismo mantém é o desejável, mas sempre é uma forma sábia que a vida encontra para a manutenção da existência do ser humano.

São muitos os impactos que o corpo sofre, provenientes do meio ambiente em que ele vive, como: contaminações pela poluição do ar, como o CO_2, o metano e outras substâncias tóxicas que podem contaminar o ambiente. O próprio vento forte, a poeira, o calor intenso e o frio excessivo são agentes agressores. A água também pode estar contaminada com resíduos tóxicos, o cloro e o flúor adicionados na água para tratamento podem causar diversos distúrbios no nosso organismo.

Muitos impactos que o organismo sofre são causados por uma alimentação inadequada, que pode ocorrer de diversas formas:

- A ingestão de alimentos inapropriados ao organismo humano, os chamados biocídicos.

- A ingestão de alimentos que provocam alergias em determinados organismos.

- A combinação inadequada de alimentos que pode provocar distúrbios digestivos.

- Excesso de comida.

- A ingestão de alimentos que, numa mesma refeição, compõem uma carga glicêmica alta.

- Distúrbios digestivos por conta de excesso de acidez proveniente de uma alimentação que produz esses ácidos.

- Falta de determinados micronutrientes não biodisponibilizados na dieta.

O equilíbrio alimentar depende do estilo de vida, já que todas as funções vitais do organismo são dinâmicas e interagem com o meio em que vivemos. Os nossos hábitos de vida como: exercícios em contato com a Natureza, respirar o ar puro das montanhas, banhos em cachoeiras, meditação e relaxamento são práticas revitalizantes que colaboram para que o nosso corpo possa se desintoxicar e se reequilibrar de forma mais harmônica. Os nossos hábitos alimentares conscientes, associados a um estilo de vida saudável, são nossos maiores aliados para manter em equilíbrio as funções vitais do organismo e diminuir os impactos agressores do estresse e de outras situações inesperadas que, porventura, possam acontecer.

Equilíbrio Alcalino-Ácido

"Se pudesse ter outra vida, gostaria de consagrar meu tempo a provar que os germes procuram seu hábitat natural nos tecidos doentes, ao contrário de dizer que eles são a causa dos tecidos doentes."
(Rudolph Virchow)

O equilíbrio alcalino-ácido ocorre no sistema dos fluidos dos organismos vivos, que, como dissemos, abrange por volta de 70% do peso do nosso corpo: 55% estão presentes nas células, 5% no sangue e 10% são os fluidos que envolvem as células.

Para medir o grau de acidez ou alcalinidade do meio, usamos o pH. Ele é representado numa escala de 0 a 14. Valores de 0 a 6,999 indicam pH ácido; 7 é neutro e acima de 7 até 14, alcalino.

O pH da corrente sanguínea é 7,4 (com variações mínimas), pois ele precisa ser mantido para preservar a nossa vida. Se o pH cai para 6,95, podemos entrar em coma e morrer: o coração relaxa e não consegue bater. Se o pH sobe para 7,7, podem ocorrer espasmos, convulsões etc.

Alimentação viva e ecológica

Esse pH funciona como um tampão que controla o nível de acidez do organismo. No entanto, se chegam substâncias ácidas na corrente circulatória, o organismo vai tentar eliminá-las pelos mecanismos disponíveis através do sistema excretor. Caso o organismo esteja sobrecarregado e não consiga fazer a eliminação das substâncias tóxicas da forma natural, esses resíduos são acumulados no sistema, principalmente nas articulações e nos tecidos adiposos.

A principal causa da chegada de resíduos ácidos à corrente circulatória é a ingestão de alimentos ácidos. O desequilíbrio provocado por uma alimentação que produz acidez é um risco para o organismo. Ela é a causa da permeabilidade intestinal e da disbiose. A permeabilidade intestinal ocorre devido à inflamação da mucosa intestinal que foi agredida por substâncias tóxicas. Já a disbiose é um desequilíbrio da flora intestinal que favorece a proliferação de micro-organismos maléficos. Nessas condições, o organismo perde a capacidade seletiva e deixa entrar, através da mucosa intestinal, substâncias tóxicas provenientes da alimentação inadequada.

As substâncias tóxicas também podem chegar diariamente à corrente circulatória, provenientes do metabolismo e também por meio do excesso de adrenalina e cortisona liberados pelo organismo em situação de estresse crônico. Um corpo estressado está sujeito a um contínuo estado de alerta e se torna vulnerável a doenças. Tilden (1997) nos explica que a toxemia como causa das doenças é, também, provocada por emoções como medo, raiva, inveja, preocupações, entre outras. Tilden já fazia referência às emoções como sendo agressões ao sistema nervoso, que comanda o lançamento de substâncias tóxicas no organismo.

As pesquisas de vários cientistas demonstram que o acúmulo de toxinas no organismo é a porta de entrada das doenças. Quanto mais toxinas, mais acidificado fica o organismo e mais baixa a imunidade. Nessas condições, determinados micro-organismos patogênicos, como vírus, bactérias e fungos podem proliferar, desencadeando processos inflamatórios.

Um ambiente ácido disponibiliza menos oxigênio (O_2) nos sistemas orgânicos, porque o excesso de hidrogênio (H+) produzido pelo sistema ácido reage com o oxigênio para formar água. Com isso, diminui a quantidade de oxigênio para os processos metabólicos. Dessa forma, teremos uma falha no sistema. A produção de energia necessária para o funcionamento normal do organismo diminui, levando-o à degeneração.

O grande entrave na medicina surgiu com a teoria de Pasteur[1], que decretou guerra contra os micro-organismos patogênicos; ele não valorizou a importância de manter um meio equilibrado para impedir a proliferação das bactérias patogênicas. Antoine Béchamp, nas suas pesquisas, ao contrário dos estudos de Pasteur, na época, comprovava que o meio é o mais importante. Atualmente, depois de tantos anos em que a medicina se desenvolveu baseada nos princípios de Pasteur, as evidências vêm mostrando as falhas nesse pensamento linear que não valoriza as condições do meio para o restabelecimento do equilíbrio da vida. Sendo o meio o responsável pela sobrevivência da vida e sabendo-se que existem meios propícios para o desenvolvimento de micro-organismos patogênicos, podemos entender que o argumento de Antoine Béchamp é real.

Pesquisas mais recentes concluem que um ambiente onde as condições mantenedoras da vida foram alteradas favorece o surgimento das doenças. As doenças degenerativas são para nós os exemplos mais marcantes para percebermos o tamanho do nosso equívoco. São muitos os autores, como Jean Seignalet e Max Gerson, que demonstram em seus livros essa veracidade.

Pode-se compreender que para uma melhoria no estado de saúde se faz necessário manter uma reserva de sais alcalinos. Alimentos como limão, acerola, camu-camu, embora tenham sabor ácido, produzem álcalis. Eles possuem alta concentração de sais alcalinos, o que aumenta as reservas do organismo. Naturalmente, os alimentos produzem sais alcalinos e ácidos. Nomeamos os alimentos produtores de álcalis ou acidez dependendo da maior concentração em que esses sais apareçam neles.

---

1. Hume, 1996, publicado pela primeira vez em Londres, em 1923.

Alimentação viva e ecológica

A hiperacidez no organismo é sempre proveniente de um estilo de vida desarmonioso. O estresse, as contaminações com resíduos tóxicos e uma alimentação composta em grande parte por alimentos que produzem acidez são comuns na vida moderna. A ingestão, em grande parte, de alimentos alcalinos na dieta é uma grande aliada na diminuição de acidez no nosso corpo e no reequilíbrio dos sistemas do organismo. Os alimentos alcalinos criam uma condição alcalina no corpo porque possuem uma alta concentração de Na (sódio), K (potássio), Ca (cálcio), Mg (magnésio) e Fe (ferro), enquanto os alimentos ricos em S (enxofre), P (fósforo), Cl (cloro) e I (iodo) produzem acidez.

Já é conhecido o grau de acidez ou alcalinidade do alimento. No entanto, é preciso lembrar que existem outros fatores que acidificam ou alcalinizam o nosso organismo. Por exemplo, a combinação errada de alimentos, determinados processamentos bruscos como as frituras, os refinamentos, cozimento em temperaturas elevadas e comer em demasia numa mesma refeição são práticas acidificantes. A germinação é um processo alcalinizante[2]. Uma alimentação composta com mais de 50% de alimentos que produzem acidez representa grandes riscos para a saúde, predispondo ao surgimento de doenças. O ideal seria uma alimentação com mais de 80% de alimentos alcalinos e 20% de ácidos, dando condições ao corpo de garantir a manutenção do equilíbrio alcalino-ácido.

ALIMENTOS QUE PRODUZEM ACIDEZ

Alimentos ricos em fósforo, enxofre, cloro e iodo.

Exemplos: carnes, maior parte dos grãos, produtos derivados do leite, leite pasteurizado, açúcares simples, nozes cruas, sementes, gorduras.

---

2. No processo de germinação das sementes ocorre a degradação de várias substâncias, como os oxalatos, fitatos, enzimas inibidoras do metabolismo. Portanto, a germinação é um processo alcalinizante.

ALIMENTOS QUE PRODUZEM ÁLCALIS

Alimentos ricos em sódio, potássio, cálcio e ferro.

Exemplos: verduras e frutas em geral. O iogurte, o leite cru de vaca, cabra e humano são ligeiramente alcalinos. Os feijões roxo e azuki, amêndoas, castanha-do-pará, milho verde, painço, amaranto e quinoa são alcalinos. As nozes, sementes, cereais e leguminosas se tornam mais alcalinas quando germinadas.

CAUSAS COMUNS DE ACIDEZ NO ORGANISMO

- Ingestão exagerada de alimentos que produzem ácidos, como os carboidratos refinados, produtos industrializados, produtos animais e derivados.
- Excesso de comida.
- Constipação intestinal.
- Permeabilidade intestinal.
- Combinação errada dos alimentos.
- Estresse.

RELAÇÃO DE ALIMENTOS QUE FORMAM ÁLCALIS (ALCALINIZANTES)

Frutas

Abacate	Framboesa	Mexerica
Abacaxi	Goiaba	Morango
Açaí	Jaca	Nectarina
Ameixa seca	Kiwi	Pera
Banana-passa	Laranja	Pêssego
Banana	Limão	Atemoia
Cereja	Mamão	Pitanga
Camu-camu	Manga	Tangerina
Damasco	Melancia	Uva
Figo	Melão	Uva-passa

Alimentação viva e ecológica

Vegetais orgânicos frescos

Abóbora	Cebolinha	Mostarda
Abobrinha	Cenoura	Nabo
Agrião	Chicória	Nirá
Aipo	Cogumelo Shitake	Pepino
Alface	Couve	Pimentão
Alho-poró	Couve-de-bruxelas	Quiabo
Aspargo	Couve-flor	Rabanete
Beldroega	Dente-de-leão	Raiz de lótus
Berinjela	Ervilha-verde	Repolho
Beterraba	Espinafre	Rúcula
Brócolis	Feijão-verde	Taioba
Caruru	Jiló	Tomate
Cebola	Maxixe	Vagem

Cereais

Amaranto	Painço
Aveia (em grão hidratada)	Quinoa
Milho verde	

Algas

Ágar	Kombu	Umeboshi
Clorela	Nori	
Hijiki	Wakame	

Brotos

Alfafa	Lentilha	sementes germinadas
Feijão	Moyashi	
Girassol	Trigo	

ALIMENTOS NEUTROS

- Amêndoa hidratada.
- Avelã hidratada.
- Azeite de oliva extra virgem.
- Castanha-da-índia.
- Gergelim hidratado.
- Óleo de gergelim extra virgem.
- Óleo de linhaça extra virgem.
- Sementes de abóbora.
- Sementes de girassol hidratadas.

ALIMENTOS QUE CAUSAM ACIDEZ

- Açúcar branco e todos os produtos que contenham açúcar.
- Açúcar mascavo.
- Caldo de carne.
- Carne de galinha e outras aves.
- Carnes de todos os tipos.
- Castanhas-de-caju tostadas.
- Cereais (trigo, arroz, cevadinha, trigo-sarraceno e farinhas).
- Extrato com carne.
- Frutos do mar.
- Laticínios (leite, queijo etc.).
- Leguminosas: lentilha, grão-de-bico, ervilha, feijões (preto, fradinho, mulato, soja e outros) sem germinar.
- Nozes sem hidratar (pecã, baru etc.).
- Ovos.
- Pães, bolos, tortas, biscoitos.

Alimentação viva e ecológica

- Peixe.
- Queijo.
- Refrigerantes.
- Sopas com carne.
- Sorvetes.

Aparelho Digestório, a Raiz da Vida

Para a Medicina Natural, a base da saúde está no funcionamento regular do aparelho digestório: uma boa digestão é sinal de saúde. Gases, má digestão, azia, dores abdominais, congestão etc., são sinais que indicam a necessidade de rever nossa dieta e estilo de vida.

Durante o funcionamento do aparelho digestório, várias enzimas atuam para digerir os alimentos e muitas delas deveriam entrar no nosso organismo através dos alimentos que ingerimos, assim facilitando o processo digestivo.

A digestão no intestino pode ocorrer por dois processos. O primeiro é o natural, que ocorre através das enzimas digestivas, quando o organismo está saudável. O outro processo é decorrente da fermentação putrefativa provocado pela ingestão de grandes quantidades de alimentos que produzem acidez, o que gera o desequilíbrio da flora intestinal (disbiose). Essas condições, ao longo da vida, criam um ambiente ácido, sem oxigênio, no qual o calor aumenta, propiciando um processo inflamatório na mucosa do intestino, que se torna permeável e perde a capacidade seletiva. Substâncias tóxicas – como toxinas produzidas por bactérias anaeróbicas, presentes nos alimentos e algumas proteínas, em forma de peptídeos, que não foram devidamente digeridas – podem chegar à corrente circulatória e desencadear vários tipos de desequilíbrio no organismo.

De acordo com a teoria do médico Stanislaw Burzynski, que desenvolveu um remédio alternativo para a cura do câncer, essa doença está relacionada com a presença de grandes quantidades de certos peptídeos no sangue. Como a produção desses peptídeos é resultante

Equilíbrio Alimentar

da má digestão da proteína, é prudente que as pessoas com organismo debilitado retirem da dieta alimentos que causem intolerância e alergia ao organismo. Portanto, é fundamental excluir da dieta alimentos que contenham glúten (em especial, preparações com farinha de trigo, como massas, pães, bolos e biscoitos) e caseína (leite e derivados).

Determinados peptídeos presentes na corrente circulatória, resultantes do metabolismo de alguns alimentos, ocupam certos receptores de neuro-hormônios responsáveis pelo equilíbrio psíquico e somático. Tal relação também tem sido identificada por muitos estudos de doenças mentais, como por exemplo, esquizofrenia, mal de Alzheimer, autismo, mal de Parkinson, depressão, entre outras.

Uma boa digestão depende das seguintes práticas:

- Escolher corretamente os alimentos, para compor cada refeição com cargas glicêmicas baixas.

- Combinar adequadamente os alimentos, observando a sua compatibilidade bioquímica e as reações individuais de cada organismo.

- Mastigar corretamente o alimento, porque aumenta a área de contato entre as enzimas digestivas e as partículas dos alimentos. Dos carboidratos contidos nos alimentos, 70% são digeridos na boca por meio da ptialina, enzima presente na saliva.

- Evitar tomar líquidos durante as refeições, porque eles diluem as enzimas digestivas, interferindo na digestão do alimento.

- Evitar sobremesas, pois causam distúrbios digestivos, propiciando as fermentações.

- Evitar comer em demasia, porque sobrecarrega os órgãos do aparelho digestório.

- Praticar exercícios físicos.

- Alimentar-se tranquilo, com sentimento de gratidão.

Equilíbrio da Flora Intestinal

Milhares de micro-organismos invisíveis compõem a nossa flora intestinal. Nela está presente um ecossistema, uma grande população que se mantém viva graças às trocas alimentares entre si. É a dinâmica de equilíbrio entre esses moradores que garante a saúde do nosso corpo. A maior presença de lactobacilos e outras bactérias, como a *Saccharomyces boulardii* e o *Bifidobacterium*, tem importância para manter esse equilíbrio e a produção das vitaminas do complexo B e K. Em menor quantidade, devem estar presentes as bactérias do tipo saprófitas e muitos outros micro-organismos patogênicos, como a cândida, a brucela, o toxoplasma, entre outros.

O desequilíbrio da flora intestinal é conhecido como disbiose. Acontece quando os micro-organismos patogênicos proliferam e competem com os benéficos, ganhando espaço e colonizando o intestino delgado, provocando vários tipos de distúrbios digestivos.

Muitos são os fatores que interferem no desequilíbrio ou na manutenção de uma flora intestinal saudável:

- Uma boa mastigação promove o aumento da produção da saliva que, ao se misturar com o alimento, atua na digestão dos carboidratos. Isso pode também eliminar bactérias patogênicas.

- O ácido clorídrico e outras enzimas, produzidos no estômago, também podem destruir os micro-organismos patogênicos. As pessoas que sofrem de diabetes ou com idade avançada podem ter esses ácidos diminuídos. Isso dificulta a ação de destruição desses micro-organismos.

- O uso frequente de antibióticos destrói bactérias maléficas e benéficas. Tanto os antibióticos como a ingestão de alimentos contaminados com pesticidas ou determinados aditivos podem causar irritação das mucosas do intestino. A consequência é a permeabilidade intestinal, o que abaixa a imunidade e propicia o desenvolvimento de micro-organismos maléficos. Por exemplo, pode ocorrer infestação por cândida.

- O excesso de açúcar proveniente de alimentos com alto índice glicêmico, como carboidratos refinados e açúcares simples, está entre os maiores responsáveis pela proliferação da cândida e outros micro-organismos maléficos. Isso ocorre porque esses alimentos são produtores de acidez no intestino. Criam um ambiente favorável para os micro-organismos patogênicos.

Equilíbrio Alimentar

- A prisão de ventre é outro fator agravante, porque as fezes retidas por muito tempo no organismo são atrativo para as bactérias putrefativas, que liberam toxinas deixando mais ácido o sistema. Essas bactérias também podem invadir o intestino delgado e rapidamente colonizá-lo. É normal ocorrer esse fenômeno em pessoas que utilizam carnes e alimentos refinados e industrializados na dieta.

- A alergia alimentar também pode causar permeabilidade intestinal, baixar a imunidade e ser uma porta para o aumento desses micro-organismos maléficos.

A MELHOR OPÇÃO

A melhor maneira para mantermos em equilíbrio a nossa flora intestinal é optarmos por uma alimentação vegetariana bem planejada. A escolha de alimentos preferencialmente orgânicos e a ingestão na sua forma crua são práticas importantes nessa alimentação.

Os alimentos crus são ricos em oxigênio, o que mantém o meio mais oxigenado, impedindo a proliferação das bactérias anaeróbicas – que são as responsáveis pela putrefação. Os alimentos crus também são ricos em prebióticos[3].

Os alimentos fermentados têm o papel importante de aumentar os lactobacilos e as bactérias benéficas no intestino. Por isso, sempre foram utilizados por diversas civilizações, objetivando longevidade.

Pessoas com o organismo exaurido e com doenças crônicas devem fazer uso de suplementos de probióticos. Essa é uma maneira de reconstituir mais rápido a flora intestinal, impedir processos infecciosos e aumentar a imunidade. O seu médico e/ou nutricionista pode lhe orientar sobre os melhores suplementos.

---

3. Prebióticos são compostos presentes em diversos alimentos. Eles estimulam o crescimento de espécies benéficas de bactérias no intestino, como bifidobactérias e lactobacilos.

A Vitamina B$_{12}$ na Alimentação Vegetariana

A vitamina B$_{12}$ tem grande importância para o organismo humano. Principalmente para a manutenção da membrana de mielina, que envolve o cérebro. Ela participa nas reações químicas que constroem essa membrana, o que explica a sua atuação para manter saudável o sistema nervoso. Também atua no metabolismo dos ácidos nucleicos e na produção da medula óssea.

A falta de B$_{12}$ por longos períodos pode provocar vários sintomas no organismo, relacionados ao sistema nervoso e alterações sanguíneas. Fadiga, memória fraca, irritabilidade, depressão, transtorno obsessivo-compulsivo, anemia megaloblástica (as hemácias ficam grandes) são alguns desses sintomas. Na falta de B$_{12}$, ocorre também o aumento da homocisteína. A elevação da homocisteína durante a gravidez predispõe à má-formação do feto e anomalias cardíacas congênitas. Em adultos, é fator de risco para a doença de Alzheimer, doenças cardiovasculares e osteoporose.

A ingestão de B$_{12}$ ocorre normalmente através de produtos de origem animal. Ela se encontra também nas bactérias saprófitas presentes em alimentos como frutas e verduras, que colhemos e ingerimos sem lavar.

No entanto, para se comer alimentos sem lavar devemos ter a segurança de que eles não foram irrigados com água contaminada por coliformes. Também é recomendado para a higienização dos alimentos o uso de substâncias que não provoquem alterações no equilíbrio ácido-básico do meio. Normalmente são usados para higienizar alimentos substâncias à base de cloro, que provocam distúrbios no organismo, pois o cloro acidifica o meio e elimina muitos tipos de micro-organismos saudáveis.

Durante anos, a ciência acadêmica entendia que a vitamina B$_{12}$ era produzida pela flora intestinal (como as vitaminas biotina, B$_1$, B$_6$, K, entre outras) e ali assimilada. Atualmente, porém, essa comprovação não é observada, e se acredita na visão médica de que o homem não pode viver sem carne. Além disso, reconhece-se que a B$_{12}$ é produzida no intestino grosso, mas não tem acesso ao intestino delgado, onde é absorvida.

No entanto, é preciso lembrar um fato: o organismo humano, ao perder a capacidade de sintetizar ou de reciclar e reutilizar de forma eficiente determinados nutrientes no seu intestino, demonstra que o estilo de vida moderno está interferindo no equilíbrio da flora intestinal.

Em relação à B_{12}, principalmente, as pessoas que são estritamente veganas (não fazem uso de nenhum produto de origem animal), que vivem em cidades, devem ficar atentas e monitorar as quantidades de B_{12} séricas. Esses níveis, para o vegetariano restrito, devem ficar sempre acima da média, conforme esclarece o dr. Slywitch (2006), em seu livro *Alimentação sem carne*: "níveis baixos de B_{12} em períodos longos são prejudiciais para a saúde". Para esses casos, a recomendação é suplementar esta vitamina. Deve-se procurar orientação de um médico experiente no assunto, pois todos esses cuidados são necessários para uma dieta estritamente vegana, principalmente se ela não é planejada.

Existe ainda muito para ser estudado em relação à vitamina B_{12}. Alguns autores dizem que a sua presença principal é dentro das células e só através de biopsia se pode fazer um diagnóstico seguro.

É bom lembrar, para os que optaram pela **alimentação viva**, 100% crua, e que vivem em contato com a Natureza: as evidências vêm mostrando que muitas dessas pessoas, depois de mais de 5 anos praticando essa dieta, não apresentam carência de B_{12}. A saúde e o bem-estar que elas apresentam confirmam que está ocorrendo uma regeneração do organismo.

A **alimentação viva** pode oferecer elementos alcalinizadores que trazem de volta a capacidade de o organismo se reequilibrar e manter uma harmonia com o meio natural em que vive.

Yin-Yang

O equilíbrio *yin-yang* se fundamenta no princípio do taoísmo (filosofia chinesa), que fala do equilíbrio entre as forças naturais. Por exemplo, quando a escuridão chega ao máximo, começa a amanhecer. Essas forças são opostas e complementares. Partindo-se desse princípio, precisamos encontrar o nosso equilíbrio energético, interagindo com as forças da Natureza.

Instintivamente, as nossas escolhas deveriam nos proporcionar esse equilíbrio. No entanto, à medida que nos afastamos da Natureza, perdemos essa capacidade natural. Numa tentativa de buscar se harmonizar com essas forças, o ser humano, intelectualmente, vem buscando formas de encontrar esse equilíbrio. Mas trata-se de uma questão bastante complexa, pois os vários fatores que interferem no equilíbrio *yin-yang* nem sempre podem ser controlados.

No que diz respeito à nutrição, os alimentos que causam acidez no organismo são os que provocam mais desequilíbrios dessas forças. Geralmente deixam o corpo com excesso de *yin* ou de *yang* (por exemplo, os alimentos, refinados, carnes e embutidos).

Um organismo mais próximo do equilíbrio possui meio mais próximo do alcalino. Dessa forma, hábitos de vida biogênicos seriam a maneira mais inteligente de mantermos nosso organismo em harmonia com essas forças.

Combinação dos Alimentos

Uma boa dica para entender a importância da combinação dos alimentos é observar o efeito que eles produzem no nosso corpo, após as refeições. Gases, azia, prisão de ventre, diarreia, inchaço ou náusea são sinais do organismo indicando que a nossa digestão está comprometida. São um alerta para prestarmos atenção ao que estamos comendo, se estamos excedendo a quantidade, e, principalmente, como estamos combinando esses alimentos.

A regra principal para a combinação de alimentos é comer na mesma refeição aqueles que na experiência pessoal sejam fáceis de digerir. Classes diferentes de alimentos exigem diferentes tempos e diferentes pH digestivos para a digestão adequada.

Precisamos considerar que, dependendo da constituição individual, existem pessoas que têm um poder digestivo muito melhor.

No entanto, as pessoas que apresentam um sistema digestório delicado devem praticar as recomendações de combinação de alimentos como um meio preventivo para manter a boa saúde.

A combinação adequada contribui para a boa digestão. Os diversos grupos de alimentos apresentam estruturas químicas diferentes, o que mobiliza a produção de enzimas específicas para cada processo digestivo. Por isso, é muito importante associarmos alimentos compatíveis em cada refeição.

O PRINCÍPIO QUE NORTEIA A COMBINAÇÃO DE ALIMENTOS DIZ QUE NÃO SE DEVE MISTURAR:

- *Amidos e proteínas concentrados na mesma refeição (ex.: carne e laticínios com pão).*
- *Frutas e proteínas, porque as frutas liberam secreções alcalinas que neutralizam as secreções ácidas necessárias para a digestão de proteínas.*
- *Proteínas e frutas ácidas ou subácidas, óleo (exceto as sementes como linhaça, girassol, gergelim, abóbora e chia) e fruta doce ou subácida.*
- *Frutas e vegetais cozidos.*
- *Melão com qualquer alimento.*
- *Melancia com qualquer alimento.*

É FACIL DIGERIR:

- Frutas doces com frutas doces.
- Frutas ácidas com frutas ácidas.
- Frutas ácidas com semiácidas.
- Frutas doces com semiácidas.
- Frutas com grãos germinados, hidratados e fermentados.

- Proteínas com hortaliças.
- Abacate com verduras.
- Limão com qualquer alimento.
- Frutas com hortaliças folhosas.

SÃO POUCO COMPATÍVEIS:

- Frutas doces com frutas ácidas.
- Hortaliças com laticínios.
- Gorduras e óleos com carne.
- Cereais e leguminosas germinadas com laticínios.
- Leguminosas germinadas com frutas.
- Cereais com açúcar.

SÃO INCOMPATÍVEIS:

- Frutas com raízes feculentas.
- Frutas com açúcar.
- Cereais com laticínios.
- Cereais com carne.
- Carne com laticínios.
- Ovos com laticínios e carne.

DEVEM SER COMIDOS ISOLADAMENTE:

- Melão e melancia.

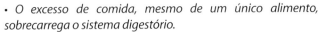

> **CONSIDERAÇÕES IMPORTANTES:**
>
> • O excesso de comida, mesmo de um único alimento, sobrecarrega o sistema digestório.
> • Os líquidos devem ser tomados 40 minutos antes das refeições, pois eles diluem as enzimas que atuam na digestão dos alimentos.
> • Os vegetais crus produzem secreções alcalinas.
> • Cereais integrais, como o arroz integral e as farinhas integrais germinadas frescas, formam menos ácidos que a farinha branca ou o arroz polido.
> • A germinação das sementes é um processo alcalinizante; dessa maneira podemos melhorar a digestibilidade das leguminosas. As leguminosas germinadas e fermentadas são alcalinas. Os brotos das leguminosas (como moyashi) são alcalinos.
> • O cozimento em altas temperaturas, acima de 110 °C, é um processo acidificante.
> • O iogurte de leite desnatado e o queijo tipo ricota são menos acidificantes, devido ao processo de fermentação. Melhor usar o leite cru para fermentar.
> • Evite alimentos gelados ou muito quentes. Ambos agridem o organismo. Alimentos gelados inibem a ação das enzimas no organismo, o que dificulta os processos digestivos.
>
> **Observação:** na **alimentação viva**, as combinações dos alimentos serão adaptadas, já que muitos alimentos não serão utilizados. Observamos também que é muito mais fácil para o organismo digerir alimentos crus, mesmo quando misturamos alimentos incompatíveis da classificação higienista tradicional. Os alimentos germinados e os fermentados normalmente combinam bem com refeições doces e salgadas.

Entenda o que é Índice Glicêmico

Alimentos ricos em calorias (carboidratos e gorduras) são diferentes de alimentos ricos em energia vital.

A energia que nosso corpo utiliza para realizar suas funções, normalmente, é proveniente do carboidrato, podendo vir também da gordura ou, em última instância, da proteína. Para o corpo poder utilizar a energia do alimento, ele precisa ter glicose sempre disponível. Por isso, por vias naturais, ele pode utilizar a glicose presente nos carboidratos, já que esses são compostos por várias moléculas de açúcar simples emparelhadas.

Então, para o corpo transformar ácidos graxos ou aminoácidos em glicose, demanda um gasto de energia a mais. As gorduras e as proteínas têm funções estruturais no nosso corpo, embora o funcionamento dele dependa de uma utilização sinérgica e integrada de todos os macro e micronutrientes.

Entretanto, não basta ingerir pão, massas, carne, ovos, verduras cozidas, chocolates e outros alimentos industrializados se quisermos ter um corpo saudável e livre de doenças. Mesmo tendo uma dieta bem planejada em quantidades de nutrientes necessários ao organismo, não é suficiente para regular e mantê-lo trabalhando de forma natural, sem sobrecarga.

Uma alimentação processada descuidadamente, de maneira que as enzimas são destruídas, exige do organismo um trabalho enorme. Ele vai precisar ajustar tais substâncias de acordo com as vias naturais provenientes de uma sabedoria que o nosso corpo e a Natureza conhecem. Significa que está havendo um gasto maior de energia do que o necessário. E isso se reflete em desequilíbrios hormonais, causados por uma alimentação com carga glicêmica alta.

Refeições com carga glicêmica alta são as principais responsáveis por todo tipo de doenças que se instalam e se transformam em processos crônicos no organismo; ali elas encontram um ambiente ácido propício para se desenvolverem. O impacto que o organismo sofre com a chegada de uma grande quantidade de glicose na corrente circulatória gera consequências drásticas, que vão afetando todo o equilíbrio hormonal do organismo. Com a chegada de uma quantidade alta de glicose, o pâncreas é obrigado a produzir quantidades maiores de insulina.

Sears e Lawren (1997) descrevem os efeitos deletérios da ação da insulina em excesso no organismo. Ocorre a produção maior de hormônios chamados "maus eicosanoides", precursores do excesso de insulina. Esses hormônios atuam no organismo baixando a imunidade e deixando-o vulnerável ao desenvolvimento de processos inflamatórios.

Uma alimentação rica em energia vital mantém o funcionamento eficiente do organismo e gera mais vida no sistema corporal. É muito mais fácil organizar um cardápio saudável, com baixa carga glicêmica, utilizando **alimentos vivos**. Nele usamos brotos, sementes hidratadas, frutas e verduras frescas, porque os nutrientes estão ativos, as enzimas estão preservadas, a quantidade de fibras hidrossolúveis é maior. O organismo, tendo energia vital disponível no corpo, naturalmente cria condições de equilíbrio.

O QUE DETERMINA O ÍNDICE GLICÊMICO?

O índice glicêmico de um alimento é avaliado pela rapidez com que a glicose chega na corrente circulatória. E o que o determina são:

- a estrutura dos açúcares simples presentes nos alimentos.
- o conteúdo de fibra solúvel.
- o conteúdo de gordura.

Os alimentos que contêm índice glicêmico mais alto são os grãos (arroz, milho, painço e trigo). Quando esses grãos são processados e refinados para preparo de massa, o índice glicêmico aumenta mais. Isso ocorre porque, na composição desses alimentos, encontramos, emparelhadas, moléculas de glicose para formar o amido. Em forma de glicose, o açúcar é rapidamente absorvido. A frutose, açúcar das frutas, precisa ser transformada pelo fígado em glicose. Por isso, é absorvida mais lentamente. Os sucos de frutas, mesmo os naturais, pelo fato de não possuírem fibras, entram mais rápido na corrente circulatória.

ALIMENTOS INDUTORES RÁPIDOS DE INSULINA

- Açúcar simples (maltose, glicose, sacarose, glucose de milho, mel).
- Semolina (amido de milho).
- Carboidratos refinados (amidos).

- Farinha de trigo (pães e massas).
- Arroz branco e tapioca.
- Bolos de arroz, cenoura e trigo.
- Semolina (maisena).
- Biscoitos doces e salgados.
- Batata cozida e batata-frita.
- Banana.
- Manga.
- Frutas secas (tâmaras, uvas-passas).
- Suco de frutas industrializado.
- Suco de cenoura e beterraba.

A chegada rápida de glicose à corrente circulatória provoca um impacto hormonal no organismo. A glicose não pode se acumular no sangue porque desequilibra o funcionamento do organismo, desestabilizando o pH tampão (7,4) da corrente circulatória, provocando várias disfunções e podendo levar ao coma e à morte.

Para manter a vida, o organismo cria novas estratégias. O primeiro recurso é uma rápida produção de insulina pelo pâncreas. A insulina abre as células para armazenar o excesso de glicose em forma de gordura, já que o estoque de açúcar em forma de glicogênio[4] é pequeno em relação à ingestão total de carboidrato. A ordem que a insulina dá para o corpo é "armazene gordura e não libere gordura armazenada". Para quem quer emagrecer, esta situação é uma bomba-relógio.

Neste ponto é bom entendermos a relação entre insulina e glucagon. Ambos são hormônios produzidos pelo pâncreas. Enquanto a insulina retira o excesso de glicose do sangue, o glucagon traz para o sangue a glicose que está estocada em forma de glicogênio. Dessa forma, o organismo mantém seu funcionamento harmônico.

---

4. Glicogênio é a forma de reserva de açúcar nos músculos e no fígado. Um corpo saudável pode armazenar de 300 a 400 g de carboidrato nos músculos e, no fígado, de 60 a 90 g.

Equilíbrio Alimentar

Se tivermos mais insulina no sistema, em consequência teremos menos glucagon. O que estimula a produção do glucagon são as proteínas e as gorduras essenciais. Uma dieta com carga glicêmica total alta, com certeza será pobre em gorduras, proteínas e micronutrientes. E isso gera um desequilíbrio no sistema hormonal.

O glicogênio estocado, numa situação dessas, também não fica disponível, porque o glucagon, que participa das reações químicas para transformar glicogênio em glicose, não estará sendo produzido na quantidade adequada. Assim, a alimentação com uma quantidade alta de carboidratos, com alto índice glicêmico, pode desencadear crises de hipoglicemia e desgastar o pâncreas, exigindo dele trabalho dobrado.

Se perdurar por muito tempo, essa situação vai exaurindo e desequilibrando todo o sistema hormonal. Esse sistema é composto por um conjunto de glândulas endócrinas que excretam hormônios no organismo com funções específicas. Esse é um trabalho em conjunto e sinérgico, em que o empenho dessas glândulas é produzir hormônios em quantidades adequadas para regular o funcionamento harmônico do organismo.

A partir do impacto que o organismo sofre com a ingestão de alimentos com altas taxas de índice glicêmico, em que a insulina é produzida em quantidade maior do que o ideal, vários outros impactos em outras glândulas endócrinas vão ocorrer, obrigando o organismo a um novo ajuste para a manutenção da vida. É normal encontrar pessoas com níveis de colesterol alto que, ao organizarem suas dietas de forma correta, regularam a produção desse hormônio. O desgaste no sistema hormonal que a alimentação moderna causa é assustador, sendo ele o principal responsável pelo processo degenerativo do organismo.

Outro agravante que pode ocorrer é a resistência à insulina. Mesmo o organismo tendo níveis altos de insulina, os níveis de açúcar no sangue continuam altos. A insulina perde a capacidade de retirar o açúcar do sangue.

O dr. Perricone (2006), dermatologista mundialmente famoso pelo seu programa para rejuvenescer, nos mostra que os dois elementos

Alimentação viva e ecológica

vitais são uma dieta saudável e a diminuição do estresse. Segundo ele, os alimentos que ingerimos podem provocar uma resposta inflamatória (pró-inflamatórios) ou anti-inflamatória (impede a resposta inflamatória). Por exemplo, são alimentos pró-inflamatórios os de índice glicêmico alto, que aumentam a produção de insulina. Nessa situação, o organismo espalha agentes químicos inflamatórios pelo corpo inteiro.

O pior é a glicação, em que o açúcar pode se ligar ao colágeno na pele e em outras partes do corpo, produzindo as rugas. A ligação do açúcar com o colágeno gera uma inflamação que produz enzimas que destroem o colágeno e assim surgem as rugas. O consumo abusivo do açúcar produz rígidas cadeias de proteínas e glicose, que se acumulam no organismo durante a vida. Nesse processo, as juntas ficam rígidas e as artérias vão ficando endurecidas, até ocorrer a falência dos órgãos. Então, para ficarmos mais jovens e saudáveis, a nossa dieta deve evitar os processos inflamatórios.

A reação de Maillard (uma interação entre proteínas e glicídios redutores) é um exemplo de superglicação no organismo. No aquecimento de alimentos em altas temperaturas, ela dá a cor dourada, produzindo uma crosta que exala cheiro e dá sabor a esses alimentos. Mas a ingestão desses alimentos superaquecidos, já comentamos, causa danos para o organismo (pp. 40 e 41).

No nosso organismo, essas reações também podem ocorrer como resultado da glicação, formando crostas rígidas. Segundo Seignalet, com essa reação pode acontecer:

- formação de substâncias complexas, que dão origem aos melanoides. Esses são difíceis de serem metabolizados quando atravessam a barreira intestinal e são absorvidos.

- possível capturação dos melanoides pelos macrófagos[5] ou acúmulo no organismo e produção de toxemia de difícil eliminação.

---

5. Macrófagos são células de grandes dimensões pertencentes ao tecido hematopoético, que fagocitam (englobam e digerem) elementos estranhos ao corpo.

Na **culinária viva**, podemos combinar os alimentos de tal forma que é possível diminuir a carga glicêmica final. Um exemplo interessante é que podemos preparar doces vivos com frutas desidratadas, castanhas hidratadas e grãos germinados. Ficam saborosos e trazem grandes benefícios.

DOCES VIVOS

Frutas e castanhas hidratadas.

- São saborosas.
- Trazem nutrientes e cálcio para o sistema orgânico.
- Estimulam a digestão, pois possuem bactérias benéficas.
- São fontes de probióticos.

DOCES COZIDOS

Chocolates, biscoitos, doces de confeitaria, sorvetes com gorduras hidrogenadas etc.

- Sobrecarregam o pâncreas e o fígado.
- Retiram cálcio de ossos e dentes.
- Diminuem a imunidade.
- Causam disbiose intestinal.
- Promovem um bolo fecal fétido.

Dietas e Dicas de Manipulação e Preparo de Alimentos

a seguir, vamos comentar maneiras de, na prática, organizar uma vida com hábitos biogênicos. Então, estamos propondo mudanças. Um novo estilo de vida. Que seja incorporada no dia a dia uma nova atitude perante a vida, começando pela nossa ecologia interna. Assim saudáveis, poderemos desfrutar a vida na sua plenitude e cuidar do Planeta com responsabilidade.

Mudando Hábitos para Regenerar a Vida

Devemos:

- Conhecer o que comemos.
- Estudar sobre os aditivos químicos presentes na alimentação.
- Substituir os alimentos destruidores da vida por alimentos mantenedores da vida.
- Combinar os alimentos.
- Mastigar adequadamente.
- Incluir na alimentação os alimentos geradores de vida e ativadores da vida em maior parte, para despoluir o organismo.
- Tomar sol diariamente.
- Praticar diariamente exercícios físicos.
- Respirar conscientemente.

Para a mudança de hábito alimentar, tendo como alvo uma alimentação saudável e biovegetariana, o aspirante a essa opção, para não correr o risco de uma deficiência na ingestão de nutrientes, deve fazê-la aos poucos. É prioridade um estilo de vida mais natural e que se incluam na dieta os alimentos germinados e fermentados. Esses alimentos ajudam no processo da desintoxicação e regeneração do organismo. É importante também a ingestão de alimentos concentrados em nutrientes, os quais estão listados nas pp. 112 e 113.

Um período de transição é necessário para que o corpo possa adaptar-se à nova dieta, tanto no nível fisiológico quanto no energético. Cada pessoa deve sentir as necessidades do próprio corpo e as necessidades de sua alma nesse processo.

O tempo que vai demorar em cada transição varia. Pode demorar dias, meses, anos, dependendo do processo transformador que impulsiona o "ser".

Para que o aspirante possa realizar esse processo com segurança, propomos 4 fases de transição. O quarto estágio é para as pessoas que querem fazer uma alimentação estritamente vegetariana. A **alimentação viva**, neste ponto, é a melhor opção, porque através dela o organismo tem mais condições de resgatar o seu potencial vital.

Também é importante ter em mente que a **alimentação viva** representa a opção por uma vida em contato com a Natureza, com a ingestão de alimentos frescos colhidos na hora. Nas cidades grandes, é um desafio a prática da **alimentação viva** 100%, devido à dificuldade que temos para conseguir alimentos com vitalidade, além de o ritmo acelerado da vida moderna nos tirar do foco!

1º ESTÁGIO

É o 1º passo em busca da saúde verdadeira e da autonomia.

- Meditar, respirar e praticar exercícios físicos diariamente.
- Incluir sucos especiais propostos na dieta básica.
- Substituir cereais refinados por grãos integrais.
- Substituir leite por iogurte, açúcar refinado por mascavo.
- Incluir na dieta alimentos crus: algas, frutas, verduras e brotos (no mínimo 50%).

Alimentação viva e ecológica

- Retirar da alimentação alimentos biocídicos, que tiram a vitalidade: chocolates industrializados, leite pasteurizado, carnes curadas (como as salsichas, salames, mortadelas), bebidas alcoólicas, alimentos industrializados e refinados, refrigerantes, gorduras hidrogenadas e suas preparações, farinhas brancas e suas preparações, açúcar refinado e preparações, carnes vermelhas e principalmente produzidas com o uso de hormônios e antibióticos, adoçantes artificiais e preparações à base deles.

2º ESTÁGIO

Seguir as restrições e orientações da fase anterior.

- Meditar, respirar e praticar exercícios físicos diariamente.
- Incluir sucos especiais.
- Incluir alimentos fermentados, como chucrute, kefir e tempeh, queijos de castanhas fermentadas.
- Ingerir 50% de alimentos crus, incluindo os brotos, nas refeições principais.
- Ingerir, se necessário, peixes pequenos com escamas, no máximo duas vezes por semana.
- Usar ovo caipira com gema mole, queijo fresco, iogurte e leite cru.
- Evitar o uso de açúcar mascavo.

3º ESTÁGIO

Seguir as restrições e orientações das fases anteriores.

- Meditar, respirar e praticar exercícios físicos diariamente.
- Ingerir no mínimo 80% de alimentos crus.
- Retirar todas as carnes, ovos, leite e derivados.
- Retirar o açúcar mascavo e usar o mel com moderação.

Dietas e Dicas de Manipulação e Preparo de Alimentos

4º ESTÁGIO

Seguir as restrições e orientações das fases anteriores.

- Optar por um estilo de vida simples, em contato com a natureza.
- Meditar, respirar e praticar exercícios físicos diariamente.
- Ingerir 100% de alimentos crus, a maior parte biogênicos, que aumentam a vitalidade.
- Excluir os produtos de origem animal.
- Ter gratidão!

Desintoxicação, a Renovação Diária

A desintoxicação natural do organismo ocorre de forma eficiente quando o corpo está em seu estado saudável. Um corpo saudável possui em equilíbrio os nutrientes necessários para o seu funcionamento normal e seu grau de intoxicação não afeta o desempenho natural de suas funções.

Esse corpo, portanto, não está com sobrecargas. Tem todos os seus meios de eliminar os excessos com rapidez: através do suor, das fezes, da urina, da respiração. As toxinas que chegam até a circulação não ficam acumuladas, pois o corpo tem mecanismos naturais e vitalidade para se ver livre delas.

A construção de um corpo saudável se faz com um estilo de vida e uma alimentação apropriados, que no dia a dia permitem ao corpo interagir com a vida e gerar mais vitalidade. As trocas inteligentes com a Natureza devem permitir a manutenção e a renovação celular. Devem expandir a consciência, trazendo uma nova percepção da vida.

No entanto, a maioria de nós, seres humanos, vive em cidades, às vezes em megalópolis. Fomos absorvidos pelo ritmo moderno e perdemos a interação natural com os ciclos da vida. Devido a esse estilo de vida, com os vários impactos que nos afetam diariamente, nosso organismo se mantém com níveis altos de estresse e intoxicação.

Alimentação viva e ecológica

Então, estamos num momento crucial, quando precisamos colaborar com nosso corpo para que a desintoxicação ocorra e ele possa se fortalecer e manter um equilíbrio que garanta a saúde.

Desintoxicação, oxigenação e nutrição celular são a base para um corpo saudável. Um corpo saudável propicia melhor clareza de pensamentos e atitudes.

A desintoxicação é uma prática que deve fazer parte do nosso cotidiano. Deve ser vista com atenção. Ela é imprescindível para que o organismo possa realizar com eficiência suas funções vitais. À medida que se retira a sobrecarga das toxinas acumuladas no decorrer dos anos, o desempenho do organismo vai melhorando. Muitas dessas toxinas são resultantes de um corpo exaurido pelo estresse proveniente de um estado emocional fragilizado pelas incertezas. Cuidando da nossa ecologia interna, podemos melhorar o nosso sistema de desintoxicação. Ele ocorre através do equilíbrio termodinâmico, isto é, da temperatura interna e externa dos órgãos. O funcionamento natural do organismo depende da temperatura dos órgãos internos e externos. Se a temperatura interna está alta, a circulação periférica fica comprometida. Segundo a naturopatia, quando os órgãos estão superaquecidos, é sinal de que o corpo está com nível de acidez alto. Essa situação cria um ambiente propício para o desenvolvimento dos micro-organismos patogênicos. As terapias da naturopatia nos ajudam a estimular a limpeza dos órgãos internos e externos e a restabelecer o fluxo natural do sangue e equilibrar os micro-organismos no corpo. Terapias como a fricção fria, a lavagem de sangue e a limpeza do cólon são utilizadas para esse fim.

Ao mesmo tempo, uma nutrição celular profunda deve ocorrer. Para o corpo desempenhar com vitalidade e harmonia o seu trabalho, deve receber uma dieta composta em grande parte por alimentos vivos. Alimentos biogênicos, como os fermentados e brotos, são imprescindíveis, assim como os alimentos da agricultura ecológica, livre de toxinas.

A oxigenação celular é o mais importante princípio da vitalidade. Um corpo por onde circula o oxigênio é um corpo vivo. A energia mantenedora da vida é gerada. As trocas gasosas garantem a retirada do CO_2 do organismo. Para isso, devemos colocar a atenção na respiração, que é a nossa principal fonte de oxigênio. Respirar profundamente por alguns minutos antes das refeições é uma prática transformadora. Outra forma de fazer chegar oxigênio aos sistemas é por meio dos alimentos vivos, como os sumos de verduras, os brotos, as frutas frescas.

A seguir, sugerimos algumas práticas que devem ser usadas no processo da desintoxicação:

1. Alimentar-se de comida crua orgânica (100% se possível), **alimentação viva**, dando prioridade aos germinados e a folhas verde-escuras, que são a maior fonte para nutrir e desintoxicar as células.

2. Tomar sucos de folhas verdes associados a brotos (um a dois copos por dia). É uma maneira de ingerir vitaminas e sais minerais ativos, o que propicia principalmente a alcalinização dos fluidos orgânicos, a nutrição celular profunda e a consequente regeneração celular.

3. Tomar suco de gramínea (grama de trigo), 30 ml, antes do suco de verduras. Além de todos os benefícios dos sucos verdes, ele possui a SOD, uma enzima que atua no DNA das células e traz informações para a regeneração dos danos genéticos celulares.

4. Os sucos de frutas, como de maçã verde, frutas silvestres vermelhas, melancia e melão possuem o poder de retirar toxinas do interior das células e oferecer a energia para o corpo se desintoxicar.

5. Tomar alguns superalimentos para melhorar a nutrição celular, reparar danos já existentes de desequilíbrios nutricionais, regular as funções metabólicas e colaborar na desintoxicação. Alguns dos mais indicados são:

Alga azul-esverdeada – É encontrada no mercado internacional com o nome de **AFA**. Ela é proveniente do lago Klamath, em Oregon (EUA). A sua riqueza em DHA, EPA e vitamina B_{12} assimiláveis faz dela uma panaceia para os vegetarianos. Ela melhora o funcionamento do sistema nervoso e atua no fortalecimento da memória e na ativação das glândulas cerebrais, hipófise e pineal.

Fitoplâncton marinho – Possui os nutrientes necessários para a criação e manutenção de novas células. Contém todos os aminoácidos essenciais, os óleos essenciais[1] (ômega-3 e 6), as vitaminas A, D e C, o complexo B (B_1, B_2, B_3, B_5, B_6 e B_{12}) e os principais oligoelementos.

Clorela – Esta alga tem uma importância fundamental nos processos da desintoxicação e por seu poder de eliminar metais pesados como o mercúrio, provenientes de amálgama dentário, pesticidas e os policlorobifenilos (PCB) dos tecidos do corpo. Ela colabora na renovação celular das células brancas e aumenta a imunidade.

Espirulina – Além de sua composição rica em proteínas, vitaminas, minerais, oligoelementos, clorofila, polissacarídeos, ácidos graxos e antioxidantes, possui o ácido graxo gamalinolênico (GLA), essencial para a manutenção do sistema nervoso saudável.

Algas marinhas – As algas marinhas são importantes como fonte de sais minerais e deve-se ter conhecimento de sua procedência.

Lactobacilos – Os lactobacilos devem estar presentes na dieta de desintoxicação para favorecer a colonização da flora intestinal com micro-organismos benéficos. Pode proceder de alimentos fermentados com boas cepas de probióticos.

Suplementação de B_{12} – A vitamina B_{12} deve ser acompanhada com cuidado na dieta do vegetariano. A suplementação é indicada se ela estiver em limites baixos.

6. A limpeza de cólon é uma terapia necessária para um processo de desintoxicação profunda. Realizada com a colaboração de um profissional competente, produz resultados surpreendentes. Ela melhora o peristaltismo e retira resíduos de fezes antigos que ficam acumulados no intestino grosso por longos períodos.

7. O óleo de orégano serve para eliminar fungos (os melhores são provenientes do Mediterrâneo). É muito útil quando associado à dieta de desintoxicação e tratamento das cândidas (para ver dosagens, procure orientação de um médico especializado). Há também uma indicação do médico Póvoa (2002) sobre um poderoso antioxidan-

---

1. Aminoácidos essenciais e óleos essenciais são aqueles que o organismo não é capaz de produzir, por isso devem ser ingeridos pela alimentação. No caso dos aminoácidos, 8 dos 22 conhecidos são essenciais.

te, o silimarina, para proteger o fígado de quem tem problemas com a cândida. Ele ressalta também o uso de lactobacilos.

8. Durante a dieta de desintoxicação contra cândidas, as frutas devem ser evitadas. Pode-se usar com precaução o abacaxi e o mamão, que contribuem com um suporte de enzimas.

9. É sempre aconselhável fortalecer o fígado para melhorar os processos metabólicos e de desintoxicação. Dente-de-leão, almeirão, chicória e raiz de bardana são indicados. Há também fitoterápicos que podem ser usados com orientação.

10. A fricção com bucha vegetal seca, seguindo os meridianos do corpo (estudados na acupuntura e em outras técnicas da medicina tradicional chinesa), é uma prática que ativa a circulação periférica e colabora na desintoxicação do sistema linfático.

11. Um banho de água serenada[2] pela manhã, após a fricção com a bucha seca, potencializa o processo de desintoxicação e traz mais vitalidade para o organismo. É impressionante como a constituição vata[3] é beneficiada com esse banho.

12. A sauna terapêutica ou lavagem de sangue é um recurso que durante o processo de desintoxicação acelera a eliminação das toxinas, o que diminui o mal-estar provocado pelas crises de cura.

13. As terapias da naturopatia podem ser utilizadas. É aconselhável buscar a orientação de um profissional.

14. Pular diariamente por 5 minutos na minicama elástica ativa o sistema linfático.

15. Caminhada diária por 40 minutos, seguida de exercícios de força por 15 minutos, é sempre uma prática que traz vigor, aumenta o tônus muscular e promove a desintoxicação natural do organismo.

16. Respiração profunda consciente várias vezes ao dia, melhora a oxigenação celular e aumenta a vitalidade.

---

2. Para serenar, deixar 20 litros de água (sem cloro) ao relento durante toda a noite, para receber sereno.
3. De acordo com a aiurveda, medicina indiana holística, existem três dochas (constituição individual de uma pessoa): vata, pitta e kapha.

Alimentação viva e ecológica

21 Dias de Dieta para Desintoxicar

O programa de 21 dias para desintoxicar é composto por várias práticas terapêuticas que são aplicadas na naturopatia. Muitas delas podem ser incorporadas a nossa vida diária, para trazer grandes benefícios à manutenção da saúde.

A limpeza do cólon no início do programa é a chave para o sucesso da desintoxicação. Não é aconselhável a limpeza do cólon, ou colonterapia, sem avaliação prévia por um profissional da área. As lavagens intestinais caseiras necessitam de orientação de um médico naturopata, que vai avaliar se é indicado o procedimento e qual a quantidade de vezes necessária. Existem outras maneiras para a limpeza do intestino, com fitoterápicos, que podem ser prescritas por um profissional competente. Aconselhamos que as pessoas com problemas graves de saúde só façam a desintoxicação com acompanhamento médico e, se necessário, em clínicas especializadas.

ROTINAS DO PROGRAMA

5h40

- Acordar, espreguiçar-se, meditar.

Entre 6h e 7h

- Tomar água (1 copo de 200 ml ou mais).

- Andar na grama orvalhada e captar a energia do Sol.

- Fazer limpeza do cólon intestinal nos três primeiros dias (buscar ajuda de um profissional).

- Fazer fricção no corpo com bucha vegetal seca.

- Fazer fricção com toalha molhada em água fria, ou tomar banho com água serenada (sem se secar, enrolar-se numa toalha e voltar para a cama, cobrindo-se para esquentar o corpo, durante 15 minutos).

- Fazer bochecho com óleo de girassol ou de gergelim, por 15 a 20 minutos.

- Tomar suco de limão com uma pitada de pimenta-de-caiena (opcional) ou com água morna.

Entre 7h e 9h

- Respirar profundamente por 15 minutos.

- Tomar 30 ml de suco de grama de trigo e, após 1 hora, tomar suco de clorofila nº 1 (ver p. 173).

- Fazer caminhada por 40 minutos, alongando o corpo antes e depois.

- Fazer 15 minutos de exercícios de força, usando pesos de no mínimo 1 kg.

- Pular na minicama elástica por 5 minutos.

- Tomar sol por 10 minutos, de frente e de costas, sendo 3 minutos na garganta.

- Fazer fricção fria, ou banho frio rápido (após, manter o corpo aquecido).

Entre 9h e 12h

- Tomar suco de clorofila nº 2 (ver p. 174) nos 7 primeiros dias. Manter o intervalo mínimo de 1 hora entre os sucos.

- A partir do 8º dia, tomar o suco de clorofila nº 2 ou 3 (ver p. 174).

- Tomar clorela (5 pastilhas) juntamente com os sucos ou os suplementos.

- Atividades livres (no jardim, sauna terapêutica, relaxamento, práticas de self-healing).

12h30

- Respirar profundamente por 15 minutos.

- Tomar suco de clorofila (ver pp. 173 e 174) nos 7 primeiros dias.

Alimentação viva e ecológica

- A partir do 8º dia, acrescentar a sopa regenerativa (ver p. 177), saladas e cracker de farinha de linhaça.

- Descansar.

- Atividades livres (ver sugestões anteriores).

16h

- Tomar suco de clorofila nº 2 (ver p. 174) ou shake nº 2 (ver p. 176).
- Tomar clorela (5 a 10 pastilhas) juntamente com os sucos ou o shake.

Entre 16h e 18h

- Atividades livres (ver sugestões anteriores).

Obs.: nesse horário, manter-se relaxado e tomar bastante água pura ou água de coco verde. Caso tenha fome, tome novamente o suco de clorofila nº 2 (ver p. 174).

Entre 18h e 19h

- Exercícios de consciência corporal (self-healing) ou massagens.

19h

- Tomar suco de clorofila nº 3 (ver p. 174) nos 7 primeiros dias.
- A partir do 8º dia, escolher um tipo de suco de clorofila ou sopa regenerativa.

Entre 20h e 21h

- Se tiver fome, tomar suco de clorofila nº 2 (ver p. 174).
- Fazer banho genital ou escalda-pés.

21h30

- Oração/agradecimento.

Dietas e Dicas de Manipulação e Preparo de Alimentos

FRICÇÃO FRIA

A fricção fria deve ser feita em pé, com uma toalha molhada bem encharcada, em água serenada.

1º) A toalha é passada pelo pescoço até a ponta do pé direito.

2º) Do pescoço até a ponta do pé esquerdo.

3º) Do pescoço, descendo pela parte central, até entre as pernas.

4º) Nas costas, desde o pescoço, por cima e por baixo do braço direito, descendo pela lateral da perna direita. Fazer igual do lado esquerdo.

5º) Da nuca, pelo lado direito das costas, descer até o calcanhar direito. Fazer igual do lado esquerdo.

Após a fricção fria, deve-se manter o corpo aquecido. Voltar para a cama. Deitar-se na cama, enrolado(a) em uma toalha (sem secar o corpo) e cobrir-se. Ou, então, vestir-se rapidamente e fazer exercícios até aquecer o corpo.

BENEFÍCIOS DA FRICÇÃO FRIA

- Estimula as defesas naturais do organismo.
- Favorece a eliminação de toxinas pela pele, ativando fígado, pulmões, pele e intestino.
- Restabelece o equilíbrio térmico do organismo.
- Acalma a excitação nervosa.
- Diminui a atividade do coração, normalizando os batimentos cardíacos.
- Normaliza o sono.
- Melhora a circulação sanguínea.
- Ativa a função digestiva, favorecendo a nutrição celular.

SAUNA TERAPÊUTICA OU "LAVAGEM DE SANGUE"

- Iniciar com a fricção fria.

- No vapor 3 a 4 minutos (dentro da sauna), alternando com a fricção fria, 7 vezes e 8 fricções.

- A duração da sauna é de 40 a 60 minutos.

- Terminar com um banho de água fria, após a última fricção. Usar uma bucha vegetal e sabonete neutro.

- Vestir a roupa com o corpo molhado e exercitar até aquecer.

Obs.: o ideal é usar uma sauna em que a cabeça fique do lado de fora, o que podemos observar em Acharan (2003), no exemplo de caixa de vapor.

BENEFÍCIOS DA "LAVAGEM DE SANGUE"

O importante da "lavagem de sangue" é o estímulo que a água fria provoca no organismo; a função do vapor é aumentar esse estímulo.

Segundo Manuel Lezaeta Acharan, em seu livro *A medicina natural ao alcance de todos*, a "lavagem de sangue" é a terapia que melhor colabora para estimular o corpo a eliminar as toxinas mórbidas. Muitas doenças podem ser evitadas com a prática regular dessa terapia. Os doentes graves, acompanhados por seus terapeutas, podem se beneficiar para restabelecer a saúde. Nesses casos graves, o acompanhamento médico é indispensável.

SUCOS DE CLOROFILA PARA DESINTOXICAÇÃO

Nº 1

30 a 60 ml de sumo de grama de trigo puro; utilizar grama fresca cortada na hora

Preparo:

Utilizar o extrator de sucos para extrair o sumo da grama de trigo. Caso não tenha o extrator, bater no processador a grama picada com

½ xícara (chá) de sumo de pepino (extrair sem colocar água e espremer no coador de voal).

Nº 2

1 pepino médio para produzir líquido

1 porção de couve (2 folhas sem talo) e/ou salsão (1 folha) e/ou dente-de-leão (4 folhas)

1 xícara (chá) de broto de girassol e/ou broto de trigo-sarraceno e/ou grama de trigo

¼ de xícara (chá) de ervas aromáticas (1 tipo ou mais: hortelã, poejo, manjericão, lípia, capim-cidreira)

Preparo:

Bater primeiro o pepino no processador e extrair o sumo com o auxílio do coador de voal. Em seguida, adicionar todos os ingredientes, bater e coar.

Rendimento: 1 porção

Nº 3

1 maçã verde

1 cenoura

¼ de xícara (chá) de erva aromática (escolher 1 tipo)

1 colher (café) de sumo de gengibre

1 folha ou porção de folhas verdes (brócolis, salsinha, salsão, couve, chicória, folhas externas do repolho, almeirão, rúcula etc.)

1 limão descascado

Preparo:

Seguir as orientações da receita nº 1 ou nº 2.

Rendimento: 1 porção

FRUTAS VERMELHAS PARA DESINTOXICAÇÃO

Nº 1

1 xícara (chá) de frutas vermelhas (morango, mirtilo, amora, framboesa, goji ou uvas escuras)

Preparo:

Processar sem água para virar um creme.

Obs.: se o goji estiver desidratado, deixar hidratar 2 colheres (sopa) em ½ xícara (chá) de água de coco.

Rendimento: 1 porção

Obs.: o melhor aparelho para preparar os sucos é o extrator, porque trabalha com velocidade lenta e evita a oxidação. O alimento não entra em contato com o ar nesse procedimento. Esses extratores de sucos são importados e difíceis de serem encontrados aqui no Brasil. Entre os melhores extratores (*juicers*) encontrados no mercado exterior estão as marcas Champion e Omega.

SMOOTHIES

Nº 1

1 manga processada (coada no saco de voal para retirar os fiapos)

1 xícara (chá) de frutas vermelhas (mirtilo, amoras, framboesas ou morangos)

Sumo de 1 limão

Preparo:

Bater todos os ingredientes no liquidificador, até ficar com consistência cremosa.

Rendimento: 1 porção

Nº 2

200 g de mamão

½ pé de alface

1 haste de salsão

Sumo de 1 limão

Preparo:

Bater todos os ingredientes no liquidificador até ficar com uma consistência cremosa.

Rendimento: 1 porção

SHAKES

Nº 1

1 xícara (chá) de água de coco

½ xícara (chá) de polpa de coco verde, o suficiente para ficar cremoso

1 maçã ou 100 g de mamão

1 colher (sopa) de proteína de arroz

1 colher (chá) de psyllium

1 colher (sopa) de semente de linhaça hidratada

1 colher (café) de canela em pó (opcional)

1 colher (chá) de espirulina

1 colher (café) de baunilha em fava, moída

Preparo:

Bater todos os ingredientes no liquidificador, para ficar homogêneo.

Rendimento: 1 porção

Nº 2

1 xícara (chá) de água de coco

1 colher (sopa) de semente de linhaça hidratada

1 maçã verde

1 xícara (chá) de coentro fresco picado

2 g de clorela em pó ou em tablete

Preparo:

Bater todos os ingredientes no liquidificador.

Rendimento: 1 porção

Alimentação viva e ecológica

SOPA REGENERATIVA

200 ml de suco de cenoura

¼ de abacate médio

½ xícara (chá) de wakame

1 xícara (chá) de broto de lentilha (rosa ou verde), de broto de moyashi ou de girassol

uma pitada de pimenta-de-caiena

1 pedaço pequeno de gengibre

1 colher (sopa) de óleo de linhaça

1 limão pequeno descascado

½ xícara (chá) de salsinha e/ou coentro picado

Preparo:

Bater todos os ingredientes no liquidificador e saborear em seguida.

Rendimento: 1 porção

Organização da Dieta no Dia a Dia (Dicas para Manter e Regenerar a Saúde)

1. Comer apenas o necessário. Comer em demasia sobrecarrega os órgãos digestivos e produz acidez.

2. Mastigar bem os alimentos. No mínimo, 30 vezes, até que eles se transformem num bolo de massa homogênea. Isso promove uma melhor digestão porque propicia uma maior área de contato do alimento com as enzimas digestivas.

3. Alimentar-se preferencialmente com brotos, frutos oleaginosos hidratados, frutas e verduras cruas e orgânicas, que devem representar 80% da dieta. O ideal é 100% de alimentos com enzimas preservadas.

4. Germinar os grãos e hidratar as castanhas. Os grãos de cereais e sementes de leguminosas devem ser germinados antes do con-

sumo, o que promove a degradação de substâncias tóxicas presentes nesses grãos, como enzimas que inibem o metabolismo, oxalatos e fitatos. Por meio da germinação, ficam biodisponíveis substâncias como o zinco e o ferro, para serem mais bem aproveitados e utilizados pelo organismo.

5. Aquecer somente até 42 °C. Para as preparações aquecidas, deve-se usar o fogo baixo, de tal forma que os alimentos recebam calor sem destruir as enzimas. Se tocarmos a panela por dentro, podemos controlar a temperatura: até a que o corpo suporta é a ideal.

6. Diminuir a carga glicêmica das refeições. São alimentos com índice glicêmico alto: açúcar mascavo, mel, melado, suco de fruta pasteurizado (maçã, uva, laranja), arroz integral, milho, painço, pão integral, biscoitos de polvilho, mandioca, batata-inglesa etc. Mesmo sendo bons alimentos, quando comidos sozinhos ou em excesso numa refeição causam impacto hormonal no organismo, porque demandam maior produção de insulina. Esse hábito pode provocar desequilíbrio metabólico e ser responsável por vários processos degenerativos, como hipoglicemia, diabetes, hipotiroidismo, colesterol alto, entre outras doenças típicas da vida moderna.

7. Excluir os alimentos biocídicos. As preparações com farinha branca, gordura hidrogenada, alimentos acrescidos de aditivos e conservantes artificiais ou qualquer alimento que tenha sofrido alguma alteração que provocou um desequilíbrio na sua estrutura molecular original devem ser evitadas. A ingestão desses alimentos interfere nas funções metabólicas, causando acúmulo de toxinas nos sistemas orgânicos. O processo de produção desses alimentos também acarreta prejuízos à saúde do nosso Planeta.

8. Consumir alimentos fermentados. Ricos em probióticos, são importantes na dieta diária porque trazem os micro-organismos benéficos para habitarem a nossa flora. Alimentos como kefir, chucrute, fermentados com sementes oleaginosas e castanhas devem fazer parte da nossa dieta diária.

9. Ingerir boas fontes de óleos essenciais, respeitando as relações entre ômega-3 e ômega-6. Os alimentos ricos em ômega-6, como amêndoas, semente de girassol, abacate, coco, entre outros, de-

vem ser consumidos em menor quantidade e juntamente com fontes de ômega-3, como a linhaça e a chia (veja tabela nas pp. 184 e 185). O consumo desses alimentos contribui com aminoácidos (proteínas) e ácidos graxos essenciais para manter o funcionamento regular do organismo.

10. Ingerir algas de água doce (clorela, espirulina, alga azul-esverdeada) e as marinhas (nori, wakame, hijiki, ágar, kombu etc.). As algas são alimentos concentrados em proteínas e sais minerais e atuam como alcalinizantes e antioxidantes.

11. Beber água sem cloro, de boa procedência, várias vezes ao dia. Ao acordar, tomar 200 ml de água para repor as perdas que ocorrem durante a noite. Melhor beber água 30 minutos antes das refeições e no mínimo 1 hora depois. A água estruturada (sucos frescos de frutas e verduras e água de coco) é a melhor opção.

12. Organizar os horários das refeições: melhor de 4 em 4 horas ou de 3 em 3 horas. Beliscar toda hora é um péssimo hábito porque sobrecarrega os órgãos digestivos e envelhece.

13. Comer, no máximo, 4 horas antes de dormir. Durante o sono, o processo digestivo fica lento, o que desgasta os órgãos digestivos e envelhece. Uma noite bem dormida é um dos melhores alimentos.

14. Cuidar do aparelho digestivo. Sintomas como azia, gases, má digestão e congestão não são normais, são sinais que podem indicar desequilíbrio da flora intestinal, excessos de comida, combinação errada dos alimentos, falta de exercício, estresse. Para amenizar os sintomas, pode-se usar o carvão ativado. É necessário corrigir imediatamente a dieta e adequar o estilo de vida.

15. Manter o peso sempre abaixo da tabela convencional de pesos e medidas. Gorduras acumuladas nos tecidos guardam grande parte das toxinas e sobrecarregam e dificultam a desintoxicação natural do organismo.

16. Exercitar-se diariamente. A prática de exercícios é fundamental para manter a saúde, pois melhora a circulação, a digestão, o tônus muscular, previne a osteoporose e qualquer doença. Vida é movimento! Procure intercalar exercícios aeróbicos com

exercícios de força e de relaxamento. Respire sempre e traga consciência para cada parte do corpo.

17. Tomar sol diariamente, bem cedo ou à tardinha. Aproveite para fazer os exercícios de empalmar orientados pelo self-healing. Tome sol na garganta por 3 minutos e, se possível, nos órgãos genitais. Os fungos não gostam de sol. A cândida, por exemplo, não pode se desenvolver num ambiente alcalino e com boa circulação de energia.

18. Estimular o organismo com água fria. A hidroterapia é excelente para fortalecer e regular as funções porque provoca estímulos que ativam todo o organismo, colaborando nos processos de desintoxicação. A lavagem de sangue, em que alternamos 4 minutos de sauna com banhos frios rápidos, é uma excelente terapia que colabora para a cura de doenças crônicas.

Princípios Básicos para a Organização do Cardápio Diário

A opção por uma **alimentação viva** e a sua prática mostra que o nosso corpo possui uma sabedoria própria e individual na escolha da alimentação adequada. Com a prática da **alimentação viva**, estaremos resgatando esse instinto natural e devolvendo ao nosso corpo a autonomia de escolha do alimento apropriado a ele. Pode ocorrer, por exemplo, de irmos morar próximo a uma mata nativa e o nosso organismo se adaptar com uma dieta composta por frutas e frutos ali existentes, que no caso são alimentos com alto teor de energia vital. Nessa situação, estaríamos interagindo com o poder curativo da Natureza. Lembramos também que a escolha por uma maneira de nos alimentarmos está relacionada com as nossas crenças e o nosso nível de consciência...

Com o objetivo de garantir a disponibilidade dos macro e micronutrientes para suprir as necessidades diárias do organismo, pode-se estimar que no mínimo 10% de cada um dos cinco grupos de alimentos que se seguem devem fazer parte do cardápio diário. Precisa ficar claro para o leitor, neste momento, que a divisão dos alimentos em grupos é uma sugestão para colaborar na organização da dieta do dia a dia num estilo de vida urbano.

Alimentação viva e ecológica

O primeiro grupo inclui as fontes de carboidratos complexos, como cereais e grãos integrais e raízes ricas em amido (mandioca, batatas etc.). Nesse grupo podemos variar muito a nossa alimentação. A maneira de preparar esses alimentos é fundamental para manter baixa a carga glicêmica das nossas refeições. Aconselhamos hidratar ou germinar os cereais, o que permite comê-los crus. Podemos amorná-los em fogo brando ou ainda desidratá-los. Cereais como a quinoa, o amaranto, o trigo-sarraceno, a aveia em grão e a cevadinha são excelentes porque possuem índice glicêmico baixo; são ricos também em proteínas. O pão essênio desidratado (ver p. 234) feito com o trigo germinado é uma boa opção para os iniciantes.

O segundo grupo inclui as fontes de proteínas provenientes das leguminosas, algas marinhas e algas azuis-esverdeadas – como a espirulina, a clorela e a AFA – e cogumelos. Para aqueles que ainda são ovolactovegetarianos, estão nesse grupo os ovos caipiras e o leite animal cru; melhor consumir o leite em forma de iogurte e o queijo fresco lactofermentado. As leguminosas precisam sempre ser hidratadas 8 horas e germinadas de 12 a 24 horas e, se possível, deixar brotar por alguns dias. Dessa maneira, os ácidos fíticos aí presentes serão progressivamente degradados. Esses ácidos inibem a absorção do ferro, do zinco e do cálcio, entre outros elementos essenciais para as funções vitais do corpo. Essa é uma maneira inteligente para os vegetarianos garantirem esses nutrientes. No mercado, é fácil encontrar o moyashi (broto de feijão) e o broto de lentilha. Os fermentados de leguminosas germinadas, como o tempeh, são excelentes fontes de proteínas que devemos utilizar.

O terceiro grupo inclui os brotos de sementes de verduras e verduras frescas, preferencialmente orgânicas e cruas. As verduras folhosas verde-escuras são ricas em clorofila e contribuem com uma concentração alta de micronutrientes. É aconselhável tomar o sumo delas diariamente, o que podemos associar com outras verduras coloridas.

Lembramos aqui que a ingestão das verduras cozidas, como cenoura e beterraba, entre outras, aumenta a carga glicêmica das refeições. É aconselhável, quando comê-las cozidas, reduzir a sua quantidade em cada refeição. Experimente amorná-las, desidratá-las em temperatura correta[4] ou mariná-las. Dessa forma, preservamos as suas enzimas, as estruturas moleculares e fibras.

O quarto grupo inclui as frutas, de preferência frescas e orgânicas. As frutas são realmente maravilhosas, ricas em vitaminas e antioxidantes, e contribuem nos processos de desintoxicação. No entanto, o ritmo das cidades requer que tenhamos um aporte maior de sais minerais concentrados para neutralizar a acidez. Por isso, recomenda-se mais ingestão de verduras do que de frutas no dia a dia na vida cosmopolita.

O quinto grupo inclui as fontes de óleos encontrados em frutas como abacate, buriti, coco verde, nos frutos oleaginosos e sementes, preferencialmente os óleos prensados a frio. Os óleos essenciais encontrados nos alimentos, como os ômega-3, 6 e 9, precisam ser ingeridos na nossa dieta diariamente. As melhores fontes são os óleos encontrados nas sementes germinadas e frutos oleaginosos hidratados. Através da hidratação e germinação, as enzimas são ativadas e muitas substâncias tóxicas presentes são degradadas. Dessa maneira, teremos alimentos mais alcalinos e de fácil digestão, com uma melhor biodisponibilidade dos nutrientes.

Como Escolher Gorduras e Óleos para a Dieta

Na **alimentação viva**, é dada grande importância à qualidade dos oleaginosos ingeridos e, por isso, aconselha-se o consumo na sua forma ativada (hidratados ou germinados). Já mencionamos a necessidade de mantermos o equilíbrio entre ômega-3 e ômega-6, para não corrermos o risco de um desequilíbrio na saúde. Esses alimentos em sua forma ativa são mais bem processados pelo organismo, que, de forma natural, utiliza os óleos essenciais para suas funções vitais.

Muitas vezes, a ingestão de alimentos oleaginosos pode sobrecarregar um fígado que já está exausto pelo consumo, ao longo dos anos, de alimentos processados, onde se encontram as gorduras oxidadas e os resíduos provenientes de agrotóxicos e aditivos

---

4. Ver dicas na p. 192.

Alimentação viva e ecológica

alimentares. Portanto, antes de iniciar essa dieta, é prudente desintoxicar o fígado (mais informações no livro de Andreas Moritz, *Limpeza do fígado e da vesícula biliar*), para que ele possa se beneficiar dos óleos naturais e desempenhar suas funções sem sobrecargas.

A melhor forma de consumir as gorduras é através dos alimentos. Por exemplo, hortaliças como a alface, a rúcula e a beldroega, embora contenham pequena quantidade de gordura em relação aos alimentos oleaginosos, possuem uma maior quantidade de ômega-3 em relação ao ômega-6. Dessa forma, uma grande quantidade de verduras folhosas na dieta, além de contribuir com sais alcalinos, antioxidantes e aminoácidos, fornece importantes quantidades de ômega-3 para nosso organismo.

A maioria das leguminosas, além de ser boa fonte de proteínas, é de alimentos que, no geral, contêm essas relações de ômega-3 e 6 mais equilibradas em relação às castanhas. No entanto, é sempre importante germiná-las, pois assim podemos fermentá-las ou cozinhá-las em fogo brando para melhorar a digestão. Outra opção é consumi-las em forma de brotos, em saladas.

Organizando cuidadosamente a dieta diária, não teremos necessidade de usar os óleos que, mesmo na extração a frio, não seriam necessários. Muitos óleos refinados, ricos em ômega-6, que são utilizados diariamente em grandes quantidades nas dietas, podem apresentar um grande risco para a saúde. Normalmente, o óleo, quando submetido a temperaturas superiores a 110 °C, sofre transformações nas suas estruturas moleculares e produz isômeros, que dão origem às gorduras trans.

Podemos observar na tabela que se segue que alguns alimentos, como amêndoa, castanha-do-pará, amendoim, entre outros, apresentam na sua composição uma proporção muito desequilibrada de ômega-6 em relação ao ômega-3. Nesse ponto, devemos ser cuidadosos com as escolhas das fontes de óleos para nossa dieta. Se o ideal é mantermos uma relação de 3:1 entre ômega-6 e ômega-3, podemos concluir que teremos que diminuir a quantidade de alimentos ricos em ômega-6. Portanto, principalmente o adepto da **alimentação viva**, deve ingerir, diariamente, boas fontes de ômega-3, como a chia e a linhaça. Com esta tabela você vai organizar melhor a ingestão dos óleos na sua dieta.

RELAÇÃO ENTRE ÔMEGA-3 E ÔMEGA-6

ALIMENTO	QUANTIDADE DE ÔMEGA-3	QUANTIDADE DE ÔMEGA-6	PROPORÇÃO DE ÔMEGA-3 PARA 6
Abacate (1 copo, em creme)	253 mg	3.886 mg	15 vezes mais ômega-6
Abacaxi cru, todas as variedades, 1 copo (165 g)	28,1 mg	38,0 mg	1,3 vez mais ômega-6
Abóbora cozida, sem sal (1 copo, 245 g)	4,9 mg	4,9 mg	iguais
Açafrão (1 colher de sopa)	0 mg	10.073 mg	
Alface (1 pé, 360 g)	209 mg	86,4 mg	2,4 vezes mais ômega-3
Alface-romana (1 pé, 626 g)	707 mg	294 mg	2,4 vezes mais ômega-3
Alho-poró (bulbo e parte inferior), cozido, s/sal (124 g)	81,8 mg	55,8 mg	1,4 vez mais ômega-3
Alho-poró (bulbo e parte inferior), cru, 1 copo (89 g)	88,1 mg	59,6 mg	1,4 vez mais ômega-3
Amaranto, não cozido (100 g)	42,0 mg	2.736,0 mg	65,1 vezes mais ômega-6
Ameixa seca, crua (100 g)	29,6 mg	76,6 mg	2,5 vezes mais ômega-6
Amêndoas (1 copo)	5,7 mg	11.462 mg	2.011 vezes mais ômega-6
Amendoim (1 copo)	4,4 mg	22.711 mg	5.162 vezes mais ômega-6
Arroz integral cozido, 1 copo (195 g)	25,4 mg	552,0 mg	21,7 vezes mais ômega-6
Arroz integral grão longo cozido, 1 copo (195 g)	27,3 mg	603,0 mg	22,0 vezes mais ômega-6
Arroz selvagem (preto), cozido, 1 copo (164 g)	156,0 mg	195,0 mg	1,2 vez mais ômega-6
Aveia (1 copo)	173 mg	3.781 mg	22 vezes mais ômega-6
Avelãs (1 copo)	100 mg	9.007 mg	90 vezes mais ômega-6
Azeite de oliva (1 colher de sopa)	103 mg	1.318 mg	13 vezes mais ômega-6
Azeitona (28 g)	17,9 mg	237 mg	13,2 vezes mais ômega-6
Banana média (1 unidade)	31,9 mg	54,3 mg	1,7 vez mais ômega-6
Batata-doce cozida, com pele (100 g)	4,0 mg	60,0 mg	15 vezes mais ômega-6
Beterraba crua, 1 copo (136 g)	6,8 mg	74,8 mg	11 vezes mais ômega-6
Brócolis cru, picado, 1 copo (91 g)	19,1 mg	15,5 mg	1,2 vez mais ômega-3
Brócolis cozido, sem sal (100 g)	119,0 mg	51,0 mg	2,3 vezes mais ômega-3
Castanha-de-caju (1 copo)	62,0 mg	7.782 mg	126 vezes mais ômega-6
Castanha-do-pará seca, s/ clareamento (100 g)	18,0 mg	20.564,0 mg	1.100 vezes mais ômega-6
Cenoura (100 g)	2,0 mg	115,0 mg	58 vezes mais ômega-6
Centeio (1 copo)	265 mg	1.619 mg	6 vezes mais ômega-6
Coco ralado (1 copo)	0 mg	293 mg	—
Couve-flor, cozida, sem sal, $1/2$ copo (62 g)	104,0 mg	31,0 mg	3,3 vezes mais ômega-3
Couve-flor, crua (100 g)	37,0 mg	11,0 mg	3,3 vezes mais ômega-3
Dente-de-leão (100 g)	44 mg	261 mg	5,9 vezes mais ômega-6
Ervilha (1 copo)	50,8 mg	220 mg	4,3 vezes mais ômega-6
Ervilha-torta (1 copo)	12,7 mg	73,5 mg	5,8 vezes mais ômega-6
Espinafre (1 molho, 340 g)	469 mg	88,4 mg	5,3 vezes mais ômega-3
Espirulina crua (100 g)	42,0 mg	64,0 mg	1,5 vez mais ômega-6
Espirulina desidratada (100 g)	58,0 mg	88,0 mg	1,5 vez mais ômega-6

Alimentação viva e ecológica

RELAÇÃO ENTRE ÔMEGA-3 E ÔMEGA-6

ALIMENTO	QUANTIDADE DE ÔMEGA-3	QUANTIDADE DE ÔMEGA-6	PROPORÇÃO DE ÔMEGA-3 PARA 6
Farinha de arroz branca (refinada) (1 copo, 158 g)	106,0 mg	495,0 mg	4,6 vezes mais ômega-6
Farinha de arroz integral (1 copo, 158 g)	66,4 mg	1507,0 mg	22,6 vezes mais ômega-6
Feijão cozido (1 copo)	301 mg	191 mg	1,6 vez mais ômega-3
Flocos de amaranto (100 g)	77,0 mg	2.634,0 mg	34,2 vezes mais ômega-6
Gergelim (1 copo)	541 mg	30.776 mg	57 vezes mais ômega-6
Goiaba (1 copo 165 g)	185,0 mg	475,0 mg	2,5 vezes mais ômega-6
Grão-de-bico (1 copo)	202 mg	5.186 mg	26 vezes mais ômega-6
Inhame cozido, sem sal (136 g)	12,2 mg	68,0 mg	5,5 vezes mais ômega-6
Lentilhas (1 copo)	209 mg	776 mg	3,7 vezes mais ômega-6
Limão cru, c/ pele, s/ sementes (108 g)	28,1 mg	68,0 mg	2,4 vezes mais ômega-6
Limão cru, s/ pele (100 g)	26,0 mg	63,0 mg	2,4 vezes mais ômega-6
Linhaça (1 colher de sopa)	7.196 mg	1.715 mg	4,2 vezes mais ômega-3
Linhaça (100 g)	22.813 mg	5.911 mg	3,9 vezes mais ômega-3
Macadâmia crua (1 copo)	276 mg	1.737 mg	6,3 vezes mais ômega-6
Maçã média	16,4 mg	78,3 mg	4,8 vezes mais ômega-6
Manga, fatiada (1 copo, 165g)	61,1 mg	23,1 mg	2,6 vezes mais ômega-3
Manteiga de cacau (1 colher de sopa)	13,5 mg	378 mg	28 vezes mais ômega-6
Mirtilo cru (100 g)	58,0 mg	88,0 mg	1,5 vez mais ômega-6
Morango (100 g)	65,0 mg	90,0 mg	1,4 vez mais ômega-6
Nozes (1 copo)	10.623 mg	44.567 mg	4,2 vezes mais ômega-6
Noz-pecã (1 copo)	1.075 mg	22.487 mg	21 vezes mais ômega-6
Óleo de canola (1 colher de sopa)	1.031 mg	2.532 mg	2,5 vezes mais ômega-6
Óleo de coco (1 colher de sopa)	0 mg	243 mg	—
Óleo de gergelim (1 colher de sopa)	40,5 mg	5.576 mg	138 vezes mais ômega-6
Óleo de girassol (1 colher de sopa)	5,0 mg	3.905 mg	781 vezes mais ômega-6
Óleo de milho (1 colher de sopa)	157 mg	7.224 mg	46 vezes mais ômega-6
Pele branca do limão crua, 1 colher de sopa (6 g)	1,6 mg	3,8 mg	2,3 vezes mais ômega-6
Pinhão (1 copo)	151,0 mg	45.369 mg	300 vezes mais ômega-6
Quiabo cru (100 g)	1,0 mg	26,0 mg	26 vezes mais ômega-6
Quiabo cozido, sem sal (100 g)	1,0 mg	45,0 mg	45 vezes mais ômega-6
Quinoa (1 copo)	522 mg	5.061 mg	10 vezes mais ômega-6
Rúcula (100 g)	170 mg	130 mg	1,3 vez mais ômega-3
Sementes de abóbora (1 copo)	250 mg	28.571 mg	114 vezes mais ômega-6
Sementes de chia (100 g)	17.552 mg	5.785 mg	3 vezes mais ômega-3
Sementes de girassol (1 copo)	34,0 mg	10.602 mg	312 vezes mais ômega-6
Trigo (1 copo)	52,0 mg	1.152 mg	22 vezes mais ômega-6
Vagem (1 copo)	39,6 mg	25,3 mg	1,6 vez mais ômega-3

Dietas e Dicas de Manipulação e Preparo de Alimentos

REGRAS DE OURO PARA O ADEPTO DO VEGETARIANISMO (CRUDÍVORO OU PARCIAL):

- Ingestão diária de ômega-3, através da chia e da linhaça, buscando o equilíbrio entre o ômega-3 e o ômega-6. Complementação da ingestão do DHA e EPA através das micro-algas do fitoplancton e do Krill.
- Uso de boas fontes de proteínas, como os fermentados de castanhas e sementes, clorela, espirulina, tempeh e brotos (leguminosas, quinoa e trigo sarraceno).
- Consumo de verduras e brotos crus, uma boa quantidade, como fonte de sais minerais alcalinos. Podemos usá-los nos sucos verdes, nos smoothies (preparações com frutas ou verduras), nas saladas, nos tabules etc. Verduras, como brócolis, salsão, rúcula, couve, alface, salsa, beldroega, dente-de-leão, alho-poró, chicória, almeirão e agrião devem fazer parte do cardápio.
- Ingestão de antioxidantes diariamente, se possível em maior quantidade. As frutas vermelhas, como mirtilo, amora, framboesa, pitanga, acerola, açaí, goji morango e uvas escuras pequenas são excelentes fontes de antioxidantes poderosos para proteger o organismo das doenças degenerativas.
- Diminuição do cloreto de sódio da dieta.
- Retirada de todos os alimentos biocídicos (ver p. 44).
- Preferência, sempre, pelos alimentos orgânicos.
- Organização das refeições de tal forma que não haja impacto glicêmico no organismo. Podemos, por exemplo, aumentar a quantidade de frutas, desde que associadas às verduras.
- Ingestão de enzimas e água estruturada através do alimento cru.
- Atenção na combinação e quantidade dos alimentos para manter uma boa digestão.
- Monitoramento da vitamina B_{12} e, se necessário, suplementar.
- Atenção, por meio de exames, para a assimilação de vitamina D por meio da exposição diária de pelo menos 30 minutos ao sol. Caso necessário, faça suplementação.
- Prática de exercícios aeróbicos e alongamentos, com respiração consciente.

Alimentação viva e ecológica

COMO ORGANIZAR A DIETA NO DIA A DIA

1. Sempre é bom iniciar o dia com um suco de verduras e brotos, que chamamos "leite da mãe Natureza".

2. Para o desjejum, podemos associar grãos germinados, algas (como espirulina), sementes hidratadas, farinha de linhaça, frutas doces ou semiácidas em forma de musli ou shakes. O iogurte de leite de coco verde com granola viva é uma boa ideia. Aproveite na parte da manhã para comer alimentos leves e concentrados em nutrientes. Pela manhã, o organismo está em processo de eliminação; para isso ele necessita de alimentos de fácil digestão.

3. O almoço deve conter uma salada variada com muitos brotos, tabules com grãos germinados, pastas de sementes e/ou castanhas hidratadas e uma preparação com algas ou cogumelos.

4. Para o lanche, podemos ingerir frutas com carga glicêmica baixa, como pera, laranja com bagaço, ou associar frutas com linhaça, chia ou hortaliças. Tomar açaí batido com uma fruta é uma boa ideia.

5. O jantar pode ser igual ao almoço ou uma sopa viva com crackers desidratados ou ainda um smoothie etc.

Várias opções podem ser escolhidas para o jantar, por exemplo igual ao almoço ou como uma opção de lanche, ou simplesmente um suco de clorofila. O jantar deve ocorrer se possível antes das 20 horas. No período noturno, após as 18 horas, o metabolismo vai ficando progressivamente mais lento e o corpo quer descansar. Nesse processo, todas as funções do organismo também ficam lentas, por isso não devemos sobrecarregá-lo com excesso de comida, principalmente depois das 20 horas.

LEITE DA MÃE NATUREZA

Extraído da rica flora que a mãe Natureza nos oferece, enriquece a nossa alimentação diária, contribuindo com antioxidantes, fito--hormônios, probióticos e os componentes nutricionais necessários ao desempenho eficiente da função bioquímica do nosso organismo. Tomado no dia a dia, em jejum, devagar e ensalivando, é um poderoso regulador das funções vitais; alcalinizante, aumenta a imunidade, fortalece e equilibra particularmente o sistema endócrino, traz vitalidade, vontade de viver e servir com consciência.

LEGUMES	FOLHAS	ERVAS	GERMINADOS	FRUTAS
Abóbora	Almeirão-roxo	Alecrim	Alpiste	Água e polpa de coco verde
Abobrinha	Amoreira	Babosa	Brócolis	Maçã
Bardana	Beldroega	Canela	Centeio	
Batata-doce	Bertalha	Capim-limão	Chia	
Beterraba	Brócolis	Cúrcuma	Gergelim	
Cenoura	Capim-santo	Erva-doce	Girassol	
Inhame	Caruru	Gengibre	Grama de trigo	
Pepino	Chicória	Hibisco	Linhaça	
Yacon	Couve	Hortelã	Rabanete	
	Dente-de-leão	Manjericão	Trevo	
	Folhas de amora	Pitanga	Trigo	
	Ora-pro-nobis	Poejo		
	Tiririca	Salsa		
	Trapoeraba	Salsão		

Escolher 1 ou mais alimentos de cada coluna. Use os ingredientes que estiverem acessíveis.

Exemplo:

1. Água de coco + polpa + grama do trigo.

2. Água de coco + cenoura + broto de girassol + gengibre + salsão + pepino + linhaça hidratada.

3. Água de coco + maçã + linhaça hidratada + broto de girassol + canela + salsão + almeirão-roxo.

4. Maçã + grama do trigo + pepino + chia hidratada + batata-doce + almeirão-roxo + hortelã + manjericão + couve + brotos de alpiste.

Preparo:

Bater os ingredientes no liquidificador com água de coco e coar no coador de voal. Saborear em seguida.

Alimentação viva e ecológica

Obs.: caso não use água de coco, picar os alimentos que contêm mais água, como a maçã, o pepino, a cenoura, e bater no liquidificador ou processador até formar uma papa; retirar o líquido usando o coador de voal e em seguida bater novamente com o restante dos ingredientes. Coar e saborear em seguida.

A maçã é a fruta que melhor combina com a clorofila.

LEITE DE CASTANHAS E SEMENTES

Os leites de castanhas e sementes são uma boa alternativa para substituir o leite de vaca. Eles são ricos em cálcio, vitamina E, magnésio, aminoácidos e ácidos graxos essenciais. Basta bater as castanhas com água no liquidificador e depois coar no coador de voal.

Para preparar o leite de castanhas em quantidade maior a ser guardada na geladeira por até 4 dias, devemos usar, sempre, as castanhas e sementes hidratadas em água potável sem cloro e flúor. Quando fazemos os leites com castanhas ou sementes com alto teor de ômega-6, como as amêndoas, sementes de girassol etc., devemos associá-los ao leite de linhaça ou a uma colher de sopa de chia.

Puro

1 xícara (chá) de linhaça + 3 xícaras (chá) de água mineral

1 xícara (chá) de macadâmia + 3 xícaras (chá) de água mineral

1 xícara (chá) de nozes ou pecã + 3 xícaras (chá) de água mineral

1 xícara (chá) de sementes de girassol + 3 xícaras (chá) de água mineral

½ xícara (chá) de castanha-do-pará + 3 xícaras (chá) de água mineral

½ xícara (chá) de gergelim + 3 xícaras (chá) de água mineral

Pouco adocicado

1 xícara (chá) de linhaça + 3 xícaras (chá) de água mineral + 3 tâmaras

1 xícara (chá) de macadâmias + 3 xícaras (chá) de água mineral + 3 tâmaras

1 xícara (chá) de nozes ou pecã + 3 xícaras (chá) de água mineral +
   3 tâmaras

1 xícara (chá) de sementes de girassol + 3 xícaras (chá) de água
   mineral + 3 tâmaras

3 xícaras (chá) de água mineral + 3 tâmaras

½ xícara (chá) de gergelim + 3 xícaras (chá) de água mineral +
   3 tâmaras

Obs: pode-se usar a água de coco para o preparo do leite de castanhas, no entanto, esse leite deve ser consumido no mesmo dia em
que for preparado. O leite feito com água mineral conserva-se por
três a quatro dias na geladeira.

Dicas Importantes para a Manipulação dos Alimentos

1. Para tirar a pele das amêndoas, coloque-as já hidratadas em
   água fervendo por 10 segundos e imediatamente escorra numa
   peneira e jogue numa bacia com água gelada.

2. As castanhas e sementes cruas devem ser sempre hidratadas,
   antes de usar, no mínimo por 8 horas. A partir de 8 horas deve-
   -se trocar a água e guardar na geladeira. A hidratação ativa as
   enzimas e promove a quebra das macromoléculas, deixando as
   sementes e castanhas mais alcalinas.

3. Ao adquirir castanhas, observe se elas estão frescas e se são
   cruas. As castanhas-do-pará encontradas nas prateleiras dos
   supermercados e mesmo em lojas naturais são cozidas, porque
   foram aquecidas para a retirada das cascas. As castanhas cruas
   devem ser guardadas sob refrigeração.

4. Para fazer o leite de nozes, é só bater no liquidificador 1 xícara
   (chá) de nozes hidratadas com 3 xícaras (chá) de água de coco
   ou água potável. Coar, usando o coador de voal. A fibra deve
   ser usada para fazer patês e outras preparações, como biscoitos, rocamboles, tortas vivas e iogurte de castanha (ver capítulo: Receitas vivas, na p. 199).

Alimentação viva e ecológica

5. A sacola furada e o coador de voal são muito úteis durante as preparações de cremes, leites e sumos de verduras. Aprenda a fazer os seus.

6. A sacola furada é feita de filó e, além de ser usada para tirar sementes da polpa de frutas como a atemoia, também serve para germinar e fazer brotos de sementes maiores, como lentilha e girassol.

7. Para fazer a farinha de nozes ou de outras castanhas, é só hidratá-las por 8 horas, retirar as peles, no caso das amêndoas, e deixar secar na desidratadora numa temperatura média entre 46-49 °C. Em seguida, triturar no liquidificador até virar farinha.

8. Para fazer a farinha de linhaça, basta moer a linhaça, que por oxidar rapidamente, deve ser guardada em recipiente escuro e na geladeira, por até 3 dias. De preferência, deve ser feita e consumida em até 20 minutos.

9. Use verduras e frutas orgânicas, pois o uso de agrotóxicos, fertilizantes químicos e sementes geneticamente modificadas empobrece e desequilibra os alimentos.

10. Prefira sempre os grãos integrais, evite o uso de farinhas; normalmente ficam meses nas prateleiras, até serem consumidas. O melhor é consumir os grãos hidratados ou germinados. Veja tabela de hidratação nas pp. 95 e 96.

11. As castanhas, as nozes, a amêndoa e o amendoim podem ser contaminados com fungos durante o armazenamento. Esses alimentos devem ser bem analisados na hora da compra. Todo cuidado é pouco, porque esses fungos produzem toxinas cancerígenas. Ao adquirir esses alimentos, devemos observar se estão frescos e o melhor é comprá-los com a casca.

12. Para eliminar fungos, podemos deixar as castanhas de molho em água com uma solução de bicarbonato de sódio – 1 colher (sopa) para 1 litro de água – ou água oxigenada 10 volumes; o indicado é o P_{10}[5], numa solução de 100 gotas para 1 litro.

---

5. P_{10} é a água oxigenada estabilizada com ácido fosfórico. Deve-se tomar cuidado com a água oxigenada de farmácia, pois ela é estabilizada com ácido benzoico, que é substância cancerígena. Veja mais no livro do prof. Antunes (2000).

13. Escolha óleo extra virgem[6] para a preparação de alimentos, guarde-o na geladeira e não o aqueça além de 42 °C. Deve-se adicionar o óleo prensado a frio no final das preparações.

14. As gorduras são altamente poluentes; elas entopem caixas de gordura e degradam a Natureza. Nunca jogue óleos usados direto na pia ou no vaso sanitário. O destino correto é mandá-los para reciclagem.

15. A pele das leguminosas deve ser retirada no início da germinação, após 12 horas, para não danificar os brotinhos que estão nascendo.

16. Procure aquecer os alimentos só até a temperatura que o corpo suporta, para preservar as enzimas e as suas estruturas moleculares. O aquecimento a partir de 110 °C já começa a interferir mais drasticamente nas estruturas das moléculas dos alimentos, produzindo novos isômeros.

17. Para amornar os alimentos, prefira panelas grossas de barro. As panelas finas esquentam rapidamente e facilitam a perda das propriedades energéticas e estruturais dos alimentos. Evite panelas e utensílios de alumínio[7] no preparo de alimentos.

18. Nunca deixe alimentos que foram preparados em panelas de alumínio, ferro e aço permanecerem por muito tempo nesses recipientes.

19. Use colher de pau. Colheres de metal em panelas de metal riscam e podem liberar resíduos que contaminam os alimentos.

20. Use escovinha de cerdas naturais para lavar legumes.

21. Aproveite as cascas das verduras (sem agrotóxicos).

22. Para higienizar e descontaminar os alimentos de metais pesados e inseticidas, após lavar com bastante água mergulhe em

---

6. Na **alimentação viva**, os óleos, mesmo os processados a frio, vão sendo aos poucos excluídos. Nas fases de transição, é importante optar pela utilização de óleos prensados a frio nas preparações. Cuidar para não aquecer os óleos além de 42 °C.

7. Quando em excesso no organismo, o alumínio pode desencadear vários problemas de saúde, desde a queda de cabelos até doenças graves, como o mal de Alzheimer. Ele pode chegar ao organismo por meio de panelas, desodorantes, pastas de dente com embalagens de alumínio, entre outros. Panelas de alumínio estão sendo proibidas em vários países. Veja mais no site: www.usp.br/agen/repgs/2005/pags/287.htm (panelas de alumínio). (acesso em 26/10/2010.)

Alimentação viva e ecológica

uma bacia com água e carvão de madeira verde no mínimo por 30 minutos.

23. As leguminosas devem sempre ser deixadas de molho para neutralizar a ação dos ácidos fíticos. Esse procedimento tem melhor resultado depois de 24 horas, 8 horas de hidratação, seguidas de germinação no ar. Mesmo que vá cozinhá-las, esta prática é necessária.

24. Escolha o pimentão orgânico sempre maduro – é o vermelho. Existem qualidades de pimentão vermelho, amarelo, laranja e verde.

25. A berinjela fica macia quando está madura, e é a maneira correta de usá-la.

26. Observe a rotação do seu liquidificador, processador, para minimizar as agressões aos alimentos: quanto mais baixa a rotação, melhor.

27. A desidratação do alimento pode ser ao sol. Utilize bandeja de vidro e um pano de voal sobre o alimento para protegê-lo de sujeiras e moscas.

28. Aproveite para marinar restos de verduras picadas do almoço, para consumi-los no jantar ou no dia seguinte. Utilize sal marinho, gengibre, limão ou outros temperos a seu gosto. Depois de 6 horas, mantenha sob refrigeração.

29. A semente de linhaça hidratada produz uma goma durante o molho. Há controvérsias sobre o consumo dessa água gomosa. Preferimos não utilizar pelo fato de o primeiro molho estar cheio de hormônio anticrescimento, liberado pela semente durante a germinação. Lave com o auxílio de uma peneira e guarde num recipiente com água, na geladeira. Melhor processá-la depois de hidratada, para melhor assimilação.

30. A germinação do girassol, semente com casca, é muito fácil e em 24 horas já é bem visível. Usamos nos sucos coados, onde as cascas ficam retidas. As sementes descascadas germinam em 8 horas e são deliciosas como pastas salgadas ou doces.

31. Para extrair o sumo do gengibre deve-se ralá-lo e espremê-lo.

32. Use água potável sem cloro e sem flúor para as preparações. O melhor é usar água de coco sempre que for possível.

33. Cozinhar é um ato de amor. Procure desenvolver essa arte com sabedoria e transmitir uma energia positiva para o alimento. Gratidão!

"Alimento lindo, alimento vivo,
Quero agradecer, quero agradecer,
Alimento lindo, alimento vivo."

"Tembiu porã, tembiu porã.
Aguijeveté, aguijeveté.
Tembiu porã, tembiu porã."
(Canto de agradecimento, em guarani)

RECEITAS VIVAS

> **LEMBRETE:**
>
> Uma pesquisa recente feita pela Excalibur Dehydrator Company concluiu que o processo de secagem na desidratadora deve se iniciar numa temperatura de 63 ºC, por um tempo máximo de 3 horas. Em seguida, a temperatura deve ser ajustada para 46-49 ºC até o final do processo de secagem. O motivo dessa temperatura superior é que, durante a secagem, o alimento libera umidade, o que esfria a desidratadora.

Nas receitas que se seguem, para facilitar o preparo, usamos as medidas em xícaras (chá) e colheres. Apresentamos abaixo duas tabelas de conversão para se ter uma noção das quantidades em gramas (g) e mililitros (ml).

ALIMENTO	QTDE.	GRAMAS
Amêndoa	1 xícara	136
Castanha-do-pará	1 xícara	156
Gergelim	1 xícara	141
Linhaça	1 xícara	171
Nozes	1 xícara	86
Tâmara	1 xícara	166
Uva-passa	1 xícara	151

TABELA DE CONVERSÃO DE MEDIDAS		LÍQUIDO
1 litro	4 xícaras (chá)	1000 ml
1 xícara	16 colheres (sopa)	250 ml
1 xícara	200 g	250 ml
¼ de xícara	4 colheres (sopa)	60 ml
1 colher (sopa)	3 colheres (chá)	15 ml
1 colher (sopa)	10 - 12 g	15 ml
1 colher (chá)	4 g	5 ml
½ colher (chá)	2 g	2 - 2,5 ml
¼ de colher (chá)	1 g	1 - 1,25 ml
⅛ de colher (chá)	0,5 g	0,5 - 0,75 ml

Receitas Vivas

SUCOS ESPECIAIS
- Sucos especiais *202*
- Bebida energética *203*

LEITES E QUEIJOS
- Leites *206*
- Queijos *207*

VITAMINAS, MANDALAS, COBERTURAS E SMOOTHIES
- Vitaminas *210*
- Mandala de frutas *211*
- Cremes para mandalas, saladas de frutas e coberturas *211*
- Smoothies *222*

IOGURTES, SHAKES E MUSLIS
- Iogurte *214*
- Shakes *214*
- Muslis *214*

SOBREMESAS
- Sorvetes *216*
- Pavês *216*
- Musse com cacau *218*
- Pudins *219*
- Tortas *220*
- Rocamboles *221*
- Crepes *222*

BOLOS E DOCES
- Bolo vivo *226*
- Bolo de cenoura com laranja *226*
- Torta especial de abacaxi *227*
- Damasquinho vivo *227*
- Torta especial de girassol *228*
- Docinhos variados *228*
- Brigadeiro *228*
- Bolo de aniversário *229*
- Torta de caqui *229*
- Brownie *230*

GRANOLAS
- *232* Granolas

PÃES E BISCOITOS
- *234* Pão essênio
- *234* Biscoitos (tipo cracker)

PETISCOS
- *238* Petiscos
- *238* Canapés de abobrinha
- *239* Canapés de cebola
- *239* Tortilha verde

PASTAS E PATÊS
- *242* Pastas
- *243* Patês

MOLHOS
- *248* Molhos
- *252* Tahine cru

TABULES
- *254* Tabules

SALADAS
- *258* Saladas

DIVERSOS
- *262* Receita básica para sushi
- *262* Panqueca de abobrinha
- *262* Cogumelos recheados
- *263* Almôndegas
- *264* Marinado de cogumelos
- *264* Charuto de couve
- *264* Cuscuz de couve-flor com salsão
- *265* Farofa de mandioca com nozes
- *265* Lasanha
- *265* Macarronada Girassol
- *266* Maioneses

SOPAS
- *268* Sopas

sucos especiais

SUCOS ESPECIAIS

Clorofila
- *3 maçãs e/ou 2 cenouras e/ou 1 pepino*
- *100g de broto (trevo, alfafa, brócolis etc.)*
- *um punhado de folhas verde-escuras (rúcula, couve, brócolis, salsão, salsinha etc.)*
- *um punhado de gramínea ou brotos (trigo, girassol ou trigo-sarraceno)*

Preparo: *processar no extrator de sucos ou bater todos os ingredientes no processador, da seguinte forma: primeiro a maçã, o pepino e a cenoura até virar uma papa, sem colocar água. Espremer no coador de voal. Em seguida, adicionar os outros ingredientes e bater novamente, coar novamente no saco de voal.*
Rendimento: *1 copo (250 ml).*

Melão
- *2 xícaras de melão picado sem casca e com sementes.*

Preparo: *bater o melão com a semente no processador e coar com auxílio do saco de voal.*
Rendimento: *1 copo (250 ml).*

Melancia
- *2 xícaras de melancia picada com casca e sementes.*

Preparo: *bater a melancia com a semente no processador e coar no saco de voal.*
Rendimento: *1 copo (250 ml).*

Laranja-Lima com Brotos de Alfafa
- *1 xícara de suco de laranja-lima*
- *100 g de broto de alfafa*

Preparo: *bater no liquidificador.*
Rendimento: *1 copo (250 ml).*

Abacaxi
- *2 xícaras de abacaxi picado*
- *⅓ de xícara de gergelim branco hidratado*
- *½ colher (chá) de gengibre ralado*

Preparo: *bater os ingredientes no processador. Coar na peneira.*
Rendimento: *1 copo (300 ml).*

Alfafa
- *2 xícaras de abacaxi picado*
- *2 colheres (sopa) de broto de alfafa*

Preparo: *bater os ingredientes no processador.*
Rendimento: *1 copo (250 ml).*

Maçã com Semente de Linhaça
- *1 xícara de suco de maçã extraído na centrífuga*
- *¼ de xícara de semente de linhaça hidratada*
- *¼ de colher (chá) de baunilha moída*

Preparo: *bater os ingredientes no liquidificador e coar.*
Rendimento: *1 copo (300 ml).*

Cenoura com Linhaça
- *2 colheres (sopa) de linhaça hidratada*
- *1 xícara de suco de cenoura*

Preparo: *bater os ingredientes no liquidificador e coar no saco de voal.*
Rendimento: *1 copo (300 ml).*

Alimentação viva e ecológica

sucos especiais

Frutas Vermelhas

• _1 a 2 xícaras de frutas vermelhas frescas, como mirtilo, morango, amora, framboesa e uva._
Preparo: _bater no processador e coar com auxílio de peneira. Fica um suco cremoso._
Rendimento: _1 copo (200 ml)._

Amora com Coco

• _1½ xícara de amora fresca_
• _1 xícara de polpa de coco verde (mole)_
• _1 xícara de água de coco_
• _¼ de xícara de uva-passa branca (hidratada)_
• _1 colher (sopa) de chia hidratada_
Preparo: _bater antes a amora e a água de coco e coar. Em seguida, adicionar os outros ingredientes e bater novamente._
Rendimento: _2 copos (500 ml)._

Abacaxi, Maçã e Noz-pecã

• _1 abacaxi descascado_
• _3 maçãs sem casca picadas_
• _½ xícara de nozes-pecãs hidratadas_
• _1 colher (chá) de sumo de gengibre_
Preparo: _bater todos os ingredientes no processador até ficar homogêneo._
Rendimento: _3 copos (750 ml)._

Kefir com Água de Coco

• _2 xícaras de água de coco_
• _½ xícara de grãos de kefir_
• _1 figo seco_
• _1 limão cortado_
Preparo: _misturar todos os ingredientes e colocar para fermentar num vidro esterilizado com tampa, em lugar escuro. Deixar fermentar até que o figo seco flutue. Pode demorar de 12 a 24 horas._
Rendimento: _2 copos (500 ml)._

BEBIDA ENERGÉTICA

• _2 xícaras de leite de nozes_
• _6 tâmaras sem sementes_
• _1 a 2 colheres (sopa) de cacau cru (nibs)_
• _1 colher (sopa) de óleo de coco extra virgem_
• _1 colher (chá) de canela_
• _uma pitada de pimenta-de--caiena (opcional)_
• _1 colher (sopa) de linhaça dourada hidratada (opcional)._
• _1 colher (café) de baunilha moída_

Preparo: _bater todos os ingredientes no processador e servir amornado à temperatura de 40 ºC. A quantidade de cacau pode variar; se preferir mais amargo, coloque mais._
Rendimento: _2½ xícaras._

Receitas Vivas

leites e queijos

LEITES[1]

Girassol

- ½ xícara de sementes de girassol (sem casca) hidratadas por 8 horas
- 1 xícara de água mineral

Preparo: bater no liquidificador as sementes com água e passar no coador de voal.

Rendimento: 1 xícara.

Gergelim

- ¼ de xícara de sementes de gergelim germinadas
- 1 xícara de água mineral

Preparo: bater no liquidificador as sementes com a água e coar com auxílio do coador de voal.

Rendimento: 1 xícara.

Castanha-do-pará

- ¼ de xícara de castanha-do-pará
- ¾ de xícara de água mineral

Preparo: bater no liquidificador as sementes com a água e coar com auxílio do coador de voal.

Rendimento: 1 xícara.

Concentrado de Linhaça

- 2 colheres (sopa) de linhaça hidratada
- 1 xícara de água mineral

Preparo: bater no liquidificador e coar no saco de voal.

Rendimento: 1 xícara.

Nozes

- ¼ de xícara de nozes hidratadas
- 1 xícara de água mineral

Preparo: bater as nozes com água no liquidificador e passar no coador de voal.

Rendimento: 1 xícara.

Alpiste

- 1½ colher (sopa) de alpiste hidratado por 8 horas
- 1 xícara de água mineral

Preparo: bater o alpiste com a água e coar no saco de voal.

Rendimento: 1 xícara.

Amêndoas

- 11 a 15 amêndoas hidratadas sem pele
- 1 xícara de água mineral

Preparo: bater os ingredientes e passar a mistura em um coador de voal.

Rendimento: 1 xícara.

Amornado de Amêndoas

- 1 xícara de leite de amêndoas
- 1 colher (sopa) rasa de mel
- ¼ de colher (chá) de canela em pó
- ¼ de colher (chá) de sumo de gengibre ralado

Preparo: liquidificar os ingredientes e amornar controlando a temperatura, no máximo até 42 ºC (você pode fazer esse controle da temperatura: enquanto suas mãos suportarem o calor é sinal de que as enzimas estão preservadas).

Rendimento: 1 xícara.

---

1. Para consumir os leites que contêm grande quantidade de ômega-6 (ver tabela na pp. 184 e 185), como de amêndoa, girassol, gergelim e castanha-do-pará, devemos acrescentar uma fonte de ômega-3, como a chia ou a linhaça.

QUEIJOS

Semente de Girassol

- 3 xícaras de sementes de girassol cruas, sem cascas e hidratadas
- 2 colheres (sopa) de missô
- 1 colher (sopa) de óleo de coco (ou outro óleo extra virgem)
- uma pitada de sal
- aproximadamente 1 xícara de água para dar a consistência correta.

Preparo: bater todos os ingredientes no liquidificador até que alcancem a consistência cremosa. Deixar fermentar por 6 horas. Essa mistura pode ser usada assim ou espremida num coador de voal.

Rendimento: 500 g.

Castanha-do-pará ou outra Castanha

- 2 xícaras de castanhas hidratadas
- 1 g de probiótico em pó
- 1 colher (chá) de sal marinho
- uma pitada de pimenta-de-caiena
- ½ xícara de salsinha picada
- 1 colher (sopa) de suco de limão

Preparo: processar a castanha num processador ou máquina de moer. Misturar com o probiótico. Colocar num vidro seco, tampar e deixar em lugar escuro por 8 horas. Em seguida, misturar com os temperos.

Rendimento: 300 g.

Castanha-de-caju com Cominho

- 3 xícaras de castanhas-de-caju hidratadas
- 1 g de probiótico em pó
- 1 colher (chá) de sal
- 1½ colher (chá) de cominho em pó
- ½ xícara de água de coco

Preparo: bater todos os ingredientes no processador até que alcancem a consistência de uma massa homogênea e misturar com o probiótico. Deixar tampado num recipiente de vidro por 6 a 8 horas em um lugar escuro.

Rendimento: 400 g.

Ricota de Macadâmia (Sour Cream)

- 2 xícaras de polpa de coco verde
- 1 xícara de macadâmia
- ½ xícara de castanhas-do-pará hidratadas
- ½ colher (chá) de sal
- 2 colheres (sopa) de suco de limão
- 1 xícara de kefir[2] de água de coco
- 2 colheres (sopa) de azeite de oliva extra virgem

Preparo: pôr a polpa do coco, as castanhas e as macadâmias no liquidificador com o sal, o suco de limão, o azeite e metade da água de coco. Começar batendo em uma velocidade mais lenta e acelerar aos poucos. Adicionar mais água de coco, se necessário. Quando a consistência de ricota for alcançada, provar. Talvez precise acrescentar mais sal ou limão. Este é também o momento para transformar esta receita em sour cream (mais líquido). Deixar descansar por 2 a 6 horas.

Obs.: você pode mudar o sabor e a cor deste queijo/molho, adicionando um ou mais dos seguintes ingredientes: cominho, açafrão, salsinha, coentro e pimentão vermelho. Esses ingredientes devem ser adicionados no início do processamento, para que fiquem bem incorporados.

Rendimento: 600 ml.

---

2. Ver preparo do kefir no capítulo "Cultivando Brotos e Produzindo Alimentos Fermentados na Cozinha", na p. 99.

vitaminas, mandalas, coberturas e smoothies

vitaminas, mandalas, coberturas e smoothies

VITAMINAS

Nozes com Mamão
- *6 nozes hidratadas*
- *1 xícara de mamão picado*
- *2 tâmaras secas sem sementes*
- *½ xícara de água de coco*
- *1 colher (chá) de fava de baunilha moída*

Preparo: *bater todos os ingredientes no liquidificador.*
Rendimento: *300 ml.*

Nozes
- *3 damascos hidratados por 2 horas (em água de coco)*
- *1 xícara de água de coco*
- *¼ de xícara de nozes hidratadas (sem pele)*
- *1 banana nanica*

Preparo: *bater todos os ingredientes no liquidificador.*
Rendimento: *400 ml.*

Leite de Girassol com Banana
- *1 xícara de leite de girassol*
- *3 bananas (prata ou maçã)*
- *½ colher (chá) de fava de baunilha*
- *1 colher (chá) de espirulina em pó*
- *½ colher (chá) de fava de baunilha*
- *1 colher (sopa) de chia hidratada moida*

Preparo: *bater todos os ingredientes no liquidificador.*
Rendimento: *400 ml.*

Açaí com Limão e Mel
- *1½ xícara de polpa de açaí*
- *½ limão (sumo)*
- *1 colher (sopa) de xarope de agave para adoçar*

Preparo: *liquidificar todos os ingredientes e servir.*
Rendimento: *300 ml.*

Açaí com Mamão
- *1 xícara de polpa de açaí fresco*
- *1 xícara de mamão picado*
- *3 tâmaras para adoçar (opcional)*

Preparo: *bater todos os ingredientes no liquidificador.*
Rendimento: *400 ml.*

Açaí com Morango
- *1 xícara de morangos frescos picados*
- *1 xícara de polpa de açaí*
- *1 colher (sopa) de mel para adoçar (opcional)*

Preparo: *bater todos os ingredientes no liquidificador.*
Rendimento: *300 ml.*

Linhaça com Manga
- *2 colheres (sopa) de linhaça hidratada*
- *1 manga fatiada*
- *½ xícara de água de coco*
- *Suco de ½ limão*

Preparo: *bater todos os ingredientes no liquidificador e coar no saco de voal.*
Rendimento: *1 xícara.*

Alimentação viva e ecológica

MANDALA DE FRUTAS

Para preparar a mandala, usar frutas frescas da época que combinem, como: abacate, banana, goiaba, maçã, mamão, manga e pera.
Preparo: *escolher as frutas de sua preferência e cortá-las. Junto com os cremes, montar uma mandala no prato usando a criatividade. Na montagem da mandala ou para comer com frutas frescas picadas, podemos usar cremes que são sugeridos a seguir (leve em consideração a sua criatividade).*

CREMES PARA MANDALAS, SALADAS DE FRUTAS E COBERTURAS

Manga com Mirtilo
• *1 manga fatiada*
• *½ xícara de mirtilo fresco*
• *1 colher (sopa) de psyllium*
Preparo: *bater a manga e o mirtilo e coar no saco de voal ou peneira. Em seguida, bater esse creme com o psyllium.*
Rendimento: *400 ml.*

Abacate
• *1 abacate médio maduro*
• *½ limão médio (sumo)*
• *½ xícara de ameixas secas hidratadas na água de coco*
• *1 colher (sopa) de chia hidratada*
Preparo: *bater a polpa do abacate com o limão, as ameixas e a chia até virar um creme homogêneo.*
Rendimento: *500 ml.*

Atemoia
• *6 atemoias*
• *6 castanhas-do-pará*
• *1 colher (sopa) de chia hidratada*
Preparo: *retirar as sementes da atemoia (com auxílio da sacola furada) e bater junto com a castanha até virar um creme homogêneo.*
Rendimento: *300 ml.*

Linhaça com Castanha-de-caju
• *1 xícara de leite concentrado de linhaça (ver p. 206)*
• *½ xícara de castanha-de-caju hidratada*
• *3 tâmaras hidratadas*
Preparo: *bater o leite de linhaça com a castanha-de-caju e as tâmaras até ficar bem homogêneo.*
Rendimento: *400 ml.*

Nozes com Cacau
• *½ xícara de nozes*
• *2 colheres (sopa) de cacau cru*
• *1 colher (sopa) óleo de coco*
• *1 colher (sopa) chia hidratada*
• *¾ de xícara de água de coco*
• *½ xícara de tâmaras*
• *1 colher (café) de fava de baunilha moída*
Preparo: *bater todos os ingredientes e coar no saco de voal.*
Rendimento: *300 ml.*

vitaminas, mandalas, coberturas e smoothies

Receitas Vivas

SMOOTHIES

Manga com Couve

- *1 manga fatiada*
- *2 folhas de couve sem talo*

Preparo: *bater a manga no processador e coar no saco de voal. Acrescentar a couve e bater novamente.*
Rendimento: *300 ml.*

Mamão com Alface e Hortelã

- *200 g de mamão picado*
- *½ pé de alface*
- *¼ xícara de hortelã*

Preparo: *bater todos os ingredientes.*
Rendimento: *300 ml.*

Banana com Brócolis

- *3 bananas*
- *um punhado de brócolis sem a parte fibrosa*
- *suco de limão a gosto*

Preparo: *bater todos os ingredientes.*
Rendimento: *300 ml.*

Banana com Alface e Salsão

- *3 bananas*
- *½ pé de alface*
- *suco de limão a gosto*
- *1 haste de salsão*

Preparo: *bater todos os ingredientes.*
Rendimento: *300 ml.*

Alimentação viva e ecológica

iogurtes, shakes e muslis

IOGURTE

Coco Verde

- 2 xícaras de água de coco verde
- 1 xícara de polpa de coco verde
- 1 g de lactobacilos em pó.

Preparo: *bater no liquidificador a polpa e a água do coco verde. Colocar o lactobacilo e bater rapidamente. Deixar fermentar de 6 a 8 horas. Servir com granola viva.*
Rendimento: *600 ml.*

SHAKES

Leite de Linhaça

- 1 xícara de leite de linhaça (veja as receitas dos leites na p. 206)
- 1 colher (chá) de espirulina
- 1 colher (chá) de farinha de jatobá
- 1 banana ou outra fruta doce
- 1 colher (chá) de óleo de coco
- ½ colher (chá) de pasta de fava de baunilha
- 1 colher (chá) de psyllium

Preparo: *bater no liquidificador todos os ingredientes até ficar homogêneo.*
Rendimento: *300 ml.*

Cacau

- 2 bananas nanicas maduras
- 8 sementes de cacau (hidratadas e sem pele)
- 1 colher (sopa) de linhaça (hidratada)
- 1 xícara de água de coco
- 1 colher (sobremesa) de óleo de coco prensado a frio
- 1 colher (chá) de canela
- uma pitada de pimenta-de-caiena

Preparo: *bater todos os ingredientes no liquidificador.*
Rendimento: *400 ml.*

MUSLIS

Castanha-do-pará

- ½ xícara de aveia em grão hidratada (veja tabela p. 96)
- 3 ameixas secas (sem sementes) hidratadas
- 2 colheres (sopa) de uvas-passas hidratadas em água de coco
- ½ xícara de água de coco
- 2 colheres (sopa) de linhaça hidratada
- 3 castanhas-do-pará hidratadas
- 1 fruta fresca picada (banana, mamão, maçã etc.)

Preparo: *misturar todos os ingredientes e servir.*
Rendimento: *1 porção.*

Trigo-sarraceno

- ½ xícara de trigo-sarraceno hidratado e desidratado
- 3 tâmaras hidratadas e picadas
- 6 nozes hidratadas e picadas
- 1 colher (sopa) de farinha de linhaça
- 1 fruta fresca (banana, mamão, maçã, manga etc).
- 1 xícara de leite de castanhas (escolher um deles – veja p. 206)

Preparo: *misturar todos os ingredientes e servir.*
Rendimento: *1 porção.*

Alimentação viva e ecológica

sobremesas

sobremesas

SORVETES

Manga com Creme de Macadâmia

- 2 xícaras de manga sem casca (congelada)
- 1 colher (chá) de fava de baunilha moída
- 2 colheres (sopa) de ricota de macadâmia (ver receita p. 207)

Preparo: processar a manga misturada com a baunilha no extrator de suco, até ficar uma massa congelada. Colocar numa vasilha e, depois, com a colher própria para sorvete, servir as bolas. Colocar uma colher (sopa) do creme de macadâmia por cima.
Rendimento: 5 porções.

Abacaxi

- 1 abacaxi descascado, cortado em pedaços e congelado

- 2 xícaras de polpa mais dura de coco (sem a pele), congelada

Preparo: processar no extrator de sucos e misturar os ingredientes à medida que for processando. Servir em seguida.
Rendimento: 5 porções.

Banana

- 6 bananas nanicas sem casca, congeladas
- 2 colheres (sopa) de farinha de sementes de cacau cruas (nibs)
- ⅓ de xícara de nozes hidratadas
- 1 colher (chá) de fava de baunilha moída

Preparo: misturar os ingredientes à medida que for passando no extrator de sucos. Servir em seguida.
Rendimento: 6 porções.

PAVÊS

Abacaxi

1ª Camada

- 2 xícaras de ameixas secas sem caroço
- 1 xícara de nozes (hidratadas)
- ½ xícara de linhaça hidratada

Preparo: processar os ingredientes no processador. Em seguida, abrir a massa em 9 tigelinhas individuais.

2ª Camada

- 1 abacaxi descascado

Preparo: picar o abacaxi em cubos e distribuir em cima da primeira camada, nas tigelinhas.

3ª Camada

- 2 xícaras de polpa de coco verde (consistência média)
- ½ xícara de macadâmia hidratada

- 1 colher (café) de baunilha
- 1 xícara de uvas-passas brancas

Preparo: bater a polpa de coco, a macadâmia e a baunilha com as uvas-passas no processador, até virar um creme bem homogêneo. Distribuir esse creme sobre a 2ª camada e levar para gelar.
Rendimento: 9 porções.

Morango

1ª Camada

- 1½ xícara de ameixas secas sem caroço
- 1 xícara de castanhas-do-pará cruas (hidratadas)
- ½ xícara de linhaça hidratada

Preparo: processar todos os ingredientes, misturando bem. Em seguida, abrir a massa em 9 tigelinhas individuais.

Alimentação viva e ecológica

2ª Camada
* 2 pacotes de morangos orgânicos picados
* 2 colheres (sopa) de mel

Preparo: picar o morango e misturá-lo com o mel. Colocar em cima da primeira camada.

3ª Camada
* 1 xícara de castanhas-de-caju cruas ou macadâmia (hidratadas)
* 1 ou mais xícaras de água de coco (fresco)
* morangos para enfeitar

Preparo: bater a castanha-de-caju com a água no liquidificador até virar um creme. Distribuir esse creme sobre a 2ª camada e enfeitar com morangos frescos. Levar para gelar.
Rendimento: 9 tigelinhas.

Morango com Manga
1ª Camada
* 1½ xícara de leite de linhaça
* 1 xícara de polpa de coco (fresco)
* 1 xícara de uvas-passas brancas (hidratadas em água de coco)
* ½ xícara de água de coco

Preparo: bater no liquidificador a polpa de coco e as passas. Em seguida, colocar a massa em 9 tigelinhas individuais.

2ª Camada
* 1 caixa de morangos (orgânicos)

Preparo: fatiar os morangos. Colocá-los em cima da 1ª camada.

3ª Camada
* 2 mangas bem maduras (picadas)
* ½ xícara de damascos secos hidratados
* ½ xícara de amêndoas hidratadas (sem pele)

Preparo: bater no processador todos os ingredientes até virar um creme homogêneo. Distribuir esse creme nas tigelinhas e enfeitar com morangos frescos. Levar para gelar.
Rendimento: 9 tigelinhas.

Cacau
1ª Camada
* 1 xícara de nozes-pecãs hidratadas
* 1 xícara de uvas-passas brancas (hidratadas com água de coco)
* 1 xícara de polpa de coco
* 1 colher (chá) de fava de baunilha moída

Preparo: bater os ingredientes no processador, misturar bem para ficar uma massa homogênea. Em seguida, abrir a massa em 9 tigelinhas individuais.

2ª Camada
* 6 bananas nanicas bem maduras
* ½ colher (chá) de limão
* 4 colheres (sopa) de nibs (cacau cru fermentado e triturado)
* 1 colher (chá) de canela em pó

Preparo: bater no processador todos os ingredientes até virar um creme homogêneo. Colocar este creme por cima da 1ª camada.

3ª Camada
* 3 xícaras de mamão formosa
* 2 colheres (sopa) de linhaça dourada (hidratada)

Preparo: bater no processador o mamão e a linhaça. Distribuir esse creme nas tigelinhas e enfeitar com nozes. Levar para gelar.
Rendimento: 9 tigelinhas.

Nozes com Morango
1ª Camada
* 1 xícara de nozes hidratadas
* ½ xícara de uvas-passas brancas, hidratadas

Preparo: processar as nozes e as uvas-passas e misturá-las. Em seguida, abrir a massa em 6 tigelinhas individuais.

2ª Camada
* 1 caixa de morangos (orgânicos)

Preparo: fatiar os morangos. Colocá-los em cima da 1ª camada.

3ª Camada
- ½ xícara de uvas-passas brancas
- ½ xícara de damascos picados
- 2 xícaras de polpa de coco verde (consistência média)
- 1 xícara de amêndoas hidratadas e sem pele
- ½ xícara de água de coco

Preparo: bater no liquidificador todos os ingredientes até virar um creme homogêneo. Distribuir esse creme nas tigelinhas e enfeitar com morangos frescos. Levar para gelar.
Rendimento: 6 tigelinhas.

Pavê Tropical
1ª Camada
- 1 xícara de amendoim (germinado) sem pele
- 1 xícara de uvas-passas escuras

Preparo: processar o amendoim e as uvas-passas e misturá-los. Em seguida, abrir a massa em 6 tigelinhas individuais.

2ª Camada
- 6 bananas nanicas bem maduras
- 1 colher (chá) de suco de limão
- 1 colher (chá) de canela em pó

Preparo: bater no liquidificador todos os ingredientes até virar um creme homogêneo. Colocar este creme por cima da 1ª camada.

3ª Camada
- 1 mamão formosa maduro
- ¼ de xícara de farinha de linhaça dourada (hidratada)
- folhas de hortelã

Preparo: bater no liquidificador o mamão e a linhaça. Distribuir esse creme nas tigelinhas e enfeitar com folhinhas de hortelã. Levar para a geladeira.
Rendimento: 6 tigelinhas.

MUSSE COM CACAU

1ª Camada:
- 1 xícara de nozes hidratadas e desidratadas por 12 horas
- 6 bananas nanicas bem maduras
- 1 colher (sopa) de óleo de coco extra virgem
- 1 colher (chá) de canela
- 4 colheres (sopa) de farinha de sementes de cacau cruas

Preparo: triturar as nozes no processador e reservar. Fazer creme homogêneo: primeiro as bananas e em seguida os outros ingredientes. Por fim, colocar as nozes trituradas, processar rapidamente usando a tecla pulsar. Colocar em 9 tigelinhas.

2ª Camada:
- 2 xícaras de polpa de coco verde (mais firme)
- 1 xícara de macadâmias hidratadas
- 1 xícara de água de coco
- 2 colheres (sopa) de óleo de coco extra virgem

Preparo: processar tudo no liquidificador. Colocar por cima nas tigelinhas.
Rendimento: 9 porções.

PUDINS

Cacau com Abacate

- *1 abacate médio*
- *2 colheres (sopa) de mel*
- *2 colheres (sopa) de sementes de cacau cruas moídas*
- *1 colher (chá) de psyllium*
- *1 colher (chá) de baunilha ou uma fava*
- *uma pitada de sal marinho*

Preparo: *bater a polpa do abacate no liquidificador com o mel. Adicionar o restante dos ingredientes. Distribuir em tigelinhas e levar para gelar.*
Rendimento: *6 tigelinhas.*

Cacau com Coco

- *2 xícaras de polpa de coco (consistência média)*
- *½ xícara de água de coco*
- *½ xícara de pasta de tâmaras*
- *½ xícara de sementes de cacau cruas moídas*
- *1 colher (chá) de canela ou baunilha em fava moída*
- *2 colheres (sopa) de óleo de coco prensado a frio*
- *1 xícara de nozes hidratadas*

Preparo: *bater no liquidificador a polpa do coco, a água de coco e a pasta de tâmaras. Adicionar os outros ingredientes e bater até misturar bem para alcançar a consistência desejada.*
Rendimento: *8 tigelinhas.*

Banana com Cacau

- *6 bananas nanicas maduras*
- *1 xícara de polpa de coco verde*
- *4 colheres (sopa) de sementes de cacau cruas (nibs)*
- *⅓ de xícara de linhaça hidratada*
- *1 colher (chá) de canela em pó*

Preparo: *processar todos os ingredientes até ficar com consistência homogênea. Colocar em tigelinhas. Levar para gelar e desenformar. Enfeitar com canela em pau.*
Rendimento: *6 porções.*

Banana com Baunilha

- *6 bananas nanicas*
- *4 colheres (sopa) de sementes de cacau cruas trituradas (nibs)*
- *2 colheres (sopa) de óleo de coco extra virgem*
- *1 colher (chá) de fava de baunilha moída*

Preparo: *bater no processador todos os ingredientes até ficar um creme homogêneo. Colocar nas tigelinhas e deixar gelar por 2 horas. Desenformar e enfeitar com nozes.*
Rendimento: *5 porções.*

Damasco

- *6 damascos*
- *½ xícara de uvas-passas brancas (hidratadas)*
- *2 xícaras de polpa de coco verde*
- *¼ de xícara de farinha de linhaça dourada*
- *½ xícara de nozes*
- *½ colher (chá) de fava de baunilha moída*

Preparo: *processar todos os ingredientes até ficar com consistência homogênea. Colocar em forminhas. Levar para gelar e desenformar. Enfeitar com damasco e passas.*
Rendimento: *6 porções.*

Morango

- *1 caixa de morangos bem maduros (orgânicos)*
- *2 xícaras de polpa de coco verde*
- *1 xícara de macadâmias hidratadas*
- *½ xícara de uvas-passas brancas hidratadas com água de coco verde*
- *¼ xícara de linhaça dourada hidratada)*
- *½ xícara de água de coco para hidratar as uvas-passas*

sobremesas

Receitas Vivas

Preparo: *processar o morango e coar em uma peneira fina. Bater o suco de morango com a polpa do coco, a macadâmia, a linhaça e as uvas-passas até ficarem com consistência pastosa e homogênea. Colocar em taças. Enfeitar com morango e levar para gelar.*
Rendimento: *8 porções.*

TORTAS

Nozes com Damasco

1ª Camada:
* 1 xícara de nozes (hidratadas)
* 1 xícara de ameixas secas (hidratadas)
* água de coco (para hidratar as ameixas)

Preparo: *processar as nozes e a ameixa com o auxílio de um processador ou extrator de suco. Espalhar a massa sobre a travessa.*

2ª Camada:
* ½ xícara de damascos hidratados por 2 horas
* ½ xícara de uvas-passas brancas hidratadas por 2 horas
* ½ xícara de nozes hidratadas
* 1 colher (chá) de baunilha moída
* 2 xícaras de polpa de coco verde
* 1 xícara de água de coco (para hidratar o damasco e as passas)

Preparo: *processar os ingredientes até formar um creme fino. Cobrir a massa e decorá-la com nozes.*
Rendimento: *8 porções.*

Manga

1ª Camada:
* 2 xícaras de ameixa
* 1 xícara de amêndoas hidratadas (sem pele)
* ½ xícara de sementes de linhaça hidratadas

Preparo: *bater os ingredientes no processador ou extrator. Misturar bem para ficar uma massa consistente e homogênea. Abrir a massa na folha de teflex (ou papel-manteiga) com a espessura de 1 cm. Dar a forma que quiser. Deixar desidratar por 8 horas.*

2ª Camada:
* 4 maçãs orgânicas fatiadas em lâminas
* gotas de limão

Preparo: *misturar as gotas de limão com as fatias de maçã. Organizar as fatias de maçã por cima da 1ª camada.*

3ª Camada:
* 2 mangas fatiadas
* ½ xícara de damascos hidratados com água de coco
* ½ de xícara castanhas-do-pará hidratadas
* 6 sementes de cardamomo hidratadas

Preparo: *bater todos os ingredientes no liquidificador. Espalhar por cima da 2ª camada e enfeitar com pedacinhos de damasco.*
Rendimento: *12 porções.*

Creme de Nozes e Morangos

Massa:
* 1 xícara de castanhas-do-pará hidratadas
* 1 xícara de nozes hidratadas
* 1 xícara de figo desidratado
* uma pitada de sal

Preparo: *processar no extrator ou processador para ficar uma massa consistente. Abrir a massa na folha de teflex (ou papel-manteiga) com a espessura de 1 cm. Dar a forma arredondada e deixar desidratar mais 6 horas.*

Recheio:
* ½ kg de morangos (orgânicos) fatiados
* 3 colheres (sopa) de mel

Preparo: *misturar os morangos e o mel e colocar sobre a 1ª camada.*

Alimentação viva e ecológica

Creme:
- *2 xícaras de nozes hidratadas e desidratadas por 8 horas*
- *2 xícaras de polpa de coco*
- *1 xícara de uvas-passas brancas*
- *1 xícara de água de coco*
- *1 colher chá de fava de baunilha moída*

Preparo: *processar no liquidificador até ficar um creme consistente. Espalhar o creme de nozes em cima dos morangos. Enfeitar com morangos.*
Rendimento: *12 porções.*

Maçã

1ª Camada
- *1 xícara de tâmaras sem sementes*
- *½ xícara de uvas-passas brancas*
- *3 xícaras de amêndoas hidratadas (sem pele)*
- *uma pitada de sal*
- *¼ de colher (chá) de noz-moscada moída*
- *1 colher (chá) de raspas de limão*

Preparo: *processar todos os ingredientes para ficar uma massa consistente e* homogênea. Espalhar a massa no teflex (ou papel-manteiga), dando a forma arredondada. Deixar desidratar por 12 horas, virar a massa e deixar mais 6 horas secando.

2ª Camada
- *6 maçãs fatiadas em lâminas finas*
- *½ limão*

Preparo: *espremer o limão na maçã.*

3ª Camada
- *6 maçãs*
- *1 colher (chá) de suco de limão*
- *2 colheres (sopa) de psyllium*
- *1 xícara de tâmaras*
- *1 colher (chá) de canela*

Preparo: *processar todos os ingredientes no liquidificador até virar um creme homogêneo. Montar a torta num pirex: primeiro a massa desidratada, em seguida as maçãs fatiadas e no final o creme de maçãs. Enfeitar com amêndoas, uvas-passas e tâmaras.*
Rendimento: *12 porções.*

ROCAMBOLES

Nozes e Canela

Massa:
- *2 xícaras de nozes hidratadas*
- *1 xícara de tâmaras sem sementes*
- *2 xícaras da fibra do leite de nozes (o que ficou no coador de voal, ver pág. 206)*
- *½ xícara de linhaça dourada hidratada, desidratada e moída*
- *2 colheres (chá) de canela em pó*
- *2 colheres (chá) de fava de baunilha moída*
- *uma pitada de sal*
- *leite de nozes, o suficiente para dar o ponto*

Preparo: *passar as nozes e as tâmaras no processador e adicionar os outros ingredientes. Misturar tudo para formar uma massa consistente, dando o ponto com o leite de linhaça, aproximadamente 1 xícara.*

Recheio:
- *2 xícaras de nozes hidratadas e desidratadas*
- *½ xícara de uvas-passas brancas*
- *1 xícara de figo seco*
- *farinha de linhaça suficiente para dar o ponto*
- *1 colher (café) de canela*

Preparo: *processar tudo para ficar um creme consistente.*
Montagem: *abrir a massa do rocambole na folha de teflex (ou papel-manteiga), numa espessura menor que um centímetro. Distribuir o recheio e enrolar. Cortar em fatias e colocar para desidratar numa temperatura de 38 ºC por 2 horas.*
Rendimento: *10 a 12 porções.*

Banana

- 6 bananas nanicas bem maduras
- 1 colher (sobremesa) de canela

Preparo: bater a banana e a canela no processador sem água, até virar um creme homogêneo. Espalhar na folha de teflex (ou papel-manteiga) em fôrma quadrada. Desidratar por 12 horas, virar e deixar mais 2 horas até secar, para ficar uma folha maleável, como no crepe de banana.

Recheio:

- 1 xícara de tâmaras
- 2 xícaras de nozes-pecãs
- ½ xícara de leite de coco fresco
- 2 xícaras de polpa de coco (fresco)
- 2 mangas maduras cortadas em tiras

Preparo: processar as tâmaras, as nozes-pecãs e o leite de coco para ficar um creme consistente. Processar em separado apenas a polpa do coco fresco para ficar uma massa homogênea. Espalhar sobre a massa primeiro o creme de nozes, depois a massa de coco e, por último, organizar as tiras de manga. Enrolar e cortar em pedaços de 1,5 cm.

Obs.: a manga pode ser substituída por pêssego, morango ou frutas vermelhas, como cerejas, framboesas etc.

Rendimento: 8 a 10 porções.

CREPES

Maçã

Massa:

- 5 xícaras de maçã picada
- ½ xícara de semente de linhaça dourada moída
- 1 colher (chá) de canela em pó
- uma pitada de sal marinho

Preparo: bater no processador a maçã, para ficar homogêneo. Transferir o purê para uma tigela e adicionar a linhaça moída, a canela e o sal. Mexer bem com uma espátula ou colher larga. Dividir a massa em folhas de teflex (ou papel-manteiga), em círculos de aproximadamente 10 cm de diâmetro, com 0,5 cm de espessura, e colocar no desidratador por 6 a 8 horas. Virar a massa, retirar o teflex e desidratar por mais 1 ou 2 horas.

Recheio:

- 4 xícaras de maçã com casca em cubinhos (de 0,5 cm, mais ou menos 4 maçãs)
- ¾ de xícara de nozes quebradas
- ¼ de xícara de uvas-passas brancas
- 3 colheres (sopa) de mel
- 3 colheres (sopa) de suco de limão
- ½ colher (chá) de raspas de limão
- ½ colher (chá) de canela
- uma pitada de sal marinho

Preparo: prensar os ingredientes um pouco com as mãos, para incorporar.

Creme:

- 1 xícara de macadâmias hidratadas por 10 a 12 horas
- ¼ de xícara de mel
- 2 colheres (sopa) óleo de coco
- ¼ de xícara de água de coco
- 1 colher (chá) de baunilha moída

Preparo: bater todos os ingredientes no processador e guardar na geladeira, se não for usar imediatamente.

Montagem: preencher cada panqueca com 2 colheres (sopa) do creme e 3 colheres (sopa) bem cheias do recheio, fechar e sirvir.

Rendimento: 6 a 8 porções.

Alimentação viva e ecológica

Banana

Massa:
- 6 bananas maduras ou 1 kg
- 1 colher (chá) de canela em pó

Preparo: bater no processador as bananas e a canela, para ficar homogêneo. Dividir a massa em bandejas de teflex (ou papel-manteiga), em círculos de aproximadamente 10 cm de diâmetro, com 0,5 cm de espessura, e coloque no desidratador por 6 a 8 horas numa temperatura de 40 ºC. Virar a massa, retirar o teflex e desidratar por mais 1 ou 2 horas.

Recheio:
- 2 mangas maduras cortados em tiras

Obs.: a manga pode ser substituída por pêssego, morango ou frutas vermelhas como cerejas, framboesas etc.

Creme:
- 1 xícara de macadâmia hidratada ou 1 xícara de polpa de coco verde com consistência média
- 1 xícara de água de coco
- 1 colher (sopa) de chia hidratada
- 1 colher (sopa) óleo de coco extra virgem
- 1 colher (chá) de baunilha (opcional)

Preparo: bater a macadâmia, a água de coco, a chia, o óleo e a baunilha no liquidificador até virar um creme consistente.

Montagem: espalhar uma parte do creme sobre o crepe de banana. Adicionar 2 ou 3 tiras de manga. Colocar mais um pouco do creme e enrolar a massa em forma de crepe.

Rendimento: 10 porções.

Manga

Massa:
- 1 manga fatiada
- ½ xícara de linhaça moída

Preparo: bater primeiro a manga no liquidificador e coar no saco de voal para retirar os fiapos. Em seguida, bater com a farinha de linhaça. Distribuir o creme nas bandejas de teflex (ou papel-manteiga), em círculos de aproximadamente 10 cm de diâmetro com 0,5 cm de espessura, e colocar na desidratadora por 6 a 8 horas, numa temperatura de 40 ºC. Virar a massa, retirar o teflex e desidratar por mais 1 ou 2 horas.

Recheio:
- 1 manga fatiada
- 1 colher (sopa) de psyllium
- 2 xícaras de amoras maduras frescas (reserve 1 xícara para a montagem)

Preparo: bater a manga no processador e coar no saco de voal. Em seguida, bater com o psyllium e as amoras.

Montagem: preencha cada crepe com 2 colheres do creme do recheio e distribua amoras. Feche e sirva.

Rendimento: 4 a 6 porções.

bolos e doces

BOLO VIVO

Massa:
- 8 maçãs sem casca
- 1 xícara de tâmaras sem sementes
- 2 xícaras de nozes hidratadas e trituradas
- ½ xícara de farinha de linhaça
- ½ xícara de uvas-passas (opcional)
- 1 colher (chá) de canela
- 1 colher (café) de noz-moscada
- uma pitada de sal marinho

Preparo: bater no processador 4 maçãs sem adição de água, até virar um creme. Em seguida, adicionar as tâmaras, bater novamente e reservar. Triturar 4 maçãs no processador ou ralar no ralador grosso. Numa bacia, misturar todos os ingredientes. Esta receita dá para duas camadas. Abrir no teflex (ou papel-manteiga), dando a forma redonda ou quadrada. Colocar no desidratador e deixar secar por 12 horas. Virar e desidratar mais 6 horas.
Rendimento: 2 camadas.

Recheio:
- 1 xícara de coco ralado (maduro)
- 1 xícara de polpa de coco verde
- 1 xícara de uvas-passas brancas
- ½ xícara de damasco seco
- ½ xícara de água de coco
- 1 caixa de morangos orgânicos

Preparo: bater os ingredientes no liquidificador sem colocar os morangos. Picar os morangos e misturar. Colocar o recheio por cima da primeira camada. Cobrir com a outra camada do bolo.
Rendimento: 2 camadas.

Cobertura:
- 6 bananas nanicas
- 2 colheres (sopa) de farinha de sementes de cacau cruas
- 2 colheres (sopa) de óleo de coco extra virgem
- 1 colher (chá) de canela em pó ou de baunilha moída

Preparo: bater os ingredientes no processador até ficar bem homogêneo e espalhar sobre o bolo. Enfeitar com tiras de coco maduro.
Rendimento: 12 a 20 porções.

BOLO DE CENOURA COM LARANJA

Massa:
- 1 xícara de tâmaras
- ½ xícara de suco de laranja
- 3 xícaras de cenoura ralada no ralador fino
- 2 xícaras de pecãs, ou nozes hidratadas trituradas
- ½ xícara de uvas-passas picadas
- 4 maçãs sem casca e sem sementes processadas
- 1 colher (chá) de noz-moscada
- 1 colher (chá) de canela
- ¼ colher (chá) de sumo de gengibre
- ¼ xícara de farinha de linhaça
- ¼ colher (chá) de cravo moído
- ½ pitada de sal marinho
- ½ colher (chá) de casca de laranja ralada
- 1 xícara de coco seco desidratado

Preparo: deixar as tâmaras de molho no suco de laranja, por 1 hora. Bater a mistura em um processador ou liquidificador. Misturar todos os ingredientes em uma tigela. Formatar essa massa em bolos individuais ou em uma camada única a ser cortada no final da preparação. Colocar na bandeja da desidratadora e desidratar por 8 a 12 horas a 40 ºC.

Cobertura:
- 1½ xícara de macadâmias hidratadas
- ½ xícara de água de coco
- 1 colher (sopa) de mel
- 1 colher (sopa) de óleo de coco

Alimentação viva e ecológica

- 1 colher (chá) de fava de baunilha moída
- 1 colher (sopa) de psyllium
- uma pitada de sal marinho

Preparo: bater todos os ingredientes no liquidificador. Guardar no refrigerador para alcançar a consistência desejada até a hora de cobrir o bolo.
Rendimento: 12 porções.

Taças com Creme Chantilli

1ª Camada:
- 1 xícara de castanhas-do-pará hidratadas
- ½ xícara de uvas-passas brancas sem sementes

Preparo: processar e espalhar em 10 taças de vidro (camadas finas).

2ª Camada:
- 1 caixa de morangos orgânicos picados

Preparo: organizar as porções nas taças por cima da 1ª camada.

3ª Camada:
- 1 xícara de macadâmias hidratadas
- 1 xícara de água de coco
- 1 xícara de polpa de coco verde
- 2 colheres (sopa) de óleo de coco extra virgem
- 2 colheres (sopa) de mel
- 1 colher (chá) de fava de baunilha moída

Preparo: bater no liquidificador até ficar cremoso e colocar porções em cada taça. Enfeitar com morangos inteiros.
Rendimento: 10 tigelinhas.

TORTA ESPECIAL DE ABACAXI

1ª Camada:
- ½ xícara de nozes-pecãs hidratadas
- 1 xícara de ameixas secas sem sementes hidratadas
- ½ xícara de linhaça hidratada

Preparo: processar no extrator ou processador para virar uma massa consistente. Espalhar numa fôrma redonda.

2ª Camada:
- 1 abacaxi médio picado em cubinhos

Preparo: distribuir o abacaxi por cima da 1ª camada.

3ª Camada (cobertura):
- 1 xícara de castanhas-de-caju cruas hidratadas
- 1 xícara de água de coco

Preparo: processar todos os ingredientes. Espalhar por cima da torta. Deixar no congelador por 2 horas.
Rendimento: 8 porções.

DAMASQUINHO VIVO

- 1 xícara de damascos secos
- 1 xícara de tâmaras secas
- 2 xícaras de amêndoas hidratadas sem pele
- 1 xícara de farinha de amêndoas

Preparo: com o auxílio de um processador ou moedor, processar o damasco, as tâmaras e as amêndoas. Em seguida, modelar os docinhos em forma de bolinhas ou outra que preferir. Passar na farinha de amêndoas. Pode-se enfeitar com pedacinhos das frutas secas.
Rendimento: 25 a 30 docinhos.

TORTA ESPECIAL DE GIRASSOL

1ª Camada:
- 1 xícara de sementes de girassol cruas hidratadas
- ½ xícara de nozes hidratadas
- 1 xícara de tâmaras sem sementes
- ½ xícara de linhaça dourada hidratada

Preparo: processar os ingredientes num processador até virar uma massa consistente. Abrir a massa numa fôrma redonda com aro removível.

2ª Camada:
- 12 pêssegos descascados e cortados em fatias

Preparo: distribuir as fatias de pêssego sobre a 1ª camada.

3ª Camada:
- 6 atemoias maduras
- ½ xícara de castanhas-do-pará hidratadas
- 1 colher (sobremesa) de psyllium
- 1 colher (chá) de fava de baunilha moída

Preparo: separar as sementes da polpa com a sacola furada[1]. Em seguida, bater no processador a polpa junto com a castanha, o psyllium e a baunilha. Colocar esse creme sobre os pêssegos. Deixar por duas horas no congelador antes de servir.

Rendimento: 10 a 12 porções.

DOCINHOS VARIADOS

Exemplos:
1- Ameixa seca + castanha-do-pará hidratada
2- Passas de banana + castanha-de-caju crua hidratada
3- Uvas-passas + nozes

Preparo: processar a mesma quantidade de frutas secas e castanhas hidratadas. Enfeitar os docinhos com pedacinhos de frutas.

Rendimento para cada xícara de massa: 6 docinhos.

BRIGADEIRO

- ½ xícara de nibs de cacau
- ½ xícara de tâmaras desidratadas sem sementes
- 1½ xícara de farinha de nozes hidratadas, desidratadas e moídas
- ¼ de xícara de damasco seco
- 2 colheres (sopa) de óleo de coco extra virgem
- ½ xícara de farinha de amêndoas

Preparo: triturar os nibs com auxílio do processador, até transformá-los em farinha. Processar as tâmaras sem sementes e o damasco no processador ou numa máquina de moer. Misturar todos os ingredientes, com exceção da farinha de amêndoas, para formar uma massa consistente. Enrolar os docinhos e passar na farinha de amêndoas. Enfeitar com pedacinhos de damasco.

Rendimento: 12 a 20 docinhos.

---

1. Ver item 5, na p. 191

BOLO DE ANIVERSÁRIO

Massa (para duas camadas):
- 200 g de figos desidratados
- 200 g de tâmaras desidratadas
- 2 xícaras de nozes hidratadas
- 2 colheres (sopa) de chia hidratada
- 10 maçãs raladas (espremer para retirar o excesso de líquido)
- 1 colher (chá) de canela

Preparo: processar as tâmaras, os figos e as nozes. Em seguida, misturar bem com as maçãs raladas e a chia, até ficar uma massa homogênea. Preparar duas camadas de bolo e levar para desidratar.

Recheio:
- 4 a 6 mangas fatiadas
- 1 xícara de frutas vermelhas (mirtilo, framboesas, morangos ou amoras)
- 2 colheres (sopa) de psyllium

Preparo: bater no processador as mangas e as frutas vermelhas e coar no saco de voal. Bater novamente com o psyllium até ficar um creme consistente (se precisar colocar mais psyllium).

Cobertura:
- 1 xícara de água de coco
- ½ xícara de nozes
- 2 colheres (sopa) de sementes de cacau cruas (nibs)
- 1 colher (sopa) de óleo de coco
- 1 colher (sopa) de chia hidratada
- 1 colher (café) de fava de baunilha moída (opcional)
- ½ xícara de tâmaras

Preparo: bater todos os ingredientes no liquidificador até ficar um creme homogêneo e consistente. Use a sua criatividade para enfeitar o bolo. Parabéns para todos!

Rendimento: 10 porções.

TORTA DE CAQUI

1ª Camada:
- ½ xícara de castanha-do-pará crua hidratada
- ½ xícara de damasco
- 4 maçãs trituradas
- ½ xícara de tâmaras sem semente
- 1 colher (chá) de canela em pó

Preparo: bater os ingredientes em um processador até virar uma massa consistente e homogênea. Abrir a massa numa fôrma redonda com aro removível. Desidratar por 19 horas a 40 °C.

2ª Camada:
- 1 xícara de uvas-passas brancas
- ½ xícara de damasco
- 1 xícara de água de coco
- ½ xícara de castanha-do-pará
- ½ xícara de macadâmia hidratada
- 1 manga madura fatiada

Preparo: Colocar as passas e o damasco com a água de coco e deixar hidratar por 2 horas. Em seguida, processar essas frutas secas junto com as castanhas-do-pará e as macadâmias até obter um creme consistente. Espalhar este creme por cima da primeira camada e em seguida distribuir por cima as fatias de manga.

3ª Camada:
- 6 caquis maduros
- 3 colheres (sopa) de psyllium

Preparo: bater 3 caquis (sem pele e sem semente) no liquidificador com o psyllium para ficar um creme. Espalhar esse creme por cima da 2ª camada da torta. Em seguida, picar os 3 caquis que sobraram em quadradinhos e distribuir por cima do creme.

Rendimento: 12 porções.

Receitas Vivas

BROWNIE

- *3 maçãs cortadas em pedaços*
- *1½ xícara de tâmaras sem sementes*
- *1 colher (sopa) de chia hidratada*
- *2 xícaras de nozes hidratadas e desidratadas trituradas*
- *¾ de xícara de farinha de sementes de cacau cruas*
- *1 colher (sopa) da mistura de especiarias (ver próxima receita).*
- *1 xícara de uvas-passas brancas*

Preparo: *bater as maçãs no processador até virar um creme. Em seguida, adicionar as tâmaras e bater mais para ficar um creme homogêneo. Misturar todos os ingredientes numa bacia. Dar a forma arredondada e achatada e colocar para desidratar. Virar depois de 12 horas e deixar mais 6 horas na desidratadora.* **Rendimento:** *12 unidades.*

Mistura de Especiarias

- *3 colheres (sopa) de coentro*
- *6 colheres (sopa) de canela*
- *4 colheres (sopa) de noz-moscada*
- *2 colheres (sopa) de gengibre seco moído*
- *2 colheres (sopa) de cravo-da-índia moído*

Preparo: *misturar tudo e guardar em vidro escuro em local seco.*

Alimentação viva e ecológica

granolas

GRANOLAS

Grãos e Frutas Desidratadas

- ½ xícara de quinoa orgânica germinada e fermentada
- 1 xícara de linhaça pré-germinada
- 1 xícara de gergelim orgânico pré-germinado e desidratado
- ½ xícara de abacaxi desidratado
- 1 xícara de maçã desidratada
- ½ xícara de damasco
- ½ xícara de uvas-passas pretas
- ½ xícara de tâmara sem caroço
- ½ xícara de mel orgânico
- 1 xícara de banana-nanica em passa
- 1 colher (chá) rasa de sal marinho
- 1 colher (chá) de cravo-da-índia em pó
- 1 colher (sobremesa) de canela em pó

Preparo: passar no processador ou moedor todas as frutas menos a uva-passa e os temperos; acrescentar a linhaça, o gergelim, a quinoa e a uva-passa. Misturar bem até obter uma massa homogênea. Abrir a massa com o auxílio de um rolo entre duas lâminas de teflex (ou papel-manteiga) até atingir a espessura de 2 a 3 mm. Colocar na desidratadora, retirando a lâmina de teflex superior, para secar por 3 horas. Uma vez seca a parte de cima, virar e retirar a outra lâmina de teflex e deixar secar por mais 8 a 10 horas. Quebrar a massa e continuar secando até que fique crocante. Armazenar em vidros fechados. Conserva-se por 60 dias.

Rendimento: 1½ kg de granola.

Trigo-sarraceno

- 1 xícara de nozes hidratadas
- 1 kg de maçãs pequenas, orgânicas, trituradas
- 1 xícara de tâmaras trituradas
- 1 xícara de trigo-sarraceno hidratado
- 1½ xícara de sementes de girassol sem casca, hidratadas
- 1 colher (sopa) rasa de canela
- uma pitada de sal marinho
- 1½ xícara de coco seco ralado e desidratado
- 1 xícara de uvas-passas brancas

Preparo: pulsar no triturador ou processador as nozes, em pedaços não muito pequenos. Lavar as maçãs, tirar as sementes e triturá-las no processador. Processar as tâmaras. Colocar numa bacia média o trigo-sarraceno, as maçãs e as nozes trituradas, a semente de girassol, as tâmaras processadas, a canela e o sal. Misturar bem. Colocar 4 xícaras da massa em cada fôrma da desidratadora e espalhar com as mãos. Ligar a desidratadora à temperatura máxima, 2 horas antes de colocar as fôrmas. Colocar as fôrmas na desidratadora e deixar por aproximadamente 15 horas. No final, misturar os ingredientes com o coco ralado previamente desidratado e as uvas-passas.

Rendimento: 7 xícaras.

Coco Seco:

Retirar o coco da casca, tirar sua pele e triturá-lo. Desidratar o coco, separado da massa da granola, por no mínimo 12 horas.

Alimentação viva e ecológica

pães e biscoitos

PÃO ESSÊNIO

- 2 xícaras de trigo germinado
- 2 colheres (sopa) de linhaça hidratada
- ½ colher (chá) de sal marinho

Preparo: processar o trigo germinado com a linhaça e o sal com a ajuda de um moedor ou processador. Abrir a massa com o auxílio de um rolo até atingir a espessura de 2 mm. Cortar na forma que desejar. Colocar para secar ao sol ou na desidratadora.

Rendimento: 4 a 6 pães no formato de panqueca.

BISCOITOS (TIPO CRACKER)

Linhaça e Cenoura

- 2 xícaras de cenoura triturada (ou outro legume, como abobrinha)
- 2 xícaras de linhaça hidratada
- ¼ de colher (chá) de pimenta-branca
- ⅓ de colher (chá) de sal

Preparo: juntar a cenoura com os demais ingredientes, misturando bem. Em cada bandeja da desidratadora cabem 3 a 4 xícaras da mistura espalhada uniformemente sobre voal, teflex ou papel-manteiga. Depois de espalhar esta mistura, cortar os quadrados ou retângulos no tamanho desejado.

Rendimento: 8 a 12 crackers.

Gergelim

- 2 xícaras de linhaça hidratada
- 2 xícaras de gergelim hidratado
- 1½ xícara de pimentão maduro e tomates triturados no processador
- ¼ colher (café) de pimenta-branca
- 1 colher (chá) de sal

Preparo: o procedimento é o mesmo da receita anterior, sendo que o gergelim e a linhaça podem ser batidos em partes iguais no processador com o tomate e o pimentão. Para isso, bater primeiro o tomate com o pimentão e ir acrescentando a linhaça e o gergelim. Dica: ervas ou outros temperos podem ser adicionados, tais como manjericão, salsinha, coentro etc. Tempo de desidratação: 24 horas. Virar depois de 12 horas.

Rendimento: 8 a 10 porções.

Linhaça com Tomates Secos

- 4 xícaras de linhaça dourada hidratada
- 1 xícara de tomates maduros picados (triturar)
- ⅛ de colher (chá) rasa de pimenta-de-caiena
- ½ colher (chá), rasa, de sal marinho

Preparo: lavar a linhaça e deixar hidratar por 8 horas. Em seguida, lavar em uma peneira, com bastante água. Misturar todos os ingredientes e passar no processador. Arrumar em fôrmas redondas de tortilhas sobre teflex (ou papel-manteiga). Deixar secar à temperatura de 40 ºC, no desidratador, por 12 horas, virar e esperar de 6 a 8 horas para ficar bem crocante e bem seca.

Rendimento: 8 a 10 tortilhas.

Alimentação viva e ecológica

Linhaça Dourada e Gergelim

- 1 xícara de linhaça dourada hidratada
- ½ xícara de amêndoas hidratadas
- 1 xícara de gergelim hidratado
- 1 colher (sopa) de alecrim fresco picado
- 1 colher (café) de sal marinho

Preparo: lavar a linhaça e deixar em água, hidratando por 8 horas. Em seguida, enxaguar com o auxílio de uma peneira. Passar as amêndoas no processador. Misturar todos os ingredientes. Arrumar a massa em fôrmas redondas de tortilhas, sobre lâminas de teflex (ou papel-manteiga), e deixar secar por 24 a 36 horas no desidratador.
Rendimento: 4 a 5 tortilhas.

Torrada de Amêndoas

- 2 xícaras de amêndoas hidratadas sem pele
- 1 xícara de polpa de amêndoa (que ficou no coador de voal no preparo do leite de amêndoas, p. 206)
- 1 xícara de linhaça moída
- 4 xícaras de verduras trituradas (cenoura, abobrinha etc.)
- 1 colher (chá) de ervas da Provença

Preparo: triturar ou cortar as amêndoas de forma que fiquem em pedaços maiores e misturar com os demais ingredientes. Espalhar sobre o voal na bandeja que irá para o desidratador, na espessura de uma torrada tradicional, e cortar para ficarem destacadas depois de desidratadas. Espalhe em duas folhas de teflex (ou papel-manteiga). Desidratar por 48 horas a uma temperatura de 40 °C, virando após 24 horas e retirando as folhas de teflex.
Rendimento: 16 torradas.

Legumes

- 4 xícaras de legumes triturados no processador (cenoura, chuchu, abobrinha, abóbora etc.)
- 2 xícaras de sementes de girassol hidratadas processadas
- 1 xícara de sementes de girassol hidratadas não processadas
- 1 xícara de pimentão vermelho triturado
- 1 xícara de sementes de abóbora cruas descascadas (opcional)
- 1 colher (café) de pimenta-branca
- 2 colheres (chá) de sal
- 1 xícara de farinha de linhaça dourada
- 1 xícara de salsinha picada

Preparo: misturar todos os ingredientes. Espalhar em três folhas de teflex (ou papel-manteiga) na espessura de mais ou menos 1 cm, cortar em quadradinhos e deixar desidratar por 34 horas. Virar, retirar as folhas de teflex e deixar mais 12 horas.
Rendimento: 24 torradas.

Gergelim com Buriti

- ½ xícara de massa de buriti fresca
- ½ xícara de tâmaras sem semente
- ¼ de xícara de uvas-passas sem semente hidratadas
- uma pitada de sal marinho
- 1 colher (chá) de canela
- 1 colher (sopa) de chia hidratada
- ¼ de xícara de gergelim pré-germinado e desidratado

Preparo: passar no processador ou moedor a massa de buriti, a tâmara, a uva-passa e os temperos. Acrescentar o gergelim. Abrir a massa com o auxílio de um rolo, entre duas lâminas de teflex (ou papel-manteiga), até atingir a espessura de 2 mm. Colocar para secar ao sol ou no desidratador de 10 a 15 horas. Uma vez seca a parte de cima, virar e retirar a lâmina de teflex inferior; deixar secar até que fique crocante. Cortar em retângulos de 4 por 8 cm, ou no tamanho que desejar, e colocar para secar por mais uma hora.
Rendimento: 375 g.

petiscos

PETISCOS

Chips de Berinjela

- *4 berinjelas médias maduras[1]*

Molho para marinar[2]:
- *¼ de xícara de mel*
- *½ xícara de shoyu*
- *½ xícara de suco de limão*
- *1 colher (sobremesa) de pimenta chilli em pó*
- *1 colher (chá) de cominho em pó*

Preparo: *descascar as berinjelas e cortar em fatias finas. Deixar marinando no molho por algumas horas. Escorrer e colocar sobre folhas de teflex (ou papel--manteiga) no desidratador por 24 horas.*
Rendimento: *4 xícaras.*

Castanhas ou Sementes Crocantes

- *1 xícara de sementes de girassol, de nozes ou de castanhas-do-pará (hidratadas).*

Preparo: *deixar as castanhas ou sementes ou castanhas marinando no molho (explicação na nota de rodapé 2) por 2 horas e depois desidratar até ficarem secas e crocantes.*
Rendimento: *¾ de xícara.*

CANAPÉS DE ABOBRINHA

- *1 xícara de macadâmias hidratadas*
- *1 xícara de polpa de coco verde mais dura*
- *1 xícara de água de coco*
- *2 xícaras de nozes hidratadas e desidratadas*
- *1 xícara de tomate seco bem picadinho*
- *3 abobrinhas novas cortadas em lâminas no sentido do comprimento*
- *1 xícara de pimentão vermelho picadinho*
- *1 xícara de salsinha picadinha*
- *½ xícara de manjericão fresco picadinho*
- *2 colheres (sopa) de suco de limão*
- *1 colher (chá) de sal marinho*
- *½ colher (café) de pimenta-de-caiena a gosto (opcional)*

Preparo: *bater no liquidificador a macadâmia, a polpa de coco e a água de coco para ficar um creme consistente. Separadamente, processar as nozes desidratadas para fazer uma farinha com alguns pedacinhos de nozes. Em seguida, misturar todos os ingredientes para ficar uma massa temperada. Rechear as tiras da abobrinha enrolando da parte mais grossa para a mais fina. Colocar em um pirex e ornamentar com flores de capuchinha.*
Rendimento: *20 a 25 porções.*

---

1. As berinjelas são maduras quando estão macias.
2. Marinar é uma técnica culinária que consiste em colocar os alimentos numa mistura de temperos, muitas vezes na forma líquida. No caso da culinária viva, além de colocar de molho, pode-se também usar as mãos para deixar alguns alimentos mais fáceis de serem digeridos. Os ingredientes (como cogumelos, nabo, cenoura etc.) podem ficar marinando de alguns minutos até várias horas (geralmente durante a noite).

Alimentação viva e ecológica

CANAPÉS DE CEBOLA

1ª Camada:
(crosta de cebola)
- 1 kg de cebola
- ¼ de xícara de azeite
- ½ xícara de tâmaras
- 1 xícara de sementes de girassol descascadas hidratadas por 8 horas
- 1 colher (chá) de sal marinho
- ½ xícara de farinha de linhaça dourada

Preparo: passar todos os ingredientes no processador, menos a linhaça e o sal. Misturar depois os ingredientes processados com a linhaça e o sal. Em três bandejas com teflex (ou papel-manteiga), espalhar a massa (3 xícaras em cada), cortar em quadrados pequenos para os canapés ou maiores para o sanduíche e desidratar por 36 horas no desidratador, a uma temperatura de 38-40 °C graus. Depois das primeiras 12 horas, virar as crostas.

2ª Camada:
(patê de castanha-do-pará)
- 1 xícara de castanhas-do-pará hidratadas
- 1 xícara de sementes de girassol hidratadas por 8 horas
- ¼ de xícara de óleo de linhaça
- 2 colheres (sopa) de shoyo
- 2 colheres (sopa) de suco de limão
- 2 folhas de alga nori

- ½ xícara de água de coco

Preparo: processar todos os ingredientes juntos para ficar uma pasta homogênea.

3ª Camada:
(recheio)
- 6 cenouras médias
- 400 g de broto de alfafa.

Preparo: ralar as cenouras bem finas, misturar com o broto de alfafa e reservar.

4ª Camada:
(patê de abacate)
- 3 xícaras de abacate picado
- 2 colheres (sopa) de suco de limão
- 1 colher (sopa) de sal marinho
- 1 colher (sopa) shoyo (opcional)
- uma pitada de pimenta-de-caiena

Preparo: processar todos os ingredientes juntos para ficar uma pasta homogênea.

Montagem dos canapés: Dividir as crostas em quadrados de 4 por 4 cm. Depois adicione o patê de castanha-do-pará, o recheio de cenoura e alfafa e por fim o patê de abacate. Enfeitar com folhinhas de hortelã.

Rendimento: 72 canapés.

TORTILHA VERDE

- 6 chuchus descascados e sem semente
- 2 colheres (sopa) de azeite
- 2 colheres (sopa) de suco de limão
- ¼ de colher (chá) de pimenta-branca
- 1 colher (chá) de sal
- 1 xícara de linhaça hidratada

Preparo: bater primeiro os chuchus no processador. Por último, adicionar a linhaça e bater até ficar homogênea. Espalhar sobre as bandejas com teflex (ou papel-manteiga) de forma arredondada e deixar desidratar por 8 horas. Virar, retirar o teflex e desidratar por mais 1 a 2 horas.

Rendimento: 6 porções.

pastas e patês

PASTAS

Tahine com Missô

- 1 colher (sopa) de missô
- 3 colheres (sopa) de tahine cru
- ½ colher (sopa) de cebolinha picada (opcional)
- ½ colher (sopa) de salsa picada
- ½ colher (sopa) de hortelã picada
- água mineral para dar o ponto

Preparo: misturar o missô e o tahine, acrescente água mineral até formar um creme consistente; misturar a cebolinha, a salsa e a hortelã, picadinhos.
Rendimento: 80 g.

Homus com Tahine

- 1 xícara de pasta de broto de grão-de--bico fermentado
- 2 colheres (sopa) de tahine cru
- 1 colher (sopa) de azeite extra virgem
- ½ colher (chá) de alho amassado
- ½ colher (chá) de sal marinho

Preparo: bater no processador todos os ingredientes até ficar um creme homogêneo.
Rendimento: 300 g.

Broto de Grão-de-bico Fermentado

- 4 xícaras de broto de grão-de-bico germinado por 24 horas
- 1 g de lactobacilos em pó

Preparo: retirar a pele do grão-de-bico brotado. Processar o grão-de-bico numa máquina de moer ou no processador, para ficar uma massa homogênea. Misturar bem com os lactobacilos até incorporá-los em toda a massa. Colocar em vidro previamente esterilizado e seco. Socar a massa com um socador até ficar bem prensada dentro do vidro, sem deixar bolhas de ar. Adicionar ½ xícara de água sem cloro fervida para ficar uma lâmina que impeça a entrada de ar. Tampar o vidro com um pano de algodão e deixar em lugar escuro de 8 a 12 horas, até fermentar. Uma vez fermentado, guardar na geladeira por até 1 dia. Se quiser guardar por mais tempo, pôr no congelador.
Rendimento: 600 g.

Broto de Grão-de-bico

- 1 xícara de pasta de broto de grão-de--bico fermentado
- 2 colheres (sopa) de óleo de gergelim extra virgem
- 1 dente de alho
- ½ xícara de água de coco
- 1 colher (sopa) de suco de limão
- 1 colher (sopa) de shoyu
- ½ colher (chá) de orégano seco
- ½ colher (café) de cominho em pó

Preparo: bater todos os ingredientes no liquidificador.
Rendimento: 300 g.

Alimentação viva e ecológica

PATÊS

Tomate Seco

- *1 xícara de tomates maduros, frescos e orgânicos*
- *1 xícara de tomates secos orgânicos*
- *1 colher (sopa) de linhaça dourada hidratada*
- *2 tâmaras*
- *½ colher (chá) de sal marinho*
- *água de coco (o suficiente para formar um creme)*
- *1 colher (sopa) de manjericão fresco picado*

__Preparo:__ bater no processador os tomates, a linhaça, as tâmaras, o sal e a água de coco. Por último, colocar o manjericão e dar uma leve triturada.
__Rendimento:__ 400 ml.

Nozes com Tomate Seco

- *½ xícara de nozes hidratadas*
- *½ xícara de polpa de coco fresco*
- *½ xícara de tomate seco*
- *¼ de colher (café) de pimenta-de--caiena*
- *1 colher (café) de sal marinho*
- *água de coco (suficiente para formar um creme)*

__Preparo:__ bater todos os ingredientes no processador para ficar com consistência cremosa.
__Rendimento:__ 500 ml.

Gergelim com Ervas

- *1 xícara de gergelim hidratado e desidratado*
- *½ xícara de água de coco*
- *½ xícara de ervas de sua preferência (cebolinha, salsinha, manjericão, alecrim)*
- *1 colher (sopa) de óleo de linhaça prensado a frio*
- *1 colher (sopa) de suco de limão*

__Preparo:__ bater no liquidificador primeiro o gergelim com a água de coco, até virar um creme. Adicionar os temperos e apertar a tecla pulsar 3 vezes.
__Rendimento:__ 400 ml.

Cenoura

- *3 cenouras médias cruas*
- *½ xícara de linhaça hidratada*
- *1 rodela de cebola (opcional)*
- *¼ de xícara de cebolinha (opcional)*
- *2 colheres (sopa) de salsinha picada*
- *1 ou 2 colheres (sopa) de shoyu cru*
- *1 colher (sopa) de suco de limão*
- *2 colheres (sopa) de azeite extra virgem*

__Preparo:__ bater tudo no processador. Primeiro a cenoura e os temperos; em seguida, adicionar o azeite. Bater até ficar um creme homogêneo.
__Rendimento:__ 300 ml.

Abacate

- *1 abacate médio maduro*
- *½ colher (sopa) de psyllium*
- *1 colher (sopa) de suco de limão*
- *1 colher (sopa) de óleo de linhaça extra virgem*
- *1 colher (café) de sal marinho*
- *½ xícara de cebolinha (opcional)*
- *¼ de xícara de salsinha picada*

__Preparo:__ bater no processador todos os ingredientes, adicionando os temperos verdes ao final, pulsando 3 vezes.
__Rendimento:__ 500 ml.

Abacate com Chia

- *1 xícara de água de coco*
- *1 abacate pequeno*
- *½ xícara de chia hidratada*
- *½ xícara de polpa de coco*
- *¼ de colher (chá) de sal*

- *1 colher (sopa) de suco de limão*
- *uma pitada de pimenta-de-caiena*
- *¼ de xícara de cebola picada (opcional)*
- *½ xícara de manjericão picado*
- *¼ de xícara de hortelã picada*

Preparo: *bater todos os ingredientes no processador, até obter uma textura cremosa. Adicionar os temperos verdes ao final, apertando a tecla pulsar 3 vezes. Se necessário, acrescente mais água de coco para dar a consistência adequada.*

Rendimento: *400 ml.*

Rancheiro

- *½ xícara de óleo de gergelim extra virgem*
- *2 colheres (sopa) de suco de limão*
- *2 colheres (sopa) de shoyu*
- *½ xícara de sementes de girassol hidratadas e lavadas*
- *¼ de xícara de castanhas-do-pará hidratadas e lavadas*
- *½ xícara de nozes hidratadas*
- *uma pitada de pimenta-de-caiena*
- *½ colher (chá) de sal*
- *¼ de colher (chá) de pimenta-branca*
- *¼ de colher (chá) de endro seco*
- *½ xícara de salsinha picada*
- *½ xícara de coentro picado*

Preparo: *reservar as folhas de salsinha e coentro. Bater os outros ingredientes no processador, até que fique uma massa homogênea e, por último, juntar as folhas.*

Rendimento: *400 ml.*

Girassol, Nozes e Cogumelo

- *1½ xícara de sementes de girassol hidratadas*
- *½ xícara de nozes ou nozes-pecãs hidratadas*
- *1 xícara de cogumelos crus marinados por 2 horas*
- *½ xícara de cebolinha picada (opcional)*
- *½ xícara de coentro, com as hastes, picado*

- *1 colher (sopa) de shoyu*
- *½ colher (chá) de sal*
- *¼ de colher (chá) de pimenta-branca moída*

Preparo: *bater todos os ingredientes no processador até que alcancem a consistência de patê.*

Rendimento: *500 ml.*

Amêndoas e Grão-de-bico

- *¼ de xícara de sementes de linhaça hidratadas*
- *½ xícara de óleo de linhaça*
- *1 xícara de nozes-pecãs hidratadas*
- *½ xícara de grão-de-bico e fermentado (ver p. 242)*
- *¼ de colher (café) de pimenta-branca moída*
- *½ colher (café) de cominho moído*
- *1 colher (sopa) de suco de limão*
- *½ colher (chá) de sal*
- *½ xícara de água de coco verde*

Preparo: *bater primeiro no processador as sementes de linhaça e o óleo de gergelim, até que alcance a consistência de tahine. Acrescentar os demais ingredientes e a xícara de água de coco verde e continuar batendo. Se houver necessidade, acrescentar um pouco mais de água.*

Rendimento: *500 ml.*

Para Sushi

- *1 xícara de nozes hidratadas*
- *1 xícara de castanhas-do-pará hidratadas*
- *½ xícara de cebolinha cortada (opcional)*
- *½ xícara de alho-poró picado*
- *1 colher (chá) de sal*
- *½ colher (chá) de noz-moscada*
- *¼ de colher (chá) de pimenta-branca*

Preparo: *processar para ficar com consistência homogênea e pastosa.*

Rendimento: *400 g.*

Abacate picante

- *2 xícaras de abacate maduro*
- *¼ de colher (café) de pimenta-de--caiena*
- *½ xícara de coentro bem picado*
- *1 colher (sopa) de suco de limão*
- *½ xícara de cebolinha picada (opcional)*
- *1 colher (café) de cominho*
- *½ colher (café) de pimenta-branca moída*
- *1 colher (chá) de orégano*

Preparo: *essa mistura pode ser batida no liquidificador com ½ xícara de água (ou mais um pouco), ou triturada no processador com lâmina em S, sem água.*
Rendimento: *400 ml.*

Guacamole

- *1 abacate (aproximadamente 1 xícara)*
- *1 colher (sopa) de coentro finamente cortado*
- *¼ de colher (café) de pimenta-de-caiena*
- *1 colher (café) de sal marinho*
- *1 colher (sopa) de suco de limão*
- *1 xícara de tomates maduros picados em quadradinhos*

Preparo: *reservar o coentro e o tomate. Bater os outros ingredientes no processador, o suficiente para ficarem apenas amassados. Despejar em uma tigela e acrescentar o coentro e o tomate, misturando com colher.*
Rendimento: *400 ml.*

Tahine Cru

- *½ xícara de tahine cru*
- *1 colher (sopa) de suco de limão*
- *½ xícara de água de coco*
- *1 colher (sopa) de shoyu*

Preparo: *bater todos os ingredientes até ficar bem homogêneo.*
Rendimento: *300 ml.*

Chucrute e Semente de Girassol

- *1 xícara de chucrute de repolho*
- *1 xícara de sementes de girassol hidratadas*
- *¼ de xícara de óleo de linhaça prensado a frio*
- *½ xícara de salsinha picada*
- *¼ de xícara de hortelã picadinha*
- *1 colher (sopa) de suco de limão*
- *1 pimenta de cheiro*
- *½ xícara de água de coco*

Preparo: *reservar os temperos verdes. Processar os outros ingredientes. Aos poucos, colocar água de coco até dar o ponto.*
Rendimento: *500 ml.*

Abacate e Mostarda

- *1 abacate grande*
- *½ colher (café) de semente de mostarda*
- *½ colher (café) de pimenta-branca moída*
- *2 colheres (sopa) de azeite extra virgem*
- *1 colher (sopa) de suco de limão*
- *1 colher (café) de sal*
- *1 colher (sopa) de mel*

Preparo: *bater todos os ingredientes no liquidificador.*
Rendimento: *300 ml.*

Maionese

- *1 xícara de leite de linhaça*
- *½ xícara de sementes de girassol descascadas e hidratadas*
- *½ xícara de castanhas-de-caju hidratadas*
- *½ colher (sopa) de gengibre picado*
- *2 colheres (sopa) de shoyu*
- *1 colher (sopa) de linhaça*
- *2 colheres (sopa) de suco de limão*
- *2 tâmaras*
- *¼ de colher (chá) de pimenta-de-caiena*

Preparo: *bater todos os ingredientes no liquidificador até obter uma textura cremosa e homogênea.*
Rendimento: *400 ml.*

pastas e patês

Receitas Vivas

molhos

MOLHOS

Cenoura, Laranja e Castanhas

- ½ xícara de suco de cenoura
- ½ xícara de suco de laranja
- ½ xícara de nozes hidratadas (sem pele)
- ¼ de xícara de castanhas-do-pará
- ⅓ de xícara de óleo de linhaça
- 1 colher (sopa) de suco de limão
- ½ colher (chá) de sal
- 1 tâmara
- ½ colher (chá) de canela
- ½ xícara de cebolinha picada (opcional)
- ½ xícara de hortelã picada

Preparo: reservar a cebolinha e a hortelã picada. Bater os outros ingredientes no liquidificador. Adicionar, manualmente, a cebolinha e a hortelã.
Rendimento: 400 ml.

Brotos

- 1 xícara de broto de rabanete
- 1 xícara de suco de cenoura
- ½ colher (chá) de curry em pó
- ½ xícara de azeite extra virgem
- 2 colheres (sopa) de shoyu
- ½ xícara de manjericão picado

Preparo: bater no liquidificador todos os ingredientes menos o manjericão, que deve ser acrescentado ao final. Aperte a tecla pulsar por 3 vezes, apenas.
Rendimento: 400 ml.

Pimentão Vermelho, Cenoura e Nozes

- 1 xícara de nozes-pecãs
- 1 xícara de suco de cenoura
- 1 xícara de pimentão vermelho
- ½ colher (sopa) de gengibre picado
- 1 colher (sopa) de suco de limão
- 1 colher (chá) de sal
- uma pitada de pimenta-de-caiena
- ½ xícara de manjericão
- ½ xícara de cebolinha picada (opcional)

Preparo: reservar o manjericão e a cebolinha. Bater os outros ingredientes no processador. Adicionar o manjericão e bater mais um pouco. Acrescentar a cebolinha (opcional) e misturar com colher.
Rendimento: 500 ml.

Pepino

- 2 xícaras de pepino picado
- 1 colher (sobremesa) de endro desidratado
- ¼ de xícara de cebola picada (opcional)
- ½ colher (sopa) de sumo de gengibre
- ½ xícara de azeite
- 1 colher (sopa) de suco de limão
- ½ colher (chá) de sal

Preparo: bater todos os ingredientes no processador.
Rendimento: 300 ml.

Alimentação viva e ecológica

Tomate com Pimentão e Linhaça

- *1 xícara de tomates bem maduros picados*
- *1 xícara de pimentão vermelho picado*
- *2 colheres (sopa) de linhaça (hidratada)*
- *1 pimenta-de-cheiro*
- *1 colher (sopa) de suco de limão*
- *2 colheres (sopa) de azeite extra virgem*
- *½ colher (chá) de sal marinho*

Preparo: *bater todos os ingredientes no processador.*
Rendimento: *250 ml.*

Óleo de Gergelim com Gengibre

- *1 colher (sobremesa) de gengibre picado*
- *½ xícara de óleo de gergelim*
- *½ xícara de azeite extra virgem*
- *1 colher (sopa) de suco de limão*
- *½ colher (sopa) de shoyu*
- *1 colher (café) de mostarda moída*
- *¼ de colher (café) de pimenta-de-caiena*
- *½ xícara de cebolinha picada (opcional)*

Preparo: *reservar a cebolinha. Bater os outros ingredientes no liquidificador. Adicionar a cebolinha e bater rapidamente.*
Rendimento: *300 ml.*

Pesto

- *1 xícara de castanhas-do-pará hidratadas*
- *1 colher (sopa) de orégano desidratado*
- *1 xícara de água de coco*
- *1 colher (sopa) de óleo de linhaça extra virgem*
- *1 colher (sopa) de suco de limão*
- *1 xícara de salsinha picada*
- *1 xícara de manjericão picado*

Preparo: *reservar a salsinha e o manjericão. Bater os outros ingredientes no processador. Por último, colocar esses dois ingredientes, processando rápido.*
Rendimento: *400 ml.*

Lasanha

- *3 tomates maduros sem sementes*
- *½ xícara de tomates secos*
- *1 xícara de água de coco*
- *½ pimentão vermelho médio*
- *¼ de xícara cebola picada (opcional)*
- *1 pimenta de cheiro*
- *1 colher (sopa) de azeite extra virgem*
- *2 tâmaras*
- *1 colher (chá) de suco de limão*
- *1 colher (sopa) de manjericão fresco*
- *1 colher (chá) de orégano*
- *1 colher (chá) de sal*
- *uma pitada de pimenta-de-caiena*

Preparo: *deixar os tomates secos de molho na água de coco por 2 horas. Em seguida, adicioná-los aos demais ingredientes e processar até que se misturem, mas mantendo alguns pedaços maiores. Este molho se mantém por 1 semana na geladeira e pode também ser servido com espaguete de abobrinha.*
Rendimento: *500 ml.*

Macadâmia

- *2 xícaras de macadâmias hidratadas*
- *1 xícara de água de coco*
- *2 colheres (sopa) de shoyu*
- *¼ de colher (chá) de noz-moscada*
- *¼ de colher (chá) de pimenta-branca*

Preparo: *bater todos os ingredientes no liquidificador, até ficar um creme homogêneo.*
Rendimento: *400 ml.*

Tomate Seco

- 1 xícara de tomate orgânico bem maduro
- 1 xícara de tomate seco
- 1 xícara de água de coco
- ¼ de xícara de óleo de linhaça extra virgem
- ½ colher (chá) de sal marinho
- 1 colher (sopa) de shoyu
- ¼ de colher (chá) de orégano desidratado
- ½ xícara de salsinha picada (opcional)
- ¼ de xícara de manjericão picado

Preparo: reservar a salsinha e o manjericão. Colocar o tomate seco na água de coco por 2 horas. Em seguida, processar junto com os outros ingredientes. Por último, colocar a salsinha e o manjericão.
Rendimento: 500 ml.

Macadâmia com Cominho

- 1 xícara de macadâmias hidratadas
- 1 xícara de água de coco
- uma pitada de pimenta-de-caiena
- ½ colher (chá) de sal
- 1 colher (chá) de cominho em pó

Preparo: bater todos os ingredientes no liquidificador até que alcancem a consistência cremosa.
Rendimento: 300 ml.

Salsão com Alga Nori

- 1 xícara de salsão picado
- 1 folha de alga nori picada
- ¼ de xícara de azeite extra virgem
- ½ xícara de suco de legume (pepino, por exemplo)
- 1 colher (sopa) de suco de limão
- 1 colher (sopa) de shoyu

Preparo: bater todos os ingredientes no liquidificador.
Rendimento: 300 ml.

Gengibre com Missô e Espirulina

- ½ xícara de missô claro
- 1 colher (sobremesa) de mel
- ½ xícara de óleo de gergelim
- 1 colher (sopa) de suco de limão
- ½ xícara de gengibre
- ½ ou 1 xícara de água mineral
- 1 ou 2 colheres (sopa) de espirulina em pó

Preparo: bater todos os ingredientes no liquidificador, adicionando água aos poucos para alcançar a consistência desejada.
Rendimento: 300 ml.

Gergelim com Alga Nori

- ½ xícara de gergelim hidratado
- ¼ de xícara de azeite de oliva extra virgem
- ¼ de xícara de óleo de linhaça
- 1 colher (sobremesa) de suco de gengibre
- 1 colher (chá) de semente de mostarda
- 1 xícara de água de coco
- 1 colher (sopa) de suco de limão
- 2 folhas de alga nori
- 1 colher (chá) de psyllium

Preparo: bater todos os ingredientes no liquidificador.
Rendimento: 300 ml.

Cenoura e Gergelim

- ½ xícara de gergelim hidratado
- ¼ de xícara de óleo de linhaça extra virgem
- 2 colheres (sopa) de endro desidratado
- 1 colher (chá) de orégano desidratado
- 1 xícara de suco de cenoura
- 1 colher (sopa) de suco de limão
- 1 colher (sopa) de shoyu
- ¾ de xícara de cebolinha picada (opcional)

Preparo: reservar a cebolinha. Bater os outros ingredientes no processador. Colocar a cebolinha (opcional) ao final, e apertar a tecla pulsar 3 vezes.
Rendimento: 300 ml.

Alimentação viva e ecológica

Abacate com Pepino

- 1 xícara de salsinha fresca picada
- 1 abacate médio
- 2 colheres (sopa) de cebola picada (opcional)
- 1 xícara de pepino picado
- 2 colheres (sopa) de suco de limão
- ½ colher (chá) de sal
- 1 xícara de água de coco ou suco de verduras (pode ser usado o caldo resultante de marinadas)

Preparo: bater todos os ingredientes no liquidificador até alcançar a consistência cremosa.

Variação: podem ser acrescentados pimentão vermelho, suco de cenoura, gengibre e/ou diferentes tipos de ervas.

Rendimento: 400 ml.

Girassol

- 1 xícara de sementes de girassol descascadas e hidratadas
- 1 colher (sopa) de ervas frescas picadas (manjericão, hortelã, salsinha, orégano etc.)
- 1 xícara de leite de linhaça
- 1 colher (sopa) de suco de limão
- ⅓ de colher (chá) de sal

Preparo: reservar os temperos verdes. Bater todos os outros ingredientes no liquidificador. Acrescentar ao final os temperos verdes apenas apertando a tecla pulsar por 3 vezes.

Rendimento: 400 ml.

Nozes com Cenoura

- 1 xícara de pimentão vermelho picado
- ½ xícara de nozes hidratadas
- ½ xícara de suco de cenoura
- 1 colher (sopa) de azeite de oliva extra virgem
- ⅓ de colher (sopa) de gengibre picado
- ½ colher (chá) de sal ou 1 colher (sopa) de shoyu

- ½ colher (sopa) de suco de limão
- 1 tâmara (opcional)
- uma pitada de pimenta-de-caiena
- ½ colher (sopa) de curry em pó
- ½ xícara de cebolinha finamente cortada (opcional)

Preparo: bater todos os ingredientes no processador e adicionar, se quiser, a cebolinha (opcional).

Rendimento: 300 ml.

Coco com Limão

- 1 xícara de água de coco
- 1 xícara de polpa de coco verde
- 1 colher (sopa) de suco de limão
- ½ colher (chá) de sal marinho
- uma pitada de pimenta-de-caiena
- ¼ de xícara de óleo de linhaça (ou outro óleo extra virgem)
- 1 colher (sopa) de missô (opcional)
- ¼ de xícara de salsinha picadinha
- ¼ de xícara de manjericão
- ¼ de xícara de coentro

Preparo: reservar a salsinha, o manjericão e o coentro. Bater os outros ingredientes no liquidificador e acrescentá-los no final, apenas apertando a tecla pulsar algumas vezes.

Rendimento: 400 ml.

Tomate com Pimentão e Linhaça

- 2 tomates pequenos bem maduros e picados
- ½ pimentão vermelho picado
- 1 xícara de leite de linhaça
- 1 pimenta-de-cheiro
- 1 colher (sopa) de suco de limão
- 2 colheres (sopa) de azeite extra virgem
- 1 colher (chá) de sal marinho

Preparo: bater todos os ingredientes no liquidificador.

Rendimento: 200 ml.

Solar

- 1 xícara de sementes de girassol
- 1 xícara de óleo de linhaça
- 1 xícara de água de coco ou suco de verduras
- 2 colheres (sopa) de suco de limão
- ½ colher (chá) de sal
- ½ xícara de ervas frescas picadas

Preparo: reservar as ervas frescas. Bater todos os outros ingredientes no liquidificador. Acrescentar as ervas e bater rapidamente.

Rendimento: 300 ml.

Para Salada de Bardana

- 3 tâmaras picadas
- 1 colher (chá) de alho picado (opcional)
- 1 colher (chá) de gengibre picado
- 1 colher (chá) de pimenta-de-cheiro
- uma pitada de pimenta-de-caiena
- ¼ de xícara de suco de limão
- 1 xícara de shoyu
- 2 colheres (chá) de óleo de gergelim

Preparo: bater todos os ingredientes no processador.

Rendimento: 300 ml.

TAHINE CRU

- 1 xícara de sementes de gergelim hidratadas (6 horas) e desidratadas
- 1 xícara de óleo de gergelim extra virgem

Preparo: bater todos os ingredientes no liquidificador ou processador, até alcançar a consistência de tahine. Guardar na geladeira – conserva-se por vários dias.

Rendimento: 300 ml.

Alimentação viva e ecológica

tabules

TABULES

Trigo-sarraceno

- 2 xícaras de trigo-sarraceno hidratado e desidratado por 12 horas
- 2 xícaras de cenoura ralada
- 1 xícara de pimentão vermelho picado
- 1 xícara de pepino picado
- 1 xícara de cebola picada (opcional)
- 2 xícaras de salsinha picada
- 1 xícara de hortelã picada
- 2 folhas de alga nori picotadas

Molho:
- ½ colher (chá) de cominho
- 1 colher (chá) de açafrão
- ½ xícara de azeite ou outro óleo extra virgem
- ¼ de xícara de suco de limão
- ½ colher (sopa) de mel
- sal a gosto

Preparo: em uma tigela, misturar trigo-sarraceno, cenoura, pimentão, pepino, cebola (opcional), salsinha, hortelã e alga nori. No liquidificador ou processador, misturar os ingredientes do molho e bater bem. Derramar o molho sobre a mistura na tigela, misturar bem, provar e ajustar os temperos, caso seja necessário. Deixar descansar por 30 minutos e servir.
Rendimento: 6 a 8 porções.

Quinoa

- 2 xícaras de quinoa germinada
- ¼ de xícara de óleo de gergelim extra virgem
- 1 colher (sopa) de suco de limão
- 1 colher (chá) de sal marinho
- 1 xícara de chuchu ou pepino picadinho
- 1 xícara de cenoura picadinha
- 2 xícaras de tomate sem semente, picados
- 1 colher (sopa) de shoyu
- ¼ de pimentão vermelho picado em cubinhos
- ½ xícara de cebola ou cebolinha picada (opcional)
- ½ xícara de hortelã picada
- 1 xícara de salsinha picada

Preparo: lavar e secar a quinoa e colocar em uma tigela. Misturar o óleo, o limão e o sal e despejar sobre a quinoa. Adicionar o chuchu e deixar descansar por, no mínimo, 30 minutos. Adicionar os demais ingredientes, deixar descansar um pouco e servir.
Rendimento: 6 a 8 porções.

Quinoa com Tomate Seco

- ¼ de xícara de óleo de gergelim extra virgem
- 1 colher (sopa) de suco de limão
- 1 colher (chá) de sal
- 2 xícaras de quinoa germinada
- 2 xícaras de pepino picado (com casca)
- 2 xícaras de tomate picado sem as sementes
- ½ xícara de alho-poró (opcional)
- 1 xícara de salsinha finamente picada
- 1 xícara de tomate seco picado e hidratado em água de coco
- 1 colher (sobremesa) de gengibre ralado

Preparo: colocar o óleo, o suco de limão e o sal em uma tigela e misturar bem. Adicionar a quinoa escorrida e deixar descansar de 30 minutos a 1 hora. Adicionar os demais ingredientes e misturar até que estejam bem incorporados à mistura.
Rendimento: 6 a 8 porções.

Alimentação viva e ecológica

Brotos de Trigo e de Feijão

- *½ xícara de brotos de trigo*
- *½ xícara de brotos de feijão (moyashi)*
- *1 pepino picadinho*
- *1 cenoura picadinha*
- *cebolinha (opcional), salsinha e hortelã*

Para temperar: *limão, azeite de oliva extra virgem e sal marinho.*

Preparo: *deixar o broto de trigo hidratar por 8 horas, lavar e escorrer. Misturar todos os ingredientes, mexendo com as mãos para marinar, temperar e servir.*

Rendimento: *4 a 6 porções.*

Hortaliças

- *½ xícara de coentro picado*
- *½ xícara de salsinha picada*
- *1 abacate médio picado em cubinhos*
- *4 tomates maduros picados*
- *1 xícara de amêndoas hidratadas e trituradas (ou castanhas-do-pará ou macadâmias)*
- *½ xícara de cebolinha picada (opcional)*
- *1 colher (sopa) de suco de limão*
- *¼ de xícara de azeite extra virgem*
- *1 colher (chá) de sal*
- *½ colher (sopa) de mel*
- *2 pepinos com casca picadinhos*

Preparo: *misturar o coentro, a salsinha, o abacate e os tomates e colocar em uma tigela. Adicionar as amêndoas e a cebolinha e misturar. Em uma tigela, misturar bem o suco de limão, o azeite, o sal e o mel até que formem um líquido uniforme. Despejar essa mistura sobre os pepinos e deixar marinar por 30 minutos.*

Rendimento: *4 a 6 porções.*

saladas

SALADAS

Repolho
- *1 repolho médio cortado em tiras finas*

Para o molho
- *1 xícara de água de coco verde*
- *½ xícara de sementes de girassol descascadas e hidratadas*
- *½ xícara de castanhas-do-pará*
- *1 colher (sopa) de gengibre picado*
- *2 colheres (sopa) de shoyu*
- *1 colher (sopa) de missô*
- *2 colheres (sopa) de suco de limão*
- *2 tâmaras*
- *uma pitada de pimenta-de-caiena*

Preparo: *bater todos os ingredientes do molho no liquidificador até obter uma textura cremosa e homogênea. Misturar com o repolho.*

Rendimento: *6 a 8 porções.*

Repolho e/ou Couve
- *2 xícaras de repolho ou couve (cortado em tiras de aproximadamente 0,5 cm)*
- *1 colher (sopa) de azeite extra virgem*
- *1 colher (chá) de sal*
- *2 colheres (sopa) de suco de limão*
- *½ xícara de pimentão picadinho*
- *1 xícara de cenoura palito*
- *1 xícara de tomate maduro (orgânico) picado*
- *2 colheres (sopa) de coentro picado*
- *¼ de xícara de manjericão*
- *½ xícara de cebolinha (opcional)*

Preparo: *marinar o repolho (e/ou a couve) com o azeite, o sal e o suco do limão. Deixar descansando por uns 20 minutos. Misturar com os outros ingredientes e servir.*

Rendimento: *4 a 6 porções.*

Mista
- *¼ de repolho*
- *4 tomates*
- *2 chuchus (novos)*
- *4 rabanetes*
- *1 abobrinha (nova)*
- *6 castanhas-do-pará hidratadas*
- *1 xícara de temperos verdes: salsinha, cebolinha (opcional) e manjericão*
- *1 xícara de broto de feijão*
- *2 colheres (sopa) de suco de limão*
- *1 colher (sopa) de azeite de oliva extra virgem*
- *1 colher (chá) de sal marinho*

Preparo: *cortar em tiras fininhas o repolho, os tomates, os chuchus, os rabanetes, a abobrinha e as castanhas. Picar a salsinha, a cebolinha e o manjericão. Misturar todos os ingredientes e temperar com o azeite, o sal e o suco de limão.*

Rendimento: *6 a 8 porções.*

Mandioquinha
- *4 mandioquinhas pequenas raladas no ralador grosso*
- *6 castanhas-do-pará hidratadas e finamente cortadas*
- *½ xícara de cebolinha (opcional) e salsinha*
- *1 colher (sopa) de óleo de linhaça extra virgem*
- *½ colher (chá) de gengibre ralado*
- *½ colher (chá) de sal marinho*

Preparo: *misturar todos os ingredientes e amornar com as mãos para marinar.*

Rendimento: *6 porções.*

Alimentação viva e ecológica

Couve Marinada

- *1 xícara de cogumelos*
- *6 folhas de couve picadas em tiras de mais ou menos 1 cm*
- *1 colher (sopa) de alga hijiki (hidratada por 2 horas, lavada e escorrida)*
- *2 cenouras raladas em palitos*
- *1 pepino (pequeno) cortado em tiras ou meia-lua*

Molho para marinar a salada:

- *¼ de xícara de óleo de gergelim extra virgem*
- *½ xícara de suco de laranja*
- *2 colheres (sopa) de shoyu*
- *2 pimentas-de-cheiro*
- *uma pitada de pimenta-de-caiena*
- *¼ de colher (chá) de sal*
- *1 colher (sopa) de gengibre picado*

Preparo: *misturar bem todos os ingredientes do marinado para a salada. Em uma tigela, pôr a couve, a alga hijiki escorrida, as cenouras, o girassol, o cogumelo e o pepino. Adicionar o molho marinado e misturar bem. Deixar descansar por 2 horas antes de servir.*
Rendimento: *6 a 8 porções.*

Bardana

- *1½ xícara de bardana finamente ralada*
- *¼ de xícara de cebolinha picada (opcional)*
- *1½ xícara de palmito pupunha picado*
- *1 xícara de cenoura finamente ralada*
- *½ xícara de tomate picado*
- *½ xícara de repolho picado (opcional)*

Molho para marinar a bardana:

- *¼ de xícara de óleo de gergelim extra virgem*
- *2 colheres (sopa) de shoyu*
- *uma pitada de pimenta-de-caiena*
- *¼ de colher (chá) de sal*
- *1 colher (sopa) de gengibre picado*

Preparo: *marinar a bardana de um dia para o outro. No dia seguinte, acrescentar os demais ingredientes, misturar bem e servir. (A bardana oxida muito rápido, por isso deve ser colocada dentro do molho à medida que for ralada.)*
Rendimento: *6 a 8 porções.*

diversos

RECEITA BÁSICA PARA SUSHI

- 3 folhas de alga nori
- 1 receita de patê para sushi (p. 244)
- 1 xícara de legumes cortados ou ralados (cenoura, beterraba, abobrinha etc.)
- 1 cebolinha (opcional) ou aspargo
- 1 xícara de pimentão vermelho ou pepino em tiras
- 1 xícara de brotos de alfafa, de rabanete ou de trevo
- 1 abacate cortado em tiras

Montagem: colocar a folha de alga em cima de uma esteira própria para sushi e espalhar primeiro o patê. Em seguida, espalhar os outros ingredientes na ordem ao lado. Enrolar com auxílio da esteira. Cortar os sushis com uma faca bem afiada.
Rendimento: 12 a 15 unidades.

PANQUECA DE ABOBRINHA

- 2 abobrinhas descascadas
- 1 colher (sopa) de azeite extra virgem
- 2 colheres (chá) de suco de limão
- uma pitada de pimenta-de-caiena
- 1 colher (chá) de coentro
- ½ colher (chá) de sal marinho
- ½ xícara de linhaça, hidratada e desidratada, moída

Preparo: bater primeiramente as abobrinhas no processador. Depois, acrescentar o azeite, o suco de limão, a pimenta-de-caiena, o coentro e o sal. Depois de bem processados, acrescentar a farinha de linhaça e fazer as panquecas. Arrumá-las em folhas de teflex ou papel-manteiga e deixar secar por 8 horas; virar as panquecas, retirar o teflex e deixar mais 1 a 2 horas. A panqueca deve ficar maleável, sem crocância.
Rendimento: 6 porções.

COGUMELOS RECHEADOS

- ½ xícara de cebolinha, salsinha ou coentro frescos, picados
- ½ xícara de manjericão fresco picado
- 2 xícaras de cogumelos shitake ou de paris, frescos
- ⅓ de xícara de macadâmias hidratadas
- 1 xícara de nozes hidratadas
- 2 colheres (sopa) de suco de limão
- 1 xícara de tomate seco hidratado com água de coco
- 2 colheres (sopa) de shoyu

Molho para marinar o cogumelo:
- uma pitada de pimenta-de-caiena
- 1 colher (sopa) de gengibre
- 1 colher (sopa) de shoyu
- 1 colher (sopa) de suco de limão
- ½ colher (sopa) de mel

Preparo: reservar os temperos verdes. Bater os ingredientes, menos os cogumelos. Adicionar os temperos verdes picadinhos. Deixar os cogumelos inteiros marinando no molho, por 2 horas. Tirar o cabinho e rechear com a mistura. Colocar na desidratadora por 3 a 4 horas.
Rendimento: 6 a 8 porções.

ALMÔNDEGAS

Cogumelos e Nozes

- *1 xícara de nozes hidratadas*
- *1 xícara de sementes de girassol hidratadas*
- *1½ xícara de cogumelos marinados escorridos*
- *2 xícaras de pimentão vermelho*
- *½ xícara de cenoura*
- *1 colher (chá) de sal*
- *½ xícara de salsinha picada*
- *3 colheres (sopa) de cebola (opcional)*
- *1 colher (chá) de gengibre picado*
- *1½ colher (sopa) de alecrim picado*
- *¼ de colher (chá) de cominho em pó*
- *⅓ de xícara de linhaça moída*

Preparo: *bater as nozes no processador e adicionar os demais ingredientes, deixando que os pedaços fiquem um pouco grandes. Usar a colher de sorvete para dar forma aos bolinhos e colocá-los sobre a tela das bandejas de desidratação sem o teflex. Desidratar por 12 horas e, depois, desidratar mais, até secar. Na metade do processo, virar os bolinhos. Se for para servir no dia seguinte, guardar os bolinhos na geladeira depois de secos. Dica: achatar os bolinhos com uma espátula para não ocupar o espaço de duas bandejas.*
Rendimento: *18 a 20 almôndegas.*

Brotos de Trigo

- *½ xícara de castanhas-do-pará cruas*
- *1 xícara de brotos de trigo*
- *1 xícara de cenoura picada*
- *½ xícara de pimentão vermelho*
- *½ colher (chá) de sal marinho*
- *1½ xícara de chia hidratada*
- *1½ xícara de ervas variadas, picadas*

finamente nessa proporção: ½ xícara de salsinha, ½ xícara de cebolinha (opcional), ¼ de xícara de manjericão (só as folhas), ¼ de xícara de hortelã (só as folhas).
Preparo: *triturar separadamente em um moedor ou processador a castanha, o broto de trigo, a cenoura e o pimentão. Acrescentar o sal e os temperos verdes e misturar com as mãos. Enrolar em forma de almôndega e colocar para desidratar.*
Rendimento: *12 a 20 almôndegas.*

Falafel

- *1½ xícara de grão-de-bico brotado*
- *1 xícara de sementes de girassol hidratadas*
- *1 xícara de nozes hidratadas*
- *1 cebola média picada (opcional)*
- *1 colher (sopa) de óleo de linhaça extraído a frio*
- *2 colheres (sopa) de suco de limão*
- *1 colher (sopa) de shoyu*
- *2 colheres (chá) de curry*
- *½ xícara de coentro (opcional)*
- *½ xícara de salsinha picadinha*

Preparo: *colocar no processador a lâmina S. Bater todos os ingredientes até que estejam moídos do tamanho de uma semente de gergelim. Fazer uma massa que tenha liga, tendo o cuidado de não deixá-la líquida demais, de forma que seja moldável. Modelar os bolinhos com a colher de sorvete e colocar sobre a tela da bandeja da desidratadora. Desidratar por 12 horas; virar na metade do tempo.*
Rendimento: *12 a 16 almôndegas.*

diversos

Receitas Vivas

MARINADO DE COGUMELO

- 2 xícaras de cogumelos shitake lavados e cortados em tiras finas
- uma pitada de pimenta-de-caiena
- 1 colher (sopa) de gengibre
- 1 colher (sopa) de shoyu
- 1 colher (sopa) de suco de limão
- ½ colher (sopa) de mel

Preparo: misturar os ingredientes no processador, se necessário, e derramar sobre os cogumelos, mexendo cuidadosamente. Deixar descansar por 2 horas. Pode ser guardado na geladeira por alguns dias.
Rendimento: 300 ml.

CHARUTO DE COUVE

- 3 folhas de couve (retire a nervura central com uma faca afiada) marinadas em 1 colher (sopa) de azeite, 1 colher (sopa) de limão e ¼ de colher (chá) de sal
- ½ xícara de um patê mais consistente (ver pp. 243, 244 e 245)
- 1 xícara de cenoura ralada, beterraba ralada, repolho fatiado ou outra verdura mais consistente

- 3 fatias de abacate
- 1 xícara de brotos ou salada verde
- ½ xícara de um molho mais picante (missô, mel, limão, azeite e pimenta-de-caiena com um pouco de água)

Preparo: bater o molho no processador. Colocar esses ingredientes em camadas próximas à nervura central de cada folha de couve e enrolar.
Rendimento: 3 porções.

CUSCUZ DE COUVE-FLOR COM SALSÃO

- 1 maço de couve-flor
- 1 colher (sopa) de óleo extra virgem
- 1 colher (sopa) de limão
- ½ colher (sopa) de sal
- 1 xícara de salsinha picada
- ½ xícara de cebolinha picada
- ½ cebola picada (opcional)
- 1 xícara de uvas-passas
- ½ colher (chá) de noz-moscada
- 1 colher (sopa) de suco de limão
- 1 xícara de pimentão vermelho picado
- 1 xícara de tomate seco picado

Preparo: separar as flores da couve-flor e processar rapidamente para ficar como cuscuz. Misturar todos os ingredientes, pressionando um pouco com as mãos, deixar descansar por 1 hora. Escorrer o líquido que se forma e servir.
Obs.: o líquido pode ser usado em sopas e patês.
Rendimento: 6 a 8 porções.

Alimentação viva e ecológica

FAROFA DE MANDIOCA COM NOZES

- 1 kg de mandioca finamente ralada
- ½ xícara de nozes hidratadas e desidratadas
- ½ xícara de uvas-passas
- 1 xícara de couve cortada bem fininho
- 2 colheres (sopa) de azeite de oliva extra virgem
- 1 colher (sopa) de suco de limão
- ½ xícara de salsinha
- ½ xícara de cebolinha (opcional)
- 1 cebola pequena cortada em quadradinhos (opcional)

Preparo: espremer a mandioca no coador de voal. Espalhar no teflex (ou papel-manteiga) e desidratar com sal ou não por 8 horas. Para a farofa, usar 1 xícara da farinha obtida e misturar todos os ingredientes bem picadinhos.

Rendimento: 4 a 6 porções.

LASANHA

- 3 abobrinhas, cortadas em tiras longas (chatas e finas como macarrão para lasanha)
- 6 tomates (bem maduros) sem sementes cortados em tiras
- 1 receita de molho de tomate seco (p. 250)
- 1 receita de molho tipo pesto (p. 249)
- 1 receita de queijo de castanhas (p. 207)

Preparo: em um pirex retangular, colocar uma camada de abobrinha, cobrindo todo o fundo. Na ordem, espalhar o molho de tomate seco, o molho tipo pesto e o queijo de castanha. Em seguida, colocar mais uma camada de tiras de abobrinha e uma camada de tomate fresco em tiras, o molho de tomate, o molho tipo pesto, terminando com o molho de tomate seco.

Rendimento: 10 a 12 porções.

MACARRONADA GIRASSOL

- 1 xícara de abobrinha cortada em forma de macarrão espaguete
- 2 xícaras de brotos de girassol
- 1 xícara de sementes de girassol descascadas e hidratadas
- 2 xícaras de cenoura ralada em tirinhas
- 1 xícara de cebolinha picada (opcional)
- 1 xícara de pimentão vermelho em tirinhas
- 2 xícaras de tiras de acelga
- 1 colher (sopa) de suco de limão
- ½ xícara de suco de laranja
- ½ xícara de óleo de linhaça extra virgem
- 1 colher (sopa) de gengibre ralado
- 1 colher (chá) de sal
- 1 colher (sopa) de missô (opcional)

Preparo: bater no processador o limão, a laranja, o óleo de gergelim, o gengibre ralado e o sal. Com esse molho, marinar os outros ingredientes. Se colocar o missô, este deve ser diluído em ½ xícara de água morna e ser acrescentado no final.

Rendimento: 6 a 8 porções.

Receitas Vivas

diversos

MAIONESES

Abacate

- 2 cenouras médias
- 4 rabanetes
- 1 nabo pequeno
- 1 xícara de brotos de ervilha
- 1 xícara de brotos de girassol
- 1 xícara de brotos de feijão
- 1 maçã
- ½ xícara de uvas-passas hidratadas

Creme de Abacate:

- 1 abacate médio
- ½ colher (chá) de mostarda
- ¼ de colher (chá) de pimenta-branca moída
- 2 colheres (sopa) de azeite de oliva extra virgem
- 1 colher (sopa) de suco de limão
- ½ colher (chá) de sal
- ½ colher (sopa) de mel

Preparo: bater todos os ingredientes do creme no processador. Usar cortador japonês para cortar as cenouras, o nabo, a maçã e os rabanetes. Misturar estes ingredientes com a uva-passa, os brotos e o patê de abacate.
Rendimento: 6 a 8 porções.

Brócolis e Couve-flor

- ½ maço de brócolis
- ½ maço de couve-flor
- 1 xícara de nozes ou pecãs (ou outra castanha)
- ½ xícara de uvas-passas
- 1 cebola roxa pequena finamente picada
- 1 maçã cortada em cubinhos

Para marinar o brócolis:

- 2 colheres (sopa) de limão
- 2 colheres (sopa) de azeite
- ½ colher (chá) de sal

Creme de macadâmia:

- 1 xícara de leite de coco (água de coco verde + polpa)
- 1 xícara de macadâmias
- 1 colher (sopa) de azeite extra virgem
- 1 colher (sopa) de limão
- ½ colher (chá) de sal
- ½ colher (chá) de pimenta-branca
- 2 tâmaras

Preparo: bater separadamente todos os ingredientes do creme no liquidificador. Triturar rapidamente as flores do brócolis e a couve-flor (só a parte da flor) e marinar com os temperos acima, misturando com as mãos por alguns minutos. Adicionar as nozes picadas em pedaços maiores, a cebola (opcional), as maçãs picadas, as uvas-passas e o creme. Mexer até que todos os ingredientes se misturem bem.
Rendimento: 6 a 8 porções.

Macadâmia

- 4 maçãs cortadas em cubos pequenos
- 2 cenouras raladas
- 4 rabanetes ralados
- ½ nabo ralado
- 2 xícaras de couve-flor picadinha (só as flores)
- 1 xícara de brotos de feijão
- ½ xícara de uvas-passas hidratadas
- creme de macadâmia (ver acima)

Preparo: misturar todos os ingredientes. Marinar por 30 minutos e misturar com o creme de macadâmia da receita anterior.
Rendimento: 6 a 8 porções.

Alimentação viva e ecológica

sopas

SOPAS

Tomate
- *4 xícaras de tomate orgânico maduro picado*
- *½ xícara de tomate seco (opcional)*
- *2 colheres (sopa) de óleo de linhaça prensado a frio*
- *¼ de 1 abacate*
- *1 xícara de alho-poró picadinho*
- *½ colher (café) pimenta-de-caiena*
- *½ xícara de coentro fresco picadinho*

Preparo: *reservar o coentro picado. Bater no processador todos os ingredientes para ficar cremoso. No final, acrescentar o coentro e usar a tecla pulsar só para misturar com o creme.*
Rendimento: *3 a 4 porções.*

Missoshiro
- *½ litro de água mineral*
- *5 g de alga wakame hidratada e picada*
- *1 xícara de cenoura picadinha*
- *½ xícara de nabo picadinho*
- *1 xícara de cebolinha (opcional), salsinha, alho-poró e/ou nirá*
- *1 colher (sopa) de missô*

Preparo: *dissolva o missô na água e acrescente a cenoura, o nabo, a alga wakame. Coloque para amornar em fogo brando. Por último, misture o cheiro verde.*
Rendimento: *2 a 3 porções.*

Coco com Curry
- *2 xícaras de água de coco*
- *1 xícara de polpa de coco*

- *½ colher (sopa) de gengibre picado*
- *1 colher (sopa) de suco de limão*
- *¼ de xícara de azeite extra virgem*
- *3 tâmaras picadas*
- *½ colher (chá) de sal*
- *1 colher (sopa) de shoyu*
- *½ colher (sopa) de curry*
- *¼ de um abacate médio picadinho*
- *½ xícara de tomate picado*
- *⅓ de xícara de coentro picado*

Preparo: *processar todos os ingredientes. Ornamentar com o abacate, o tomate e o coentro.*
Rendimento: *5 a 6 porções.*

Marinada com Chucrute de Repolho
- *1 xícara de líquido de marinados*
- *1 xícara de água de coco*
- *1 maçã*
- *1 colher (chá) de mel*
- *½ abacate médio*
- *1 xícara de polpa de coco verde*
- *1 xícara de chucrute de repolho (p. 99)*
- *1 xícara de temperos verdes picados (salsinha, manjericão, hortelã, alecrim etc.)*

Preparo: *bater todos os ingredientes no liquidificador, colocando por último os temperos verdes.*
Rendimento: *5 a 6 porções.*

Cenoura
- *3 xícaras de suco de cenoura*
- *½ abacate grande*
- *2 xícaras de polpa de coco verde*

Alimentação viva e ecológica

- 1 colher (sopa) de gengibre picado
- 1 colher (sopa) de suco de limão
- uma pitada de pimenta-de-caiena
- ½ xícara de hortelã picada
- ½ xícara de manjericão picado
- 1 colher (sopa) de óleo de gergelim extra virgem
- 3 tâmaras sem caroços picadas
- 1 colher (chá) de sal

Preparo: *reservar os temperos verdes. Colocar todos os outros ingredientes no liquidificador e bater até ficar homogêneo. Adicionar os temperos verdes. Provar e ajustar os temperos, se necessário.*
Rendimento: *4 a 6 porções.*

Maxixe Amornado ao Sol

- 8 maxixes fatiados finos
- 1 colher (sopa) de óleo de gergelim extra virgem
- ¼ de colher (chá) de sumo de gengibre ralado
- 1 colher (chá) de sal
- ½ xícara de tomate seco
- 2 xícaras de água de coco
- 3 xícaras de polpa de coco
- 1 colher (sopa) de missô
- ½ xícara de cebolinha picadinha (opcional)
- ½ xícara de coentro
- 1 colher (sopa) de alga hijiki hidratada na água de coco

Preparo: *misturar os maxixes, o óleo, o gengibre, o sal e o tomate seco, apertando com as mãos, e deixar marinar por 2 horas (colocar em uma panela de barro e deixar ao sol). Bater a água de coco com a polpa e o missô. Acrescentar no final a alga e o tempero verde. Misturar esse creme com o marinado e servir.*
Rendimento: *6 a 8 porções.*

Energizante

- 2 xícaras de suco de cenoura
- ½ abacate médio
- 1 dente de alho (opcional)
- ¼ de cebola (opcional)
- 1 colher (sopa) bem cheia de missô
- ⅓ de xícara de brotos (girassol, trevo, rabanete, alfafa)
- ⅓ de xícara de lentilha germinada
- ½ xícara de alga wakame picada
- ½ xícara de coentro picado

Preparo: *bater tudo no liquidificador, menos o coentro. Adicionar o coentro no final e servir.*
Rendimento: *3 porções.*

CONSIDERAÇÕES FINAIS

Transcrevendo palavras do livro A Matrix Divina, *de Gregg Braden:*
"Sabemos hoje que podemos curar nosso corpo e viver
até uma idade avançada. Sabemos que o amor, a estima e a
gratidão são qualidades humanistas que infundem vitalidade
em nosso corpo e paz em nosso mundo. E também sabemos que,
com o conhecimento para atualizar a Matrix Divina, um número
relativamente pequeno de pessoas pode fazer a diferença".

Já se sabe qual é a melhor alimentação para o ser humano e que manter a alcalinidade no organismo é a chave para aumentar a imunidade e manter em equilíbrio as funções orgânicas. Que um corpo ácido é um corpo intoxicado, suscetível a todo tipo de doenças. São muitas as pesquisas e experimentos que comprovam os riscos dos agrotóxicos, do acúmulo de alumínio no organismo, dos alimentos transgênicos, do glúten, dos alimentos refinados, da radiação, de certos aditivos.

Mesmo tendo o prognóstico do que nos espera adiante, pouco temos feito no sentido de construir uma cultura que valoriza a vida... Já sabemos de muitas coisas... Inclusive, já temos métodos com diagnósticos precisos para avaliar o nível de oxidação de um organismo. Tratamentos especializados em clínicas de desintoxicação promovem a regeneração celular e retardam o envelhecimento do organismo. Tudo isso está disponível. No entanto, de nada adianta desintoxicar e continuar persistindo no erro.

Apesar de, neste livro, a nossa ênfase ter sido a alimentação, não podemos perder de vista que a cura depende de algo mais profundo, que diz respeito à totalidade. A visão fragmentada que se manifesta na humanidade dificulta a mudança desse paradigma atual. Para conquistarmos a cura verdadeira, necessitamos nos alinhar com todos os nossos níveis de consciência. Se realmente queremos nos curar, não podemos deixar de ir à origem do problema. O que criou e alimenta nossa situação atual? Por que devastamos o Planeta? Por que agredimos o organismo com alimentos incompatíveis com a nossa natureza? Por que nos alimentamos de animais cruelmente assassinados pelo ser humano? Esses questionamentos nos fazem perceber o quanto a humanidade necessita de cura.

Como então dar um salto quântico para uma cultura que valorize a vida? Muitas pessoas conseguiram, apesar de viverem nas mesmas condições e estado de consciência que outros: mudaram as suas atitudes. Fizeram a mudança interna daquilo que queriam ver no mundo. Podemos citar grandes seres do passado, como Buda, Jesus, Francisco de Assis, madre Teresa de Calcutá, Gandhi, entre outros. Foram seres que dedicaram suas vidas para fazer o bem e, na construção de valores altruístas, assumiram um modo de viver diferente na presença de outros.

Diante dessas reflexões, podemos compreender que nosso estado de consciência nos abre as portas para a totalidade. Que a mudança para o novo paradigma só é possível através do amor incondicional. E para nos liberar das amarras de nosso emocional precisamos conhecer a nós mesmos, usar a vontade superior para confirmar as escolhas e poder atuar segundo discernimentos mais intuitivos. Ampliando nossa consciência, iremos compreendendo nosso estado e união com todos os reinos de nosso Planeta e nossa ligação com o cosmos e a luz de onde viemos e da qual somos parte.

Alguns descobrimentos realizados no Instituto HeartMath, criado em 1991, revelaram que nossas emoções têm uma influência direta sobre nosso DNA. E que nosso DNA pode afetar a matéria/energia constitutiva do Universo. Dali, por meio de nossa consciência criativa, temos o poder de mudar e orientar tudo o que está em nosso interior e, consequentemente, no mundo.

Vamos então, caminhar em direção ao novo paradigma. É o momento de conhecer mais profundamente todas essas coisas. Tornar acessível, para todos, os conhecimentos de como podemos viver melhor e compartilhar práticas éticas e saudáveis. Assim, o serviço é dedicar o nosso tempo para nossa cura, para a cura da humanidade e a cura do Planeta. Servir é nossa maior dádiva. Vamos lembrar que existimos aqui no Planeta graças aos reinos mineral, vegetal e animal. A nossa dedicação amorosa a esses reinos nos abrirá as portas para uma nova consciência. Somos parte dessa teia viva no caminho da evolução. No momento em que percebermos que a

Alimentação viva e ecológica

inteligência superior está em todas as coisas, descobriremos a oportunidade que estamos perdendo nesta existência. Se abrirmos nossos corações para receber, sentiremos quantas dádivas estão disponíveis na Natureza e no cosmos para a humanidade.

Já enfatizamos muito neste livro os riscos que os produtos de origem animal representam para a saúde. Nesse ponto, é bom ter clara a importância dos animais para o equilíbrio do Planeta, pois cada reino tem sua função. Segundo Trigueirinho (1994), enquanto houver matança de animais haverá guerra, violência e sofrimento na humanidade:

> *"... A alimentação vegetariana possibilita a clareza mental, desanuvia o cérebro e os corpos sutis de violência de paixões... Todavia, sem que se depure o caráter e se almeje o serviço altruísta, essa prática torna-se mera dieta, que pode ser saudável ou redundar em carências... As recomendações para deixar de ingerir carne levam em conta não só a ampliação da consciência, mas a evolução de toda a vida planetária. Do ponto de vista ético e espiritual, a alimentação vegetariana colabora no reequilíbrio do carma humano, sobrecarregado pelo morticínio constante de animais."*

Muito já está disponível para nós. À medida que a nossa consciência se expande, percebemos que as possibilidades aumentam. Cada um de nós pode fazer a diferença na construção da nova humanidade. Já sabemos que um número reduzido de pessoas focadas no desenvolvimento interior e praticando ações para o bem comum, sem querer retorno, podem abrir os portais para a entrada da luz.

Posfácio

este livro possui inumeráveis qualidades e uma delas se prende a seu caráter essencialmente prático. Para além de outras considerações que possam ser feitas, este livro pode ser lido e utilizado em sua dimensão como uma espécie de bússola prática e bem didática para novos hábitos alimentares, saudáveis, muito mais próximos daquilo que é desejável para todos nós, embora ainda não accessível às amplas massas, à classe trabalhadora.

Uma alimentação viva e ecológica – como nos informa seu título –, eis a essência desta obra com que a nutricionista, de larga experiência no assunto, Ros'Ellis Moraes, nos brinda.

Tenho tido o prazer de desfrutar da sua amizade há muito tempo e sei do seu empenho, como facilitadora de cursos de alimentação natural desde longa data, como orientadora do Restaurante Girassol, ponto de encontro daqueles que procuram uma alimentação para além do lixo industrial e dos modismos.

Este livro traz recomendações e propostas de imenso valor que lamentavelmente as faculdades de medicina – aqui fica meu testemunho vivo – sistematicamente ignoram e até desprezam, mesmo que seja do ponto de vista da pesquisa, da experimentação e do próprio debate sobre a validade ou não desse novo olhar sobre a saúde, a alimentação e a doença. Com isso se empobrecem e se enfraquecem em termos de centros de ensino; com isso saem perdendo – e, sobretudo, o público é o grande prejudicado, que permanece alheio às verdadeiras ferramentas de cura, de desintoxicação sanguínea, de prevenção de doenças como as que Ros'Ellis alinha, pacientemente, ao longo do seu livro.

Depois de nos explicar quais são as bases da **alimentação viva**, como otimizar e selecionar os bons alimentos, como se assegurar de que eles venham carregados de nutrientes literalmente vivos, a autora denuncia o que chama de "os inimigos da vida", um amplo espectro que inclui desde alimentos que atentam contra nosso equilíbrio sanguíneo, até as radiações, o flúor e o cloro da água que somos obrigados a beber, além de tantos outros dejetos industriais que permeiam, empobrecem e contaminam nossas águas, solos e o ar que respiramos.

A autora vai adiante com seus ensinamentos, mostrando como escolher, de forma inteligente, alimentos desintoxicantes, "geradores de vida", gorduras e macronutrientes em geral. Tece observações sobre os vários grupos alimentares, não sem antes explicar como podemos cultivar alimentos com alto potencial energético, de forma ecologicamente sustentada e, por fim, dentre outras coisas, nos aconselha sabiamente sobre a importância dos alimentos germinados e sobre hidratação e preservação ambiental. São inúmeras lições sobre a escolha consciente dos alimentos e seu cultivo também consciente.

Os três capítulos finais compõem uma sinfonia de conselhos práticos e de dicas culinárias de peso, um verdadeiro curso de culinária que concentra quase toda a orientação do livro e as reflexões dos capítulos iniciais, além de noções sobre equilíbrio alcalino-ácido, índice glicêmico e combinação de alimentos, dentre outros.

Como montar um cardápio básico, como manipular de forma inteligente os alimentos, dicas de dieta de 21 dias para desintoxicar o organismo, dicas para mudanças de hábitos e de como organizar no dia a dia a sua dieta, como equilibrar a flora intestinal e o que é a alimentação vegetariana se sucedem, um a um, sem qualquer complicação, sempre como sugestões de fácil execução.

O elenco de receitas de fácil uso cotidiano e embaladas por aconselhamento e dicas de quem carrega anos de experiência no assunto é impressionante: desde sucos de verduras frescas com brotos, suco de gramíneas (de trigo e cevadinha, facilmente cultiváveis em casa), suco de cacau *in natura*, sucos de frutas, recomendações práticas para o uso de ervas aromáticas frescas, clorela e espirulina, alimentos fermentados, sementes e frutos oleaginosos hidratados, sementes de linhaça, girassol, coco, quinoa, até receitas vivas de leites, cremes, vitaminas, shakes, granolas, sobremesas, pastas, molhos, maioneses e preparações variadas.

Alimentação viva e ecológica

Toda essa riqueza de ensinamentos para uma nova alimentação é traçada, naturalmente, dentro dos marcos da proposta da autora, ou seja, da alimentação vegetariana estrita. Esta é sua concepção fundamental e por conta disso tem o cuidado de desenvolver, por exemplo, o tema da eventual deficiência da vitamina B_{12} na alimentação estritamente vegetariana e como enfrentá-lo.

Neste ponto, na nossa ótica, entra uma poderosa força auxiliar em todo e qualquer processo de carências nutricionais ou enfermidades intercorrentes. Uma força auxiliar válida para todo tipo de alimentação, isto é, a ortomolecular.

A ampla e quase universal poluição dos mares e rios, as chuvas contaminadas de poluentes de todo tipo, o crescente empobrecimento e a contaminação dos solos por agrotóxicos, pesticidas, contaminantes de mineração, além da presença dos transgênicos e da constante agressão ambiental do capitalismo constituem um permanente atentado contra todo projeto de vida mais orgânica ou mais harmonizada com a Natureza.

A indústria, sem planejamento, dirigida pelos capitalistas e não pelos trabalhadores, engendra catástrofes a cada minuto, sem falarmos nas carências e privações alimentares mais básicas que atingem a maior parte dos trabalhadores e desempregados do Planeta, todos eles direta ou indiretamente escravos do capital. Nessa medida se faz necessário – além de urgentes e imperiosas medidas revolucionárias na esfera social – suplementar a alimentação com vitaminas e nutrientes em geral a cada pessoa que for, inadvertidamente, vítima de alimentos empobrecidos, insuficientes ou contaminados.

Aqui entra a medicina ortomolecular, lado a lado com o adequado aconselhamento nutricional, desde que conduzidos, ambos, na perspectiva de trabalhar o terreno, o sangue, muitíssimo mais do que o micróbio ou a doença em si mesma, descolada do organismo; organismo que funciona sempre e invariavelmente como um todo, um todo orgânico, emocional, e onde a consciência e as relações humanas constituem o elemento primordial, seminal, sendo seus fundamentos inequivocamente sociais.

Nesta medida, a medicina doce – a menos invasiva e iatrogênica possível – e a **alimentação viva** e não geradora de doenças dão-se as mãos, trabalhando na mesma direção para construir uma geração sadia e outra maneira de tratar a vida, a começar pelos seres humanos. Coletivamente. Trata-se de uma meta que, na nossa ótica, só poderá vir a ser cumprida, em larga escala e a serviço de toda a classe que vive do trabalho, se eliminarmos essa forma obsoleta e anárquica de organização social em torno da acumulação do capital, comandada pelo lucro, pela classe capitalista. Não vejo solução sustentada fora desses marcos, ou que fique estritamente limitada a qualquer tipo de revolução interior.

Ao mesmo tempo, e dentro dos seus propósitos determinados, a leitura atenta deste importante livro trará orientações de valor incalculável. Deve ser lido com atenção, para que dele se possam extrair ricos ensinamentos e pérolas de conhecimento, de outro olhar. Principalmente porque é escrito por uma pessoa honesta e, vale repetir, portadora de vasta experiência prática e culinária na alimentação saudável.

Gilson Dantas

Médico pela UnB, com prática ortomomolecular e título de especialista em acupuntura (também titulado pela Academia de Ciências de Pequim)

Bibliografia

ACHARAN, Manuel Lezaeta. *A medicina natural ao alcance de todos.* São Paulo: Hemus, 2003.

ALMEIDA, Eduardo; PEAZÊ, Luís. *O elo perdido da medicina.* Rio de Janeiro: Imago, 2007.

ANTUNES, Francisco. *Terapia ortomolecular natural.* São Paulo: Pensamento-Cultrix, 2000.

BALFOUR, Eve. *The living soil.* Londres: Faber & Faber, 1943.

BARANAUSKAS, Vitor. *O celular e seus riscos.* Campinas: Editora do Autor, 2001.

BESSON, Yvan. "Histoire de l'agriculture biologique, une introduction aux fondateurs: Sir Albert Howard, Rudolf Steiner, le couple Müller et Hans Peter Rusch, Masanobu Fukuoka". Tese de doutorado em Estudos Ambientais. Universidade de Tecnologia de Troyes, 27 jan 2007.

BLAYLOCK, Russell. *Excitotoxins: the taste that kills. Albuquerque: Health Press, 1997.*

BONTEMPO, Márcio. *Relatório órion.* São Paulo: Círculo do Livro, 1985.

BOUTENKO, Victoria. *12 passos para o crudivorismo.* São Paulo: Alaúde, 2010.

BOUTENKO, Victoria; Love, Elaine; Sarno, Chad. *Raw & Beyond.* Berkeley, CA: North Atlantic Books, 2012.

CHABOUSSOU, F. *Plantas doentes pelo uso de agrotóxicos.* São Paulo: Expressão Popular, 2006.

CHAVES, Ney. *A saúde dos seus olhos: luz, escuridão e movimento.* Rio de Janeiro: Imago, 2002.

CHOPRA, Deepak. *Saúde perfeita: um roteiro para integrar o corpo e a mente, com o poder da cura quântica.* Trad.: Marcília Britto. São Paulo: Nova Cultural, 1990.

_____. *O poder da mente e da consciência na busca da saúde integral.* Trad.: Evelyn Kay Massaro e Marcília Britto. São Paulo: Best Seller.

COLEÇÃO O PODER DO PODER. *O poder do jejum.* São Paulo: Martin Claret Ltda.

COUSENS, Gabriel. *A cura do diabetes pela alimentação viva.* São Paulo: Editora Alaúde, 2011.

DANTAS, Gilson. *O Poder medicinal da laranja.* Gilson Dantas, 2009.

DEBRY, G. "Effects des micro-ondes sur la santé des consommateurs et sur la valeur nutritionnelle des aliments". Rev. Prat. Med. Gener. 6: 63-66, 1992.

EMOTO, Masaru. *Mensagens ocultas da água.* Trad.: Marta Rosas. São Paulo: Cultrix, 2006.

_____. *O verdadeiro poder da água.* Trad.: Denise de C. Rocha Delela. São Paulo: Cultrix, 2007.

ERASMUS, Udo. *Fats that heal, fats that kill.* Sumeertown, TN: Alive Books, 1993.

FITZGERALD, Randall. *Cem anos de mentira: como proteger-se dos produtos químicos que estão destruindo a sua saúde.* São Paulo: Ideia e Ação, 2008.

FUKUOKA, Manasobu. *The one straw revolution* (1975). Other India Press, 2006.

GERSON, Charlotte; WALKER, Morton. *The Gerson Therapy.* New York: Kensington Publishing Corp, 2001.

_____. *Venciendo obesidad, diabetes e hipertension naturalmente – O síndrome Metabolico – Terapia Gerson.* Editorial Alan Furmanski, Colombia, 2010.

_____ e BISHOP, Beata. *Cura del cancer y otras enfermedades cronicas – Terapia Gerson".* Editorial Alan Furmanski, Colombia 2009.

GRANG, Doris; JOICE, Jean. *A combinação dos alimentos.* São Paulo: Ground, 1984.

GONZALES, Alberto Peribanez. *Lugar de médico é na cozinha.* São Paulo: Alaúde, 2008.

HARPER, Jennifer. *Desintoxicação: guia prático para purificar o corpo e a mente.* Trad.: Luiz Roberto Mendes. São Paulo: Publifolha, 2006.

HOWARD, Albert. *Um testamento agrícola.* São Paulo: Expressão Popular, 2007.

HOWELL, Dr. Edward. *Enzyme Nutrition.* Avery Penguin Putnam Books, 1995.

HUME, Ethel Douglas. *Bechamp or Pasteur: A lost chapter in the history of biology.* Kessinger Publishing, 1996.

KUHNE, Louis. *Cura pela água*. São Paulo: Hemus Livraria Editora, 1977.

LEITE, Carlos Eduardo. *Nutrição e doença: um estudo da conexão entre alimentos e moléstias*. São Paulo: Ibrasa, 1987.

LOVELOCK, James. *A vingança de Gaia*. Rio de Janeiro: Intrínseca, 2006.

MATTOS, Victor José Freire. *Medicina quântica*. Curitiba: Corpo Mente, 2001.

MENDES, António Martins; Leitão, Alexandre Cameira de. "Elie Metchnikoff na Ilha da Madeira", *Revista Portuguesa de Ciências Veterinárias* (suplemento). www.fmv.utl.pt/spcv/PDF/pdf12_2008/241-244.pdf (acesso em 23/3/2013).

MONTEIRO, Artur Antonio Chagas; MIRANDA, Helio Rubens de Arruda e. *O flúor e outros vilões da humanidade*. Via Sette, 2003.

MORITZ, Andreas. *Limpeza do fígado e da vesícula*. São Paulo: Madras, 2007.

NORTHBOURNE, Walter Ernest Christopher James. *Look to the land*. Hillsdale, NY: Sophia Perennis, 2003.

PATENAUDE, Frédéric. *The raw secrets: the raw vegan diet in the real world*. Montreal, Canadá, 2002.

PAUTHE, Christian; OZANNE, Jean-Marie. *"L'Alimentation crue – 400 recettes"*. Paris: F. X. de Guibert, 1999.

PERRICONE, Nicholas. *A promessa perricone: três passos para você ficar mais jovem e viver mais*. Trad.: Maurette Brandt. Rio de Janeiro: Elsevier, 2006.

PÓVOA, Hélion. *Radicais livres em patologia humana*. Rio de Janeiro: Imago, 1995.

_____. *O cérebro desconhecido: como o sistema digestivo afeta nossas emoções, regula nossa imunidade e funciona como um órgão inteligente*. Rio de Janeiro: Objetiva, 2002.

PRIMAVESI, Ana M. *Manejo ecológico do solo: a agricultura em regiões tropicais*, São Paulo: Nobel, 2006.

ROBBINS, John. *Saudável aos cem anos: como aumentar radicalmente sua qualidade de vida em qualquer idade*. Trad.: Bruno Casotti. Rio de Janeiro: Objetiva, 2009.

RODALE, Maria. *Organic farming*. Rodale Press, 2010.

RODRIGUES, Amaya, Délia B. *Fontes brasileiras de carotenoides: tabela brasileira de composição de carotenoides em alimentos*. Brasília: MMA/SBF, 2008.

RUSCH, Hans-Peter. *La fécondité du sol.* Paris: Le courier du livre, 1993.

SANCHEZ, Mário. *Jejum curativo: ar, água e luz: com as bases científicas do jejum.* São Paulo: Madras, 2004.

SCHNEIDER, Meier e LARKIN, Maureen, com SCHNEIDER, Dror. *O manual de autocura: método Self-Healing.* São Paulo: Triom, 1998.

SEARS, Barry e LAWREN, Bill. *O ponto Z: a dieta.* Trad.: Ana Gibson. Rio de Janeiro: Campus, 1997.

SEIGNALET, Jean. *L'Alimentation ou la troisième médicine.* Collection Ecologie Humane: François Xavier de Gilbert, Office d'Édition Impression Librarie, 2004.

SHINYA, Hiromi. *A dieta do futuro.* São Paulo: Cultrix, 2010.

SLYWITCH, Eric. *Alimentação sem carne.* São Paulo: Alaúde, 2010.

SOLEIL. *Você sabe se alimentar?* São Paulo: Paulus, 1992.

_____. *Você sabe se desintoxicar?* São Paulo: Paulus, 1993.

STEINER, Rudolf. *Curso sobre agricultura biológico – dinámica.* Madri: Editorial Rudolf Steiner, 2009.

SZEKELY, Bordeaux Edmond. *O evangelho essênio da paz.* São Paulo: Pensamento-Cultrix,1981.

TILDEN, J. H. *Toxemia explained – The true interpretation of cause of disease.* Health Research, 1997.

TRIGUEIRINHO NETO, José. *Glossário Esotérico.* São Paulo: Pensamento-Cultrix, 1994.

TRUCOM, Conceição. *Alimentação desintoxicante: para ativar o sistema imunológico.* São Paulo: Alaúde, 2004.

_____. *A importância da linhaça na saúde.* São Paulo: Alaúde, 2006.

VITALE, Joe. *Limite zero: o sistema havaiano secreto para a prosperidade, saúde, paz e mais ainda.* Trad.: Cláudia Gerpe Duarte. Rio de Janeiro: Rocco, 2009.

WALKER, Norman, W. *Votre santé par les jus frais de légumes et de fruits.* Otavie: Diffusion Différente, 1999/2002.

WIGMORE, Ann. *The Hippocrates diet.* NJ: Avery Publishing Group Inc., 1984.

WOLFE, David. *Superalimentos: a alimentação e os remédios do futuro.* Trad.: Gisela Deschamps. São Paulo: Alaúde, 2010.

SITES IMPORTANTES

1   **www.budwigcenter.com/johanna-budwig-biography.php**
    Johanna Budwig, cura de câncer e antienvelhecimento celular
    com óleo de linhaça – Instituto na Espanha e Alemanha.
    www.youtube.com/watch?v=1Pp3q0Y8fPs
    Johanna Budwig – a verdade sobre a gordura trans.

2   **educate-yourself.org/cancer/kellymetabolicdiet13dec02.
    shtml**
    Dr Kelley – terapia metabólica.

3   **www.whale.to/a/kelley.html**
    Livro do Dr Kelley on-line.

4   **www.muchhealthier.com/blog/?cat=6**
    Acesso a protocolos para tratamento do câncer – Gerson, Kel-
    ley, Budwig etc.

5   **www.phmiracleliving.com/t-approach.aspx**
    Dr Robert Young - terapia alcalina.

6   **www.rancholapuerta.com/cuisine/organic-farm.html**
    SPA da família de Bordeau Szekely – México.

7   **www.hippocratesinst.org/programlifechange**
    Instituto Hippocrates – Flórida.

8   **annwigmore.org/**
    Ann Wignmore Natural Health Institute Puerto Rico.

9   **www.wigmore.org/map.html**
    Ann Wigmore Foundation – Retiro de alimentação viva – Albu-
    querque, Novo México.

10 **www4.ensp.fiocruz.br/terrapia/?q=como-germinar**
    Maria Luiza, Rio Janeiro. Alimentação viva na promoção da
    saúde e do ambiente.

11 www.puravida.com.br/
Flavio Passos. Alimentação consciente.

12 foradomanual.blogspot.com/2008/01/mudando-alimentao-3.html
Textos sobre o Biochip e Ana Branco.

13 www.nwjcal.com/
Equipamento extrator de suco Norwalk.

14 www.gerson.org/
Tratamento alternativo de câncer, Gerson Institute.

15 huldaclark.com/
Produtos, livros sobre cura de doenças e câncer, entrevistas, da Dra. Hulda Clark.

16 www.youtube.com/watch?v=8RVAgD44AGg
O veneno está na mesa.

17 www.youtube.com/watch?v=xOKhFOzAYF4
Food Inc. – A verdade sobre os alimentos.

18 www.youtube.com/watch?v=uHFzXTIJcXI
O milagre Gerson – Alimentos que podem aliviar muitas doenças (2004).

19 www.youtube.com/watch?v=-h2Cvqcm-uo
Terapia Max Gerson – A linda verdade (2008).

20 www.youtube.com/watch?v=43a_o9a8tk4
Visão do intestino, por Hiromi Shinya.

21 www.restaurantegirassol.nrt.br
Restaurante Girassol Alimentação Natural, Brasília (DF).

Índice Remissivo

A

Açaí 122
Ácidos graxos 109
Açúcar refinado 46
Aflatoxinas 79
Agradecimentos 15
Agricultura orgânica 68-9
Agrofloresta 20
Agrotóxicos 49
Água estruturada 134
Alcalino-ácido: equilíbrio 138
Alfafa 82
Alimentação, a melhor 33
Alimentação ancestral 38
Alimentação vegetariana 24-5
Alimentação viva 11, 28-30, 33, 75
Alimentos: classificação 42-3
Alimentos: combinação 151
Alimentos: escolha consciente 101
Alimentos: fermentação 96, 127
Alimentos: inimigos da vida 51
Alimentos irradiados 58
Alimentos: manipulação 163, 192
Alimentos: processamento na Antiguidade 45
Alimentos: temperatura 41
Aloe vera (babosa) 71
Aloxana 47
Amêndoas 83
Amendoim 83
Antibióticos 50
Autismo: Son-rise 52
Aveia 84

B

Babosa (Aloe vera) 71
Bioativos, alimentos 43
Biocídicos, alimentos 44
Bioestáticos, alimentos 43
Biogênicos, alimentos 43
Bontempo, Márcio 49
Brotos 75

C

Cacau 123
Camu-camu 123
Carboidratos 104
Carne 22
Cardápio 180
Carvalho, Joabson Nogueira 54
Castanhas-do-pará 84
Castanhas: hidratação 77
Cevadinha 85
Chia 108
Chucrute 99
Clorela 126, 167
Cloro 58
Clorofila 119
Coco 85
Colina e acetilcolina 97
Colza 86

D

Desintoxicação 118, 164-9, 173, 175
DHA e EPA 110-1
Dieta no dia a dia 177
Digestório, aparelho 145
Doces vivos e cozidos 160

E

Energia vital 115-9
Enzimas 34-38
Ervas medicinais e aromática 125
Ervilha 86
Espirulina 127

F

Feijão-azuqui 87
Feno-grego 88
Fertilizantes sintéticos 49
Fitoplâncton 107
Fitzgerald, Randall 49
Flora intestinal 146
Flúor 58
Fluorose óssea 59
Fome, problema da 27
Fricção fria 172
Frutas nativas 120

G

Gaia 66
Geranium, Sítio 72
Gergelim 88
Germinação de sementes 75, 80, 95-6,
   111, 117
Germinação: tabela 95-6
Girassol 89, 132
Glicêmico, índice 154
Glicogênio 157
Glucagon 157
Glutamato monossódico 50
Glutationa 125
Gramíneas: cultivo 76
Grão-de-bico 89
Gordura e óleos 182
Götsch, Ernst 66

H

Herbicidas 49
Homocisteína 126
Hormônios 50
Howell, Edward 37

I

Índice glicêmico 154
Introdução 19
Isômeros 39

K

Kefir 99

L

"Lavagem de sangue" 173
Leite, Carlos Eduardo 59
Leite da mãe natureza 187
Lentilha 90
Linhaça 90, 128, 130
Lipídios 106
Lixiviação 70
Lovelock, James 66

M

Macrófagos 126, 159
Matas: preservação 64
Metabolismo 104
Metchnikoff, Elie 128
Micro-ondas, forno de 57
Minhocasa 20, 71
Moyashi 87
Mungo 87

N

Nim 71
Nozes 91
Noz-pecã 91
Nutrientes, macro e micro 41

O

Óleos: refinados e aquecidos 48
Ômega-3 e ômega-6 109

P

Painço 92
Pasteur, Louis 140
Permacultura 72
Perricone, Nichola 158
Plantas nativas 124
Ponto Zero, Energia do 20
Porto Alegre, Resolução de 55
Posfácio 275
Prefácios 7, 11
Primavesi, Ana 69
Proteínas 105

Q

Quinoa 92

R

Radiação eletromagnética 54
Reflex, projeto 54
Rejuvelac 100

S

Sal refinado 48
Sauna terapêutica 173
Sears, Barry 155
Seignalet, Jean 39, 57, 69, 159
Sementes: germinação 73, 75, 79
Ser e ter 21
Shakes 176
Silva, Maria Luiza B. N. da 14
Skeleton fluorosis 59
Slywitch, Eric 150
Soja 93
Sopa regenerativa 177
Sucos 118, 119
Szekely, Edmond B. 28, 42

T

Temperatura dos alimentos 41
Terrapia, projeto 75
Tilden, J. H. 139
Tofu 93
Toxemia 102
Transgênicos 51
Trans, gordura 40
Trevo 93
Trigo 94
Trigo-sarraceno 95

V

Verduras orgânicas 124
Vitamina B_{12} 149

W

Wolfe, David 107
Wigmore, Ann 111

Y

Yin-Yang 150

SCLS 409, Bloco B, Loja 15/16 Brasília-DF.
Telefone: (61) 3242-1542

Blog: http://alimentacaovivaeecologica.blogspot.com